Pirmin Fessler / Stefan Hinsch

WIE FUNKTIONIERT WIRTSCHAFT?

Druck gefördert vom Bundesministerium für Wissenschaft und Forschung der Republik Österreich.

Bibliografische Information der Deutschen Bibliothek
Die Deutsche Bibliothek verzeichnet diese Publikation in der Deutschen Nationalbibliografie; detaillierte bibliografische Daten sind im Internet über http://dnb.ddb.de abrufbar.

Lektorat und Satz: Gregor Kneussel
Umschlaggestaltung: Gisela Scheubmayr
Druck: AZ Druck und Datentechnik GmbH
Printed in Germany
ISBN: 978-3-85371-325-9

Fordern Sie einen Gesamtprospekt des Verlages an:
Promedia Verlag
Wickenburggasse 5/12
A-1080 Wien
E-Mail: promedia@mediashop.at
Internet: www.mediashop.at

Wie funktioniert Wirtschaft?

Pirmin Fessler/
Stefan Hinsch

Eine kritische Einführung

PRO MEDIA

Die Autoren danken Heidi Brandstetter-Hinsch, Clemens Fessler, Heinz Fessler, Verena Halsmayer, Clemens Jobst, Susanne Kimm, Juliet Najjar, Marlene Penz, Lukas Reiss, Martin Schneider, Martin Schürz und Beat Weber für wertvolle Kommentare und Diskussionen.

Die Autoren:

Pirmin Fessler, geboren 1980 in Bregenz, Vorarlberg. Studium der Volkswirtschaftslehre an der Universität Wien, arbeitet als Ökonom in der Abteilung für volkswirtschaftliche Analysen der Österreichischen Nationalbank und ist Mitglied des Household Finance and Consumption Network der Europäischen Zentralbank.

Die in dem Buch vertretenen Meinungen sind ausschließlich jene der Autoren und nicht jene der Österreichischen Nationalbank bzw. des Eurosystems.

Stefan Hinsch, geboren 1976 in Wien, Studium der Geografie und Wirtschaftskunde, sowie der Geschichte, arbeitet als Mittelschullehrer in Wien, langjährige Erfahrung in der Erwachsenenbildung.

Inhalt

Einleitung

Warum ein Buch *Wie funktioniert Wirtschaft*? Über Wirtschaft und ihre Grundlagen gibt es bereits unzählige Bücher: tonnenweise Betriebswirtschaft, hunderte Meter Steuerspartipps und ultimative Management-Modelle. Seit 2008 sind zahlreiche Bücher über die Finanz- und Wirtschaftskrise erschienen, einige davon mit durchaus guten Analysen.

Natürlich gibt es auch Einführungen in die Volkswirtschaftslehre zur Genüge. Diese zeichnen sich allerdings meist dadurch aus, dass VWL-Studierenden volkswirtschaftliche Theorie und Modellbildung im Telefonbuchformat vermittelt wird. Für die Frage »Wie funktioniert Wirtschaft?« ist aber nicht alles davon notwendig und manches wahrscheinlich sogar hinderlich. Viele potenzielle Leserinnen und Leser werden auch durch den mathematischen Apparat abgeschreckt, der volkswirtschaftliche Theorie häufig begleitet.

Eine Darstellung von Grundlagen der Volkswirtschaftslehre in einer allgemein verständlichen Form ist allerdings kaum zu bekommen, und genau diesem Mangel soll dieses Buch abhelfen. Es wird dabei kein Anspruch auf Vollständigkeit erhoben, aber doch auf einen umfassenden Überblick. Wir hoffen, dass dieser Text sich als unmittelbar nützlich erweist, etwa für Studierende der Geschichte, die eine Einführung in die Konjunkturtheorie benötigen, wenn sie sich mit der Zwischenkriegszeit beschäftigen, oder für LehrerInnen der Geografie und Wirtschaftskunde, welche die Zusammenhänge der Außenwirtschaft nachlesen möchten. Wir glauben aber auch, dass Grundlagen der Wirtschaftskunde gesellschaftlich relevant sind.

Heute ist der öffentliche Diskurs über Wirtschaft nämlich merkwürdig verzerrt: Auf der einen Seite erscheint das Funktionieren von Wirtschaft ausschließlich dem Reich der Expertinnen und Experten zugehörig. Ihre Entscheidungen sind für die Öffentlichkeit nicht nachvollziehbar, müssen aber befolgt werden, sonst droht – wie uns gesagt wird – Schlimmes. Auf der anderen Seite gibt es eine Reihe trivialer Stehsätze einer neoliberal ausgerichteten Volkswirtschaftslehre. Diese sind griffig, aber häufig problematisch. Geboten werden etwa Maximen wie »Der Staat kann nicht wirtschaften«, »Liberalisierungen verbessern das Marktergebnis« oder »Wir dürfen nicht mehr ausgeben als wir einnehmen, denn Schulden gehen auf Kosten künftiger Generationen«.

Solche Aussagen sind nicht notwendigerweise falsch, immer aber zu einfach und lassen sich im Allgemeinen auch nicht aus volkswirtschaftlicher Theorie herleiten.

»Wie funktioniert Wirtschaft?« liefert Erklärungen, mit denen die herrschende Wirtschaftsordnung und Wirtschaftspolitik besser verstanden und hinterfragt werden können. Das Buch liefert Argumente, mit denen Leserinnen und Leser diesen trivialen Stehsätzen begegnen können.

Wir beschäftigen uns dabei nicht mit neuen Formeln zu den Problemen der Weltwirtschaft. Dieser Text nennt sich »kritische Einführung«, bleibt aber immer an den so genannten Mainstream der Volkswirtschaftslehre und damit an den vorherrschenden Diskurs über Wirtschaft anschlussfähig – auch und gerade wenn wir dessen Argumente und Positionen angreifen. Wir verwenden auch oft seine Sprache und seine Beispiele. Tatsächlich gibt es eine ganze Reihe alternativer Strömungen der Wirtschaftswissenschaft, aber sie sind alle in Nischen zurückgedrängt. Nach der weit gehenden Selbstauflösung marxistischer Theorie ist der Mainstream das einzige umfassende und kohärente Theoriegebäude über das Funktionieren von Wirtschaft; an diesem muss man sich abarbeiten, sonst droht die Gefahr, in esoterischen Geheimlehren zu versinken.

Dieses Buch ist kein wissenschaftliches. Wir verzichten auf detaillierte Quellenangaben und sind uns dessen bewusst, dass die hier referierten und nicht strikt voneinander getrennten Fakten, Ideen, Ansichten und Meinungen nicht allein die unseren sind. Im Gegenteil beinhaltet dieses Buch ein breites Spektrum aus volkswirtschaftlicher Theorie, ist aber auch versetzt mit Erkenntnissen anderer Sozialwissenschaften und durchwegs auch mit persönlichen Meinungen. Alles ist der Maxime untergeordnet, daraus ein einfach verständliches Substrat zu bilden.

Mit der Weltwirtschaft ändert sich auch die Wirtschaftskunde und es wechseln die Themen, die faszinieren. Die große Weltwirtschaftskrise, die 2007 begonnen hat, gebietet einen relativ großen Teil zur Krisentheorie sowie zum Funktionieren des Kreditsystems und des Bankwesens. Auch bei den gewählten Beispielen versuchen wir, neue und jüngste Entwicklungen zu berücksichtigen.

Pirmin Fessler und Stefan Hinsch
Wien, im Januar 2011

1. Woher wir wissen, was sieben Milliarden Menschen brauchen oder zumindest kaufen wollen

Um ein altes Beispiel der Volkswirtschaftslehre hervorzukramen: Wir wollen Robinson Crusoe auf seiner Insel bemühen. Robinson Crusoe geht fischen, weil er etwas zu essen braucht. Er baut ein Haus, um sich vor der Kälte und vor wilden Tieren zu schützen. Er stellt Werkzeuge her, um seine übrigen Arbeiten effizienter zu gestalten. Robinson Crusoe würde nicht auf die Idee kommen, tonnenweise Fische zu fangen, die er weder essen noch konservieren kann. Er erzeugt auch nicht zwanzig Hämmer, wenn er nur drei benötigt. Er arbeitet mit knappen Ressourcen – sein Arbeitstag ist begrenzt – und wird immer genau das herstellen, was ihm im Augenblick dringlich erscheint.

Es ist unmittelbar nachvollziehbar, dass das in einer Weltwirtschaft, an der mehr als sieben Milliarden Menschen teilnehmen, nicht ganz so einfach sein kann. Warum erzeugt ein Stahlwerk in Südkorea die richtige Menge an Stahlträgern, die dann am Persischen Golf in Hochhäuser hineinbetoniert werden? Wie kann bestimmt werden, wie viele Becher Erdbeerjogurt gebraucht werden, wie viele Paar Herrenschuhe und wie viele Krankenhäuser? Warum produzieren sieben Milliarden Menschen, was andere sieben Milliarden brauchen? Wie wird das koordiniert?

Um eine erste Einschränkung zu treffen: Sehr oft wird eben nicht produziert, was gebraucht wird – oder es wird zwar produziert, aber jene, welche die Dinge brauchen, bekommen sie nicht. Ein Beispiel: Etwa eine Milliarde Menschen auf der Welt leiden an akuter Unterernährung. Diese bräuchten eigentlich zusätzliche Lebensmittel, bekommen sie jedoch nicht – und das, obwohl die weltweite Agrarproduktion völlig ausreichend wäre, um alle zu ernähren. Noch ein Beispiel: Tatsächlich wurden in den letzten Jahren zwar nicht zu viele Stahlträger erzeugt, wohl aber zu viele Hochhäuser am Persischen Golf. In jeder Wirtschaftskrise bleiben Waren liegen, die nicht mehr abgesetzt werden können, und in der Folge wird dann die Produktion eingeschränkt und Menschen verlieren ihre Arbeit.

Dennoch ist es offensichtlich, dass die Weltwirtschaft nicht ununterbrochen in totalem Chaos auseinanderfällt. In der bisher schwersten Wirtschaftskrise seit der industriellen Revolution, der »Großen Depression« mit ihrem Höhepunkt 1931 war vielleicht ein Drittel der Menschen arbeitslos. Im Umkehrschluss bedeutet das, dass selbst in dieser Situation zwei Drittel immer noch beschäftigt waren. Es geht keineswegs darum, die Bedeutung von Krisen zu relativieren, denn die Rate der Arbeitslosigkeit in den 1930er Jahren hat ausgereicht, um die Gesellschaft in ihren Grundfesten zu erschüttern. Dennoch muss es Mechanismen geben, die Ordnung in ein völliges Chaos bringen, zumal die Arbeitslosigkeit für gewöhnlich auch nicht dreißig Prozent beträgt.

Das Problem der Koordinierung der Wirtschaft beginnt nicht in der Steinzeit. Das Robinson-Crusoe-Beispiel zeigt, dass diese Schwierigkeiten offensichtlich mit Arbeitsteilung und Austausch von Gütern zusammenhängen. Obwohl es Handel schon sehr lange gibt, ist zu bemerken, dass die Produktion von Gütern für den Austausch bis in die Neuzeit nur einen kleinen Teil der wirtschaftlichen Aktivitäten der Menschen abgedeckt hat. Die Gesellschaft wurde von der »Subsistenzwirtschaft« oder »Hauswirtschaft« dominiert, der Leistungsproduktion von Familiengemeinschaften und von diesen Familiengemeinschaften abhängigen Personen für den Eigenbedarf. Damit beschäftigten sich auch die VorläuferInnen der Wirtschaftswissenschaft: Das Wort Ökonomie kommt vom griechischen *oîkos*, dem Haus, und die *oikonomía* des Aristoteles meint die gute Bestellung des Hauses (mit vielen praktischen Tipps, etwa wie SklavInnen zu behandeln sind oder was bei der Aussaat zu beachten ist). Die europäische Landwirtschaft – und das ist der ganz überwiegende Teil der Wirtschaft Europas bis in das 19. Jahrhundert – beginnt (mit Ausnahmen, etwa im Weinbau) frühestens im 16. Jahrhundert mit Produktion, die nicht mehr in erster Linie auf die Selbstversorgung ausgerichtet ist. In vielen Ländern der Erde ist die Subsistenzwirtschaft bis heute die Lebensgrundlage eines großen Teils der Bevölkerung. Der Trend zur Ausweitung der Arbeitsteilung ist dabei bis heute ungebrochen. Das zeigt sich nicht nur an der Vertiefung der Integration der Weltwirtschaft und der Zunahme des Welthandels, sondern auch an der weiteren Zurückdrängung der Hauswirtschaft. Aus jener abgegeben wurden etwa erst in jüngster Zeit die Betreuung von Kleinkindern in Kindergärten oder weite Teile der Nahrungszubereitung. Beim Verarbeiten von Lebensmitteln erledigen wir heute nur mehr die allerletzten Schritte: Selbst wer keine Mikrowellen-Gerichte isst, bäckt sein Brot nicht mehr selbst und knetet auch keinen Nudelteig.

Die entstehende Wirtschaftswissenschaft entdeckt das Koordinierungsproblem gerade zu dem Zeitpunkt, als die Koordinierung schwieriger wird. Das liegt an der fortschreitenden Arbeitsteilung, der Ausweitung der Geldwirtschaft und der Möglichkeit, Geld zu sparen oder Kredite zu bekommen. Im Laufe der Neuzeit treten langsam neue Typen von Krisen auf. Zuvor ist eine Wirtschaftskrise meist eine Krise der Subsistenz und damit eine Krise der Landwirtschaft. Der Grund kann eine relative Überbevölkerung sein (relativ zu den Produktionsmöglichkeiten der Landwirtschaft) oder der Zusammenbruch von landwirtschaftlichen Produktionsarrangements, etwa politische Wirren, die Bewässerungssysteme verfallen lassen. Eine derartige Krise ist eine Krise des »zu wenig«, in der Seuchen eine vom Hunger geschwächte Bevölkerung heimsuchen. Solche traditionellen Gesellschaften kennen aber auch keine Arbeitslosen.

Im Laufe der Neuzeit entwickeln sich neue Krisen, die mit der einsetzenden Modernisierung einhergehen. Die Modernisierung der englischen Landwirtschaft im 17. Jahrhundert führt zur Vertreibung der Bauernschaft von ihrem Land und zur Entstehung von Armeen von BettlerInnen. In den 1840er Jahren besingt Gerhart Hauptmann die schlesischen Weber, die von den Dampfwebstühlen in Elend und Arbeitslosigkeit getrieben werden. Im selben Jahrzehnt kommt es erstmals zu Absatzkrisen der Industrieproduktion und zu staatlichen Arbeitsprogrammen (etwa in Frankreich), um die politischen Auswirkungen des Elends in Grenzen zu halten.

Diese Krisen sehen anders aus als jene traditioneller Gesellschaften. Nun gibt es Menschen, die in Not leben, weil sie keine Arbeit haben, und gleichzeitig Betriebe, die ihre Produktion drosseln, weil der Absatz schwierig wird. Solche Krisen werden von unterschiedlichen Schulen der Volkswirtschaftslehre unterschiedlich interpretiert, aber es entsteht eine Debatte darüber, wie die Koordinierung der Wirtschaft möglich ist und warum sie zeitweise zusammenbricht.

In den letzten gut zweihundert Jahren hat die Volkswirtschaftslehre mehrere Mechanismen wirtschaftlicher Koordinierung aufs Tapet gebracht. Da wäre einmal die spontane Ordnung des Marktes, die sich unabhängig vom einzelnen menschlichen Willen vollziehen soll. Außerdem hätten wir da das bewusste, auf ein Ziel gerichtete Eingreifen des Staates oder anderer Institutionen, welches als »Planung« bezeichnet werden kann. Es gibt Vorstellungen, welche die Ordnung der Wirtschaft als weder unmittelbar geplant noch als völlig spontan begreifen, sondern als abhängig von institutionellen Arrangements, etwa von der Art des Zusammenwirkens von Gewerkschaften und Arbeitgeberverbänden bei der Festsetzung von Löhnen oder von der Stellung der Zentralbank.

Es gibt kaum jemanden, der das gleichzeitige Auftreten aller drei Faktoren bestreiten würde. Über die Gewichtung kann freilich gestritten werden, denn – so viel sei vorausgeschickt – das Problem lässt sich nicht mit mathematischer Sicherheit lösen. Letztlich bleibt es eine politische und eine ethische Frage, was aber die Begründung der einzelnen Positionen keineswegs unbedeutend macht.

Gerade in den letzten Jahrzehnten wurde – ob zu Recht oder nicht – im Allgemeinen der Markt als wichtigste und beste Instanz wirtschaftlicher Koordinierung betrachtet.

Markt

Ein Markt wird definiert als Ort des Aufeinandertreffens von Kauf- und Verkaufsinteresse, von Angebot und Nachfrage. Auf Märkten werden Preise gefordert und bezahlt. Wir wollen nicht zu lange mit Trivialitäten langweilen, aber tatsächlich fallen Preise, wenn die Nachfrage gleich bleibt und das Angebot steigt, und Preise steigen, wenn ein geringes Angebot auf hohe Nachfrage trifft; und die Angebots- und Nachfrageentscheidungen reagieren ihrerseits auf diese Preise. Der Markt vermag dadurch, individuelle Angebots- und Nachfrageentscheidungen über die sich bildenden Marktpreise aufeinander abzustimmen. Die Sache ist dabei nicht immer ganz so einfach. Industrieprodukte können bei sinkender Nachfrage auch teurer werden, weil die Produktionskosten pro Stück steigen, wenn weniger abgesetzt werden kann. (Mehr dazu weiter unten.)

Der schottische Aufklärer Adam Smith war der Erste, der von der »unsichtbaren Hand« des Marktes gesprochen hat, welche die Wirtschaft lenkt. Tatsächlich sagte Smith viele Dinge, die zum Teil nicht mit dem ihm nachgesagten Marktliberalismus zu vereinbaren sind; aber oft geht es nicht darum, was gesagt wurde, sondern wie Menschen das Gesagte verstehen wollen. Es ist kein Wunder, dass die Idee des Marktes in der Traditionslinie der Aufklärung steht. Diese etablierte das Individuum und dessen Freiheit in der Philosophie. Das Denken des Mittelalters war nicht auf einzelne Individuen, sondern auf Korporationen, auf menschliche Verbände und Gemeinschaften gerichtet. Smith propagierte die über den Markt koordinierten Individuen als Gegensatz zum absolutistischen Zwangsstaat.

Wir bauen uns ein ganz einfaches Modell einer Wirtschaft, um die Funktion des Marktes zu erklären: Produziert werden nur zwei Waren – sagen wir

Nahrungsmittel und Werkzeuge –, die in gleicher Menge benötigt werden (alle möchten Nahrung und Werkzeuge in gleicher Menge) und die auch bei der Herstellung den gleichen Aufwand an Arbeit verursachen. Idealerweise stellt dabei auch jeweils die Hälfte der WirtschaftsteilnehmerInnen eine der beiden Waren her. Die AkteurInnen treffen ihre Produktionsentscheidungen allerdings völlig autonom.

Es ist also durchaus möglich, dass in einer ersten Phase z. B. zu viele Nahrungsmittel und zu wenige Werkzeuge hergestellt werden. Beim Austausch (es entsteht ein Markt) wird ein relativer Mangel an Werkzeugen und ein Überangebot an Nahrungsmitteln festgestellt. Der Markt reagiert: Die relativen Preise verschieben sich, es müssen nun mehr Lebensmittel geboten werden, um ein Werkzeug zu erhalten. In der nächsten Periode wird der festgestellte Marktpreis die Angebotsentscheidungen ändern: Um die höheren Preise zu nutzen, werden einige Bauern auf die Produktion von Werkzeugen umsteigen.

Wir analysieren das nun etwas genauer: Über den Markt kommen die Hämmer, Sägen und Schaufeln aus unserem Beispiel jenen zu, die bereit sind, den relativ hohen Preis zu bezahlen. Das werden jene sein, die sich vom Einsatz der Werkzeuge den höchsten Nutzen erwarten – einen Nutzen, der über dem Preis der Werkzeuge liegt. Wenn ein Bauer in unserem Modell unbedingt sofort einen Hammer braucht, um einen Zaun zu bauen – andernfalls laufen ihre Schafe davon – dann wird er bereit sein, auch höchste Preise zu bezahlen, da ihr Verdienstausfall ohne Hammer noch höher wäre. Ein anderer Bauer, der den Hammer für das Renovieren seiner Veranda wollte, verschiebt den Kauf vielleicht auf das nächste Jahr – so wichtig ist die Veranda auch nicht. Dem Bauern mit der ausbruchfreudigen Schafherde mag der hohe Werkzeugpreis ungerecht erscheinen, aber er wäre noch viel schlechter dran, wenn sich die Preise nicht nach oben anpassen würden: Wäre der Hammerpreis aus irgendwelchen Gründen fix, dann bekämen die knappen Hämmer einfach jene, die früher aufstehen. Unter Umständen würde dann die Veranda fertig, aber die Schafe wären davongelaufen und insgesamt wäre hoher Schaden entstanden. Der Markt teilt die knappen Ressourcen konkurrierenden Zielen zu: Veranda oder Schafherde, beides ist nicht möglich.

In unserem Beispiel ist aber noch mehr passiert: Der Marktpreis für Nahrungsmittel und Werkzeuge hat Investitionsentscheidungen beeinflusst; der relativ höhere Preis für Werkzeuge hat einige Bauern dazu bewogen, Werkzeuge herzustellen, was wiederum den Preis der Werkzeuge gesenkt hat. Im Prinzip ist das eine Variation des Themas: Der Markt teilt knappe Ressourcen konkurrierenden Zielen zu. Arbeit ist knapp. Ebenso begrenzt ist Kapital (etwa Maschinen), wenn auch die Produktion in unserem Beispiel relativ wenig kapitalintensiv ist, sonst könnten die Bauern nicht so einfach den Beruf wechseln. Alles gleichzeitig produzieren geht sich nicht aus. Entweder Nahrungsmittel pflanzen oder Werkzeuge bauen – was davon gerade zweckmäßig ist, kann durch den Markt geregelt werden.

Das Funktionieren des Marktmechanismus erwartet dabei von den Teilnehmerinnen und Teilnehmern kein soziales Gewissen, christliche Nächstenliebe oder Stolz auf den Beruf des Vaters. Ganz im Gegenteil: Am besten funktioniert alles, wenn jeder seinen eigenen unmittelbaren Vorteil verfolgt. In der Volkswirtschaftslehre wird das als »Nutzenmaximierung« bezeichnet. Für das Funktionieren des Marktes ist dies in jedem Fall von Vorteil. Unser einfaches Modell würde in jedem Fall schlechter funktionieren, wenn es einen Eingriff von Außen gäbe. Ein Staat, der Preise festlegt, mittelalterliche Handwerkszünfte, die den Wechsel des Berufs verhindern – all das ist nicht notwendig. Der Markt regelt sich selbst. Ganz im Gegenteil, jede Staatsintervention würde ein Ergebnis bringen, das – gemessen am möglichen gesamten *Output* unserer Wirtschaft – hinter den Ergebnissen eines »freien Marktes« zurückbleibt.

Es ist nicht besonders schwierig, unser Modell der Bauern und Werkzeugmacherinnen auszuweiten. Wir könnten statt der zwei Berufsgruppen auch hundert oder tausend setzen, ohne dass sich das Funktionieren des Marktes verändern würde.

Im Wesentlichen können wir auf diese Art mit ein paar Bauern und Handwerkerinnen scheinbar die Überlegenheit der freien Marktwirtschaft zeigen. Ganz so leicht ist es allerdings nicht.

Die Neoklassik hat aus dem Marktmodell die »Allgemeine Gleichgewichtstheorie« gemacht. Diese versucht, die Bildung von Preisen etwas genauer zu erklären, und beschreibt ein allgemeines Gleichgewicht zwischen dem gesamten Angebot und der gesamten Nachfrage.

Dabei sorgen die Kalküle der Individuen dafür, dass sie ihren Nutzen anhand ihrer eigenen Güter und jener, die sie eintauschen können, maximieren. Dieser Tauschprozess führt – so die Allgemeine Gleichgewichtstheorie – zu einem Gleichgewicht, bei dem niemand mehr weiter tauschen will, also niemand mehr durch Tausch bessergestellt werden kann, ohne dass ein anderer schlechtergestellt werden würde, der deswegen auch gar nicht mehr tauschen will. In diesem Sinne sind die Güter optimal verteilt, was in der Volkswirtschaftslehre nach Vilfredo Pareto als »Pareto-optimal« bezeichnet wird.

In unserem Beispiel mit Bauern und Handwerkerinnen könnte das etwa so aussehen: Ein Bauer produziert 100 Lebensmittel, eine Werkzeugmacherin 40 Werkzeuge. Der Bauer benötigt 20 Lebensmittel zum Überleben und würde gern die übrigen Lebensmittel gegen Werkzeuge tauschen. Die Werkzeugmacherin benötigt 20 Werkzeuge, um weiteres Werkzeug erstellen zu können, und würde gerne die übrigen Werkzeuge gegen Lebensmittel tauschen. Also stehen nun 80 Lebensmittel auf dem Markt 20 Werkzeugen gegenüber. Bedeutet das nun, dass 80 Lebensmittel gegen 20 Werkzeuge getauscht werden und damit der Preis von Lebensmittel zu Werkzeugen 4:1 wäre, also 4 Lebensmittel für 1 Werkzeug bezahlt werden müssten? Nicht unbedingt. Das hängt von den so genannten Präferenzen der zwei Marktteilnehmer ab.

Die Volkswirtschaftslehre stellt einige Annahmen auf, damit ein Tausch zustande kommen kann. Erst einmal können beide, Bauer und Werkzeugmacherin, einschätzen, was ihnen lieber ist, hätten sie noch nichts davon: Werkzeuge oder Lebensmittel. Zudem sinkt der zusätzliche Nutzen einer weiteren Einheit eines Gutes mit der jeweiligen Menge, die sie von diesem Gut schon haben. Das erste Lebensmittel ist mehr wert als das zehnte. Der Bauer braucht in unserem Beispiel 20 Lebensmittel, um zu überleben, das zwanzigste wird ihm also deutlich wichtiger sein als das einundzwanzigste, aber das einundzwanzigste noch wichtiger als das zweiundzwanzigste usw.

Je nach den Präferenzen der beiden wird also am Ende eine Tauschrelation zustande kommen. Nehmen wir an, die Werkzeugmacher ist mit dem Angebot einer Tauschrelation von 3:1 konfrontiert, d. h. der Bauer will nicht mehr als 3 Lebensmittel für 1 Werkzeug ausgeben. Mit dieser Tauschrelation konfrontiert beginnt die Werkzeugmacherin, zu tauschen. Am Beginn des Tausches werden die ersten Lebensmittel, die sie kauft, ihr noch deutlich mehr wert sein, da sie noch nichts zu essen hat. Aber je mehr Essen schon eingetauscht ist, desto weniger wird ihr ein zusätzliches Lebensmittel wert sein.

Aus diesem Grund wird sie genau so lange tauschen, bis ihr zusätzlicher Nutzen gleich der Tauschrelation ist, zu der sie tauschen kann. Sobald ihr ein zusätzliches Lebensmittel nicht mehr mindestens ein Drittel des Nutzens eines Werkzeugs bringt, wird sie nicht mehr bereit sein, 1 Werkzeug gegen 3 Lebensmittel zu tauschen. In der Modellwelt stellen alle Individuen gleichzeitig diese Überlegungen an und so entstehen Tauschrelationen für alle Güter. Die Tauschrelation ist eigentlich nicht viel anderes als ein Preis beziehungsweise bestimmt den Preis.

Tatsächlich gibt es aber weit mehr als zwei Güter und in der Folge sehr viele unterschiedliche Tauschrelationen. Wie kann es sein, dass eine gigantische Anzahl an relativen Preisen abgesprochen wird, deren Grundlage die Nutzenmaximierungskalküle aller Individuen sind, wovon jedes einzelne den Preis jedoch gar nicht beeinflussen kann? In unserem Beispiel von vorhin war das noch einfach, da nur zwei Individuen, Bauer und Werkzeugmacherin, beteiligt waren und der Bauer von vornherein nur je 3 Lebensmittel gegen 1 Werkzeug tauschen wollte. Da es gar kein anderes Angebot gab, kann auch kaum von einem freien Markt gesprochen werden. Die Werkzeugmacherin benötigte Lebensmittel und musste den Preis, den der Bauer bestimmte, einfach akzeptieren – schließlich muss sie doch etwas essen.

Bei einer großen Anzahl Menschen und Güter sollte sich das recht schwierig lösen lassen, da der Bauer durch andere Bauern Konkurrenz hat, die ihn unterbieten können, sodass am Ende kein einzelner mehr Preise bestimmen kann. Die Frage, die sich stellt, ist aber dann: Wer bestimmt die Preise und wie kann es sein, dass sie dann genau den Preisen entsprechen, die sich durch die einzelnen Nutzenkalküle ergeben?

In der Allgemeinen Gleichgewichtstheorie löst dieses Koordinierungsproblem ein Gedankenexperiment, der so genannte »Auktionator«. Erstmal tauscht keiner, denn die Preise werden erst durch die Offenbarung der Nutzenkalküle der Einzelnen durch ihre Bereitschaft zu tauschen offengelegt. Der »Auktionator« ruft nun allen bestimmte relative Preise zu bis eine Kombination von relativen Preisen die Tauschbedürfnisse so erfüllt, dass die Märkte geräumt sind, also Angebot und Nachfrage übereinstimmen und niemand mehr tauschen wollen würde. Erst zu diesen Preisen wird dann tatsächlich getauscht. Dass die Märkte zu diesen Preisen geräumt sind, heißt nicht, dass es nicht in einzelnen Märkten noch ein Überangebot geben kann. Es kann also durchaus sein, dass Menschen noch gern Lebensmittel gegen Werkzeuge tauschen würden, aber nur mehr Lebensmittel angeboten werden. Das würde bedeuten, dass auf dem Markt für Werkzeuge ein Nachfrageüberschuss besteht und auf dem Markt für Lebensmittel ein Überangebot.

Das Gleichgewicht kennzeichnet sich dadurch, dass die überschüssige Nachfragemenge an Werkzeugen zu den Gleichgewichtspreisen denselben Tauschwert hat, wie das Überangebot an Lebensmittel. Anders gesagt, die Summe der Überschussnachfrage (die »aggregierte Überschussnachfrage«) muss immer null sein.

Unsere Bauern und Handwerkerinnen sind ein Modell, reale Märkte sehen anders aus. Und bei der Erstellung des Modells wurden wahrhaft heroische

Annahmen getroffen: Alle handeln immer rational und haben nur ihren eigenen Vorteil im Kopf. Alle haben alle relevanten Informationen. Es herrscht vollständige Konkurrenz. Es gibt keine Zeit und kein Geld. Die Menschen sind völlig vereinzelte Individuen. Und noch ein paar mehr. KritikerInnen der Neoklassik gemahnen deren Modelle an »Steinzeitmenschen, die am Rande des Waldes Wurzeln und Beeren tauschen.« Wir versuchen nun, diese Annahmen ein wenig zu hinterfragen.

Homo œconomicus

Die erste Anmerkung betrifft die »Natur« des Menschen. Dieser ist kein rein egoistischer Nutzenmaximierer, kein »Homo œconomicus«.

Es gibt etwa einen tiefen Sinn für Fairness, sodass wir davon ausgehen können, dass einige Bauern nicht bereit sind, einen Marktpreis für Hämmer zu bezahlen, den sie als ungerecht und zu hoch empfinden – selbst wenn der Verzicht auf einen Hammer größere Kosten verursacht. In dieser Richtung gibt es eine Reihe von Untersuchungen und Gedankenexperimenten. Allen voran können Ergebnisse ökonomischer Experimente genannt werden. Das so genannte Ultimatum-Spiel funktioniert einfach: Ein Spieler bekommt, sagen wir, 100 Euro. Die kann er oder sie nun zwischen sich und einem anderen Spieler aufteilen. Ist der andere Spieler mit der Aufteilung einverstanden, bekommen beide ihren Anteil. Ist er oder sie es nicht, bekommen beide gar nichts. Wäre der andere Spieler ein Homo œconomicus, würde er sich mit jeder Aufteilung abfinden. Ein Euro ist schließlich besser als keiner – ganz rational betrachtet. Selbst dann, wenn es bedeutet, dass der andere Spieler sich selbst 99 zukommen lässt. In den Experimenten kann aber festgestellt werden, dass sich SpielerInnen nicht so billig abspeisen lassen und im Zweifelsfall lieber gar nichts haben. Die Bestrafung des Spielers, der so ungerecht aufgeteilt hat, scheint ihnen wichtiger zu sein. Gleichzeitig wird auch beobachtet, dass jene SpielerInnen, welche die Anteile bestimmen, dem Gegenüber meist höhere Anteile zukommen lassen als nur einen Euro, also gar nicht damit rechnen, dass sie es mit einem Homo œconomicus zu tun haben. Auch in der realen Welt beobachten wir vom Homo œconomicus abweichendes Verhalten. ArbeitnehmerInnen, die eine Entwertung ihrer Löhne durch Inflation murrend akzeptieren, aber gegen eine Kürzung des Nominallohnes (der Zahl, die auf dem Lohnzettel steht) streiken würden.

Es gilt auch die einfache Beobachtung, dass Menschen im Allgemeinen nicht nur auf Basis unmittelbarer materieller Vorteile handeln. In Österreich ist es etwa für den Verdienst eines Lehrers de facto unbedeutend, wie gut er unterrichtet oder wie lange er sich vorbereitet. Dennoch gibt es sehr viele engagierte PädagogInnen. Einstein hat die Relativitätstheorie nicht wegen eines Versprechens auf Gewinnbeteiligung an Atomkraftwerken entwickelt. Wir sind uns sicher, dass die Londoner InvestmentbankerInnen genauso verbissen arbeiten würden, wenn ihre Boni nur die Hälfte betragen würden – vorausgesetzt natürlich, die anderen InvestmentbankerInnen bekommen auch nicht mehr Geld und die Boni waren nie höher. Wäre das der Fall, würden sie sich ungerecht behandelt fühlen.

Ebenso wenig handeln Menschen in allen Situationen immer rational – weder allein und schon gar nicht in Gruppen. Finanzmärkte weisen etwa ein ausgeprägtes Herdenverhalten auf. Phasen des Booms wechseln sich ab mit Phasen der Panik, und oft laufen viele Investoren in die gleiche Richtung. Selbst Alan Greenspan, damals Chef der amerikanischen Notenbank und ein wirklich marktfreundlicher Wirtschaftsliberaler, bezichtigte die Finanzmärkte in den 1990er Jahren des irrationalen Überschwangs. Da hat er Recht gehabt, könnte angemerkt werden. Solche Beobachtungen stimmen nicht nur für den Aktienmarkt: Anfang des neuen Jahrtausends wurden Hauspreissteigerungen in Ländern wie Spanien, Irland, Großbritannien oder den USA über lange Zeiträume hinweg fortgeschrieben. Die entstandene spekulative Blase trug dann zur größten Krise seit dem Zweiten Weltkrieg bei. Über einige Rohstoffmärkte ließe sich Ähnliches sagen, oder über die Schwankungen von freien Währungskursen, die oft erst in die eine, dann in die andere Richtung überziehen.

Zusammengefasst: Menschen sind weder reine NutzenmaximiererInnen, noch handeln sie immer rational. Menschen sind auch nicht nur Individuen, sondern soziale Wesen. Sie sorgen sich um ihre Nächsten. Sie machen sich Gedanken über den Sinn des Lebens, ohne bis jetzt zu einem definitiven Ergebnis gekommen zu sein, aber oft mit der Vorstellung, dass jener nicht nur im Geldverdienen liegt. Kurz gesagt: Den »Homo œconomicus« gibt es nicht.

Die Kritik am *Homo œconomicus* muss jedoch darauf achten, das Kind nicht mit dem Bade auszuschütten. Auf welcher Grundlage kann vom »irrationalen Überschwang« des Aktienmarktes gesprochen werden? Warum konnten viele BeobachterInnen schon im Jahr 2005 oder 2006 sagen, dass die Hauspreise in Spanien oder Irland zu hoch angestiegen wären und wieder fallen müssten? Zu hoch im Vergleich wozu? Der rationale *Homo œconomicus* dient also als »*Benchmark*«, als Referenzpunkt für reale Märkte. Und an der Tatsache, dass sowohl der Aktienmarkt der 1990er als auch der spanische Häusermarkt schließlich nach unten korrigiert haben, zeigt sich auch, dass reale Märkte sich nicht völlig von rationalen Grundlagen entkoppeln können. Wenn der Häuser- oder Aktienmarkt eine völlig irrationale Angelegenheit wäre, dann könnten Preise nicht »zu hoch« sein, sie wären je nach Stimmung einfach irgendwo.

Das Gleiche gilt grundsätzlich für alle Preise. Würden die Menschen Kauf- und Verkaufsentscheidungen treffen, die ausschließlich an wechselnden, nicht rationalen Motiven hängen, könnte sich kein auch nur halbwegs stabiler Preis bilden. Stabile Preise wären allerdings auch schon egal, da Angebot und Nachfrage ohnehin nicht auf Preissignale reagieren würden. Die Wirtschaft fiele in totalem Chaos einfach auseinander. Wir bemerken, dass so etwas nicht vorkommt oder wenigstens nicht ununterbrochen.

Der rationale *Homo œconomicus* ist dabei eine Abstraktion, aber keine völlig absurde. Mit der Neuzeit beginnt sich in Europa die Logik des Kapitalismus durchzusetzen und diese lautet: investieren, aus Geld mehr Geld machen.

Die Profitmaximierung ist keineswegs die einzige Logik, die der Mensch verfolgt, und die persönliche Bereicherung nicht seine einzige Ethik, aber beide sind wichtig. Für viele Menschen ist Geld nicht das einzige Motiv, wenn sie ihrer Arbeit nachgehen. Viele Menschen streben etwa auch nach gesellschaftlicher Anerkennung. Allerdings wird gesellschaftliche Anerkennung oft in Geld ausgedrückt. Wer nichts verdient, verdient auch keine Anerkennung.

Stellen wir einer beliebigen Gruppe von Menschen die Frage: »Angenommen, ich schenke Ihnen 500 Millionen Euro. Was würden Sie tun?« Ganz wenige würden so viel Geld nicht wollen oder das meiste spenden. Einige würden sich auf eine Insel zurückziehen und nie wieder arbeiten. Der weitaus größte Teil würde nach der Befriedigung von Konsumwünschen wie riesigen Autos und ebensolchen Häusern »investieren, damit sich das Geld weiter vermehrt«. Auf den Einwand, warum noch mehr Geld eigentlich erstrebenswert sei, wenn ohnehin schon alles leistbar ist und die Bedürfnisse nach Häusern und riesigen Autos längst befriedigt sind, gibt es üblicherweise keine Antwort. Es wird jedoch eine Antwort impliziert: Geld an sich stellt einen Wert dar; möglicherweise, weil mehr Vermögen auch mehr Macht bedeutet.

Das ist die Ethik des Kapitalismus, ob das nun bedauert oder begrüßt wird. Wir wollen hier nicht behaupten, dass eine solche Ethik ewig sein muss, für den Augenblick halten wir aber die Hinweise für ausreichend, um den *Homo œconomicus* und den freien Markt als Referenzpunkte annehmen zu können. Das bedeutet allerdings nicht »Der Markt hat immer Recht«, der Slogan des neoliberalen Umbaus, der vor allem in den 1980er Jahren populär war. Märkte irren häufig.

Wir kehren zu unserem Modell einer freien Marktwirtschaft aus Bauern und Werkzeugmacherinnen zurück und gestatten diesen, sich ausreichend rational zu betragen, damit das ganze Modell weiterhin Gültigkeit hat. Doch selbst wenn der Rahmen der Neoklassik akzeptiert wird, können wir nicht automatisch davon ausgehen, dass der Markt alles regeln kann. Es gibt Situationen – auch über ihre Anzahl lässt sich streiten –, die den freien Markt überfordern.

Externalitäten

Externalitäten sind Nutzen oder Kosten, die in einem Markt verursacht werden, sich aber nicht im Marktpreis wiederfinden. Das möglicherweise einfachste Beispiel ist Umweltverschmutzung. In unserem Beispiel ist es durchaus möglich, dass Abwässer der Werkzeugproduktion ebenso wie Gülle aus der Tierhaltung die Wasserversorgung des Dorfes belasten. Es ergibt sich also ein Verlust an Lebensqualität und Gesundheit, der mit etwas Mühe auch in Geld bewertet werden könnte. Das Problem: Die Aufbereitung der Abwässer verursacht Kosten, die durch die einzelnen Betriebe getragen werden müssen, während die Kosten der Umweltverschmutzung der Allgemeinheit untergeschoben werden. Wenn alle Bauern und Werkzeugmacherinnen ihre Abwässer klären, profitieren alle davon, aber jedes Individuum für sich betrachtet hat einen Anreiz, die Umwelt weiter zu verschmutzen.

Externalitäten können nicht nur negativ sein – wie in unserem Beispiel, wenn anfallende Kosten von der Allgemeinheit getragen werden müssen. Es gibt auch positive Externalitäten, etwa wenn ein Betrieb Lehrlinge ausbildet oder Kinder lesen und schreiben lernen, statt Teppiche zu knüpfen. Der Grund: Das höhere Ausbildungsniveau kommt nicht allein jenen zugute, die dafür bezahlen; zu den Nutznießern gehören Betriebe, die fertige Lehrlinge bei einem Arbeitsplatzwechsel einstellen oder auch die gesamte Gesellschaft, die von höherer Alphabetisierung durch einen höheren Wachstumspfad oder niedrigere Kriminalität profitiert.

Ein weiteres klassisches Beispiel für Externalitäten ist die Aufrechterhaltung von Sicherheit und Eigentumsrechten, die auch die überzeugtesten Marktliberalen lieber dem staatlichen Apparat als einem Markt anvertrauen.

Grundsätzlich sind Externalitäten aber nicht auf die genannten Bereiche beschränkt. Siedelt sich ein Industriebetrieb im relativ armen Südburgenland an, dann hilft das der ganzen Region. Wenn in einer Region ein paar Softwareunternehmen aufmachen, die mit Bildungsinstitutionen verbunden sind, dann kann Silicon Valley herauskommen. Muss Anfang der 1980er Jahre die Schwerindustrie dichtmachen, weil die staatliche Unterstützung wegfällt, brechen ganze Regionen zusammen – etwa Nordengland oder das Ruhrgebiet. Das bedeutet nicht, dass automatisch alle Unternehmen mit staatlicher Förderung durchzufüttern sind, aber auch nicht, dass ein Streichen von Subventionen keine Kosten verursacht.

Der Nutzen eines Bahntunnels durch die Koralm – die direkte Verbindung zwischen Kärnten und der Steiermark – ist sicher nicht allein an höheren Fahrkartenverkäufen durch die Bundesbahnen zu messen, sondern auch am Entwicklungsimpuls für das gesamte südliche Österreich, was nicht bedeutet, dass die Kosten nicht dennoch zu hoch sein können. Eine schlechte Wasserversorgung führt zu Seuchengefahr, ebenso ein schlechtes Gesundheitssystem. Fehlende soziale Sicherheitsnetze oder soziale Ungleichheit können zu Kriminalität führen. Eine zu hohe Kreditvergabe durch das Bankensystem kann gewaltige Kosten verursachen, falls die Banken aufgefangen werden müssen, weil sie sich verrechnet haben und die eingegangen Risiken letztlich nicht mehr selbst tragen konnten. Sie kann aber auch gewaltige Kosten verursachen, wenn zusammenbrechende Banken nicht aufgefangen werden, weil dann der Absturz der gesamten Volkswirtschaft schlimmer ausfallen könnte als bei einer Rettung.

Kurz gesagt: Externalitäten finden sich überall; grundsätzlich ist wohl kaum ein Markt zu finden, in dem sie gar keine Rolle spielen.

Konkurrenz

Der Markt der Neoklassik liefert nur bei vollständiger Konkurrenz optimale Ergebnisse. Kommt es zu Monopol- oder Oligopolstellungen (ein oder mehrere große Anbieter oder Nachfrager), dann können die MonopolistInnen die Preise zu ihren Gunsten beeinflussen. Die theoretische Forderung geht sogar in Richtung unendlich vieler AnbieterInnen und NachfragerInnen, die aufgrund ihrer großen Zahl die Marktpreise als Einzelne nicht beeinflussen können. Dem Einzelnen erscheinen die Preise daher als gegeben; er kann sich lediglich entscheiden, ob er zu diesem Preis anbietet oder nachfragt – oder auch nicht. Ohne diese vollständige Konkurrenz ergibt sich tatsächlich keine spontane Koordination. Die großen Firmen beginnen, Preise und Angebotsentwicklung im Vorhinein zu planen und zu beeinflussen.

Gegen diese Vorstellung vollständiger Konkurrenz gibt es einige Vorbehalte. Die Ikone des Marktliberalismus, Friedrich von Hayek, hat einmal festgestellt, dass der von der Neoklassik geforderte Zustand der »vollständigen Konkurrenz« keinen Platz für das Wirken des Wettbewerbs lässt. Die Argumentation ist recht einfach: Aufgrund des Wirkens des Wettbewerbs wird der Marktwirtschaft im Allgemeinen Dynamik zugeschrieben wird. Der Versuch, Technologieführerschaft zu erreichen (und mittels Patent abzusichern), oder der Versuch, über Werbung ein Produkt als einzigartig zu verkaufen oder durch Preiskämpfe die Konkurrenten zu ruinieren – immer geht es darum, eine Stellung zu erreichen, die einem Monopolisten zumindest ähnelt.

Wettbewerb tendiert dazu, sich selbst auszuschalten. Ist er »vollständig«, gibt es keine Chance, einen Monopolstatus zu erlangen. Dieser ist aber Ziel der Unternehmen, weil sie so am meisten Profite erzielen können. Wäre er erreicht, handelt es sich nicht mehr um vollständigen Wettbewerb. Während in der Volkswirtschaftslehre »Marktmacht« (die Möglichkeit, Preise zu beeinflussen) kritisch gesehen wird, beschäftigt sich die Betriebswirtschaftslehre mit Methoden, »Preissetzungsmacht« zu erreichen. Marktmacht und Preissetzungsmacht sind das Gleiche.

Es stellt sich dabei auch die Frage, inwiefern die Forderung nach vollständiger Konkurrenz für alle Märkte sinnvoll sein kann bzw. ob Marktmacht immer und automatisch schlecht ist: Die ideale Anzahl der WettbewerberInnen in einem Markt ist von der eingesetzten Technologie abhängig und von der Höhe der notwendigen Investitionen in Anlagen und Maschinen. Überall dort, wo Vorteile der Massenproduktion zu erwarten sind, wo also mit der Stückzahl die Stückkosten sinken, wird die Anzahl der WettbewerberInnen in der einen oder anderen Form begrenzt sein. Solche Vorteile der Massenproduktion (oder *economies of scale* – Skaleneffekte) sind praktisch überall zu finden.

Auch ein Wirtshaus hat höhere Kosten, wenn es nur für zwei Gäste ausgelegt ist statt für fünfzig. Allerdings ist es unmittelbar nachzuvollziehen, dass ein Wirtshaus für hunderttausend Gäste nicht mehr mit sinkenden Stückkosten verbunden sein wird, weil mögliche Kostenvorteile im Einkauf (ein Vorteil der Massenproduktion) dadurch ausgeglichen werden, dass die KellnerInnen bei jeder Bestellung einen weiten Weg zurücklegen müssten, um ein Bier auszutragen. Die spanische Landwirtschaft kann durch Investitionen (Bewässerung, Hochleistungssorten, Dünger etc.) den Ertrag steigern, aber wenn ein Feld schon gut gedüngt ist, wird eine zusätzliche Tonne Dünger wenig bewirken (und möglicherweise sogar schädlich sein). Ein einzelner Bauernhof kann die Nachbarhöfe übernehmen und durch größere Flächen und intensiveren, Maschineneinsatz den Ertrag pro ArbeiterIn steigern – aber nur bis zu einer bestimmten Grenze. Mehr als 150 Hektar kann ein Landwirt oder eine Landwirtin auch mit den modernsten Maschinen nicht bearbeiten.

In der Folge gibt es auf dem Markt für Mais und Mittagessen auch eine große Zahl von WettbewerberInnen – wenngleich einige von ihnen von größeren Ketten organisiert werden (etwa McDonalds) und daher Skaleneffekte bei Einkauf und Marketing ausnützen können.

Auch für die Anfertigung einfacher Industriegüter wie Textilien sind Skaleneffekte relativ begrenzt, weshalb es auch eine Unzahl kleiner Nähereien in Bangladesch, Vietnam oder China gibt, die ihre Produkte dann an große Handelshäuser verkaufen.

In anderen Sektoren hingegen, und oft bei sehr kapitalintensiver Produktion, kann mit gewaltigen Skaleneffekten gerechnet werden. Wenn wir uns die Produktion von kommerziellen Großraumflugzeugen ansehen, stellen wir fest, dass teilweise hunderte Flieger verkauft werden müssen, damit sich die gewaltigen Investitionen in Entwicklung und Spezialmaschinen lohnen. Der Weltmarkt für solche Flugzeuge würde wohl mehr als die jetzigen zwei Anbieter (Boeing und Airbus) vertragen, aber sicher keine 150.

In anderen Fällen werden die internen Skaleneffekte durch externe ergänzt: Um ein Computerbetriebssystem zu entwickeln, ist eine große Zahl von ProgrammiererInnen jahrelang beschäftigt. Ist das Ding aber erst einmal fertig entwickelt, steigen die Gesamtkosten kaum, egal, ob 20 oder 200 Millionen verkauft werden. Dadurch sinkt der Anteil an den Gesamtkosten bei jeder einzelnen Kopie. Soweit zu den internen Skaleneffekten; für Computerprogramme kommen aber noch externe Skaleneffekte dazu – so genannte Netzwerkeffekte, weil durch einfachere Kommunikation der Nutzen für alle AnwenderInnen steigt, wenn ihre ArbeitskollegInnen das gleiche Produkt verwenden. In der Folge muss sich Microsoft nicht mit Dutzenden WettbewerberInnen herumschlagen.

Solche monopolistischen Märkte können relativ instabil sein. Falls die Profite hoch sind, können zusätzliche WettbewerberInnen auf den Markt drängen (üblicherweise nur solche, die in der Lage sind, die hohen Anfangsinvestitionen zu schultern) und die Preise sinken. Es ist aber nicht gesagt, dass die sinkenden Preise zu geringerem Angebot führen – im Gegenteil: Wenn mit steigender Produktionsmenge die Stückkosten sinken, können die MarktteilnehmerInnen auch mit einer Ausweitung des Angebots reagieren, um die gesunkenen Preise durch einen höheren Marktanteil zu kompensieren. Tun das alle, gibt es einen Preiskampf. Das gleiche Phänomen kann eintreten, wenn durch einen externen Schock die Nachfrage zurückgeht.

Dazu ein kurzer Ausflug in die Betriebswirtschaftslehre: Dort lernen wir in der Preiskalkulation, dass ein Unternehmen beim Verkauf eines Produktes sowohl die fixen Kosten (für die erfolgten Investitionen, die Kredite und die fix Beschäftigten) als auch die variablen Kosten (für einen Teil der Löhne und Dinge wie Energie) decken muss.

Was aber, wenn zu wenige Aufträge vorhanden sind, um die Maschinen voll einzusetzen? Dann kann es sinnvoll sein, den Preis unter ein Niveau zu senken, dass zur langfristigen Kostendeckung benötigt wird, um zusätzliche Aufträge zu erhalten. Es wird versucht, den KonkurrentInnen Marktanteile abzujagen, was aber kaum funktionieren kann, wenn alle gleich handeln. In einem solchen Fall können die Preise auf das Niveau der variablen Kosten sinken, und je kapitalintensiver ein Sektor ist, desto weniger wird ein solches Preisniveau ausreichen, um die Kapitalkosten zu verdienen. Für die beteiligten Unternehmen ist das verheerend, ebenso wie für die KreditgeberInnen.

Sind solche Vorgänge halbwegs begrenzt, so kann eine Art evolutionärer Wettbewerb begrüßt werden, bei dem die Schwächeren vom Markt verdrängt werden und sich die Technologie- und Kostenführer durchsetzen. Solch eine Form des Wettbewerbs entspricht den Vorstellungen eines Joseph Schumpeter; aber zumindest bei einem allgemeinen Nachfrageschock (einer Rezession) gibt es in jedem Fall ein Zuviel des Guten.

In einer modernen kapitalintensiven Volkswirtschaft wird die Forderung der Neoklassik in der Praxis geradezu umgekehrt: Nicht vollständige Konkurrenz ist gut, sondern ausreichende Marktmacht der führenden Unternehmen, damit diese auch in schwierigen Situationen die Preise hoch genug halten können, um ihre Kapitalkosten zu verdienen. Ohne diese Voraussetzung wären größere Investitionen sehr riskant, weil über kapitalintensiver Produktion immer die Gefahr einer Pleite schweben würde. Wer nicht über genug Marktmacht verfügt, schafft auch keine Finanzierung – sei es über den Kapitalmarkt oder einen Bankkredit. Damit wäre eine moderne industrielle Wirtschaft nur schwer möglich.

Wird Marktmacht als notwendig akzeptiert, lässt sich der oligopolistische Normalzustand der Wirtschaft auch deutlich besser erklären. Die meisten Märkte kennen nur eine begrenzte Zahl von AnbieterInnen, die durchaus in der Lage sind, ihre Preise zu verteidigen. Wenn durch einen Konjunktureinbruch die Nachfrage nach Gasturbinen sinkt, dann bedeutet das noch lange nicht, dass Siemens den Verkaufspreis senkt.

Allerdings: Nur weil Marktmacht notwendig ist, bedeutet das nicht, dass sie nicht verwendet wird, um KundInnen oder Angestellte auszunehmen und zusätzlichen Profit zu machen. Wenn in den letzten Jahren Sektoren wie das Investmentbanking eine jährliche Rendite von 25 Prozent auf das eingesetzte Eigenkapital gefordert haben und gleichzeitig in der Lage waren, gigantische Boni auszuschütten, dann kann nicht von besonders viel Wettbewerb die Rede sein. Funktioniert Wettbewerb, dann sollten die Profite aufgrund der Konkurrenz eigentlich recht klein sein. Schließlich versucht jedes Unternehmen, dasselbe noch billiger und besser zu produzieren, um besser verkaufen und mehr Profite machen zu können.

Ein besonderer Fall sind »natürliche Monopole«, wo ohne staatliche Regulierung überhaupt kein Wettbewerb stattfinden kann. Betrachten wir etwa die Elektrizitätsversorgung, bei der ein großer Teil der Kosten bei der Errichtung der Leitungen anfällt. In einem völlig unregulierten Markt für Elektrizität müssten alle WettbewerberInnen ihre eigenen Leitungen verlegen, was zu teuer wäre. Im Endeffekt würde sich eine Reihe von regionalen Monopolen herausbilden, die jedes für sich die Stromrechnung der KonsumentInnen in die Höhe trieben.

Die Lösung: entweder öffentliche AnbieterInnen, deren Preise nicht nach dem Prinzip eines maximalen Gewinns gesetzt werden, oder eine öffentliche Kontrolle über das Elektrizitätsnetz. Diese muss nicht in öffentlichem Eigentum bestehen, aber es muss gesichert werden, dass alle WettbewerberInnen Zugang zu den Leitungen haben. In der EU ist eine solche Regulierung des Strommarktes im Allgemeinen vorhanden, bei Telefonleitungen gilt Ähnliches.

Zu einem Albtraum haben sich dagegen Privatisierungen von Eisenbahnen mitsamt dem Schienennetz entwickelt: Wettbewerb unterschiedlicher AnbieterInnen im Zugverkehr ist wohl grundsätzlich möglich, wenn auch aufgrund der gewaltigen Externalitäten mit Problemen behaftet (etwa in Bezug auf Faktoren wie regionale Entwicklung und Umweltschutz). Allerdings muss die Nutzung des Schienennetzes allen WettbewerberInnen offen stehen. Werden einfach Eisenbahngesellschaften mitsamt dem Schienennetz privatisiert, entsteht statt eines öffentlichen Monopols (das seine Preisentscheidungen unter politischem Druck trifft) ein privates, denn es gibt wohl kaum AnbieterInnen, die neben der existierenden Strecke Hamburg–Berlin noch einmal neue Gleise verlegen möchten – abgesehen davon, dass eine solche Ressourcenverschwendung volkswirtschaftlichen Unsinn darstellen würde. Ein privates Monopol kann dann die Preise nach Belieben gestalten und gleichzeitig die Investitionen in die Betriebssicherheit auf ein Minimum reduzieren.

Transparenz und asymmetrische Information

Es ist unmittelbar nachvollziehbar, dass Märkte nicht funktionieren können, wenn entweder KäuferInnen oder VerkäuferInnen nicht wirklich wissen, was gekauft wird. Märkte müssen transparent sein, Information relativ gleich verteilt.

Das Problem mag auf den ersten Blick ein wenig esoterisch erscheinen, auf den zweiten Blick ist es gar nicht so selten. Popcorn in einem Kino ist grundsätzlich ein perfektes Beispiel für einen funktionierenden Markt. Es gibt keine Externalitäten, weil der Verkauf von Popcorn weder Umweltschäden noch sonstige Kosten für die Gesellschaft verursacht. Es gibt zahlreiche AnbieterInnen. Die KäuferInnen wissen, was sie bekommen, und werden auch im Vorhinein darüber informiert, was es kostet. In einem Bereich fehlt die Transparenz: Ohne Chemiebaukasten können die KundInnen nicht bestimmen, welche möglicherweise giftigen Geschmacksverstärker ihren Weg in sein Popcorn gefunden haben. Um diese asymmetrische Information auszugleichen, benötigt es eine Institution, die regulierend eingreift und die Qualität sicherstellt. Das mag ein staatliches Gesundheitsamt sein, samt einem gesetzgebenden und wissenschaftlichen Apparat, der gesundheitsschädliche Geschmacksverstärker ausforscht und schließlich verbietet.

Andere Beispiele: Bis vor relativ kurzer Zeit waren Mobilfunktarife so kompliziert, dass es fast unmöglich war, den billigsten zu bestimmen. Ein ernstes Problem gibt es dabei im Gesundheitsbereich. Im Wesentlichen müssen sich PatientInnen auf das Wort der Ärztin oder des Arztes verlassen, wenn diese ihnen eine Behandlung verschreiben. Nun wollen wir nicht vermuten, dass ÄrztInnen tatsächlich in betrügerischer Absicht sinnlose Untersuchungen verordnen und sich dafür bezahlen lassen. Dennoch gibt es einen gewaltigen Anreiz für ÄrztInnen oder Krankenhäuser – die in der Regel nicht für die erreichten Resultate, sondern für die durchgeführten Leistungen bezahlt werden –, das »Notwendige« ein bisschen breiter auszulegen. Eine gewisse Kontrolle scheint also angebracht.

Das dürfte ein zentrales Problem des amerikanischen Gesundheitswesens sein: Die Krankenhäuser sind allesamt privat und es gibt keine Aufsicht über die erbrachten Leistungen. Die einzelnen PatientInnen haben kaum Möglichkeiten – aber grundsätzlich auch wenig Interesse –, die Kosten unter Kontrolle zu halten. Sofern sie versichert sind, zahlen sie die Behandlung ohnehin nicht selbst. In der Folge wird das Ganze recht teuer für die privaten Krankenversicherungen und deren Versicherte, welche die Kosten über sehr hohe Beiträge bezahlen müssen, aber ebenso für die Öffentlichkeit, denn im Gegensatz zur allgemein verbreiteten Meinung kommt auch in den USA der Löwenanteil dieser Gelder vom Staat. Die USA geben 16 Prozent des Bruttoinlandsprodukts für Gesundheit aus – einsame Spitze unter den Industriestaaten. Österreich und Deutschland liegen etwa bei 10 Prozent und Großbritannien bei 8 Prozent. Für so viele Dollar gibt es dafür eine etwas mittelmäßige Leistung. Je nach Abgrenzung sind zwischen 40 und 80 Millionen AmerikanerInnen nicht versichert, und in verschiedenen Vergleichsstudien schneidet das US-Gesundheitssystem relativ schlecht ab. Das Problem der unzureichenden Versicherungsabdeckung versucht man in einer laufenden Gesundheitsreform zu lösen; Kostenkontrolle wird es auch in absehbarer Zukunft keine geben.

Soziale Gerechtigkeit

Märkte fördern keine gleichmäßige Verteilung von Einkommen. Sie sichern auch keine Mindestversorgung mit Nahrung oder Wohnraum zu.

Als im Sommer 2008 der Ölpreis auf knapp 150 Dollar pro Fass gestiegen war, wurde es interessant, Mais zu Treibstoff zu verarbeiten und in die Tanks zu füllen. Das hat natürlich den Preis für Lebensmittel nach oben getrieben, was in einigen Staaten zu Hungerrevolten führte. Der Getreidemarkt hat kein Gewissen. Es ist ihm egal, ob die Maisnachfrage von hungrigen Kindern oder von AutofahrerInnen kommt. Wir erinnern uns: Der Markt teilt knappe Ressourcen konkurrierenden Zielen zu – welches dieser Ziele verfolgt wird, hängt nicht an politischen oder moralischen Erwägungen, sondern an der Frage, wer mehr bezahlt. Das Marktmodell verspricht lediglich Effizienz. Die Annahme ist, dass es bei gegebenem technischem Apparat insgesamt billiger und effizienter ist, Mais einzutanken, statt weniger Auto zu fahren. Kinder in Haiti sind nur insofern auf der Rechnung, als sie über Kaufkraft verfügen.

Auch überzeugte Marktliberale würde hier zustimmen: Wer eine andere Einkommensverteilung möchte oder ein Menschenrecht auf Nahrung, muss sich um Möglichkeiten jenseits des Marktes bemühen, wobei die liberale Wirtschaftstheorie eine Sozialpolitik fordert, die den Markt möglichst wenig stört, also etwa keine Höchstpreise für Mais, sondern eher direkte Transfers, damit die Armen nicht verhungern.

Der Wohlfahrtsstaat

Wie frei sollen Märkte sein? Wie viel Staat und Regulierung sind notwendig? Wird das Funktionieren von Märkten mit den Methoden der Neoklassik untersucht, dann ist ein abschließender Befund nicht möglich. Das mathematische Modell funktionierender Märkte bringt kein eindeutiges Ergebnis, sobald die einfache Tauschwirtschaft verlassen wird. Und ehrlich gesagt: Für die einfache Tauschwirtschaft ist der theoretische Apparat ein wenig überzüchtet, denn diese hat ob ihrer Einfachheit kein Koordinierungsproblem. Der Bauer und die Werkzeugmacherin müssten sich im Wesentlichen nicht über den Markt koordinieren, dafür wäre ein Wirtshaus ausreichend.

Eigentlich herrscht in der Wirtschaftskunde Einigkeit: Wenn keine vollständige Konkurrenz vorhanden ist, wenn große Externalitäten vorliegen oder die Transparenz nicht gegeben ist, dann braucht es einen regulierenden Eingriff. Nur: Bei etwas genauerem Hinsehen ist es gar nicht so einfach, einen Markt zu finden, wo tatsächlich so etwas wie vollständige Konkurrenz herrscht, und Externalitäten können praktisch überall beobachtet werden.

Vom Zweiten Weltkrieg bis in die 1970er Jahre wurden aufgrund des theoretischen Apparats der Neoklassik (und der Erfahrungen der Weltwirtschaftskrise) eine sehr große Zahl staatlicher Eingriffe und Regulierungen gefordert und durchgeführt. Als Schlussfolgerung des allgemeinen Marktversagens wurde der Wohlfahrtsstaat der Nachkriegszeit errichtet: Sozialstaat, um die Armut zu bekämpfen; ein großer öffentlicher Sektor, um Leistungen zur Verfügung zu stellen, bei denen mit großen positiven Externalitäten gerechnet wird (Bildung, Gesundheit, Eisenbahn …); Industriepolitik, etwa in Frankreich oder in Asien, welche die Modernisierung der Wirtschaft planmäßig vorantreibt, teilweise ergänzt um einen Sektor verstaatlichter Industrie (wie in Österreich); eine Regulierung des Arbeitsmarktes über zentrale Lohnverhandlungen und langfristige Verträge; Eingriffe in die freie Preissetzung, etwa bei Wohnungsmieten; eine strenge Regulierung des Finanzwesens, um zu riskante Kreditvergaben zu verhindern.

Seit Mitte der 1970er kommt es zu einer Ablehnung staatlicher Eingriffe, wobei der freie Markt auf den Fahnen geführt wird und sich die ProponentInnen ebenfalls auf das Marktmodell berufen. Letztlich gibt es für beide Seiten keine mathematische Gewissheit, allein die politische und ideologische Überzeugung ist ausschlaggebend.

Die wirksamsten Argumente gegen den staatlichen Eingriff werden in der Folge auch nicht mit einem mathematischen Marktmodell begründet.

Freiheit und Unternehmertum

Auf der Ebene öffentlicher Wahrnehmung waren die Freiheit und der freie Unternehmer möglicherweise das wirksamste Argument gegen staatliche Eingriffe. Die überzeugtesten VerfechterInnen kommen aus der »Österreichischen Schule«; der wichtigste von ihnen ist wohl Friedrich von Hayek. Die Verteidigung der wirtschaftlichen Freiheit ist bei Hayek grundlegend philosophisch. Er glaubt, dass jeder staatliche Eingriff in Richtung autoritärer Staat führt, sein »Weg in die Knechtschaft« richtet sich gleichermaßen gegen Sozialismus wie Nationalsozialismus (denen relative Nähe unterstellt wird). Hayek geht es nicht allein um Effizienz, denn er verteidigt freie Märkte auch dort, wo sie weniger Wachstum bringen – um der Freiheit willen.

Allgemein wird heute den freien UnternehmerInnen höherer Einsatz unterstellt, während überall bekannt ist, dass »der Staat nicht wirtschaften kann«. Dem gegenüber müssten zwei Dinge festgestellt werden:

Erstens: Die Reduktion der Freiheit auf wirtschaftliche Freiheit scheint sehr verengt. Hat ein allgemeiner Zugang zu Bildung, Gesundheitsversorgung, Mobilität oder Nahrungsmitteln nichts mit Freiheit in der Gestaltung des Lebens zu tun? Auch ist »der freie Unternehmer« nicht grundsätzlich mit einem schwachen Staat und auch nicht notwendigerweise mit der Demokratie verbunden. Die liberalen Wirtschaftsreformen in Chile in den 1970er Jahren waren auf der Grundlage einer Militärdiktatur möglich, die politische GegnerInnen in Fußballstadien folterte und dreitausend von ihnen ermordete.

Zweitens: »Der Staat kann nicht wirtschaften.« – Das ist eine Art Trivial-Volkswirtschaftslehre, basierend auf Anekdoten, deren allgemeine Aussagekraft zweifelhaft ist. Die Geschichten über unfähige und schwerfällige staatliche BürokratInnen sind bekannt, aber es können genauso gut gegenteilige Anekdoten präsentiert werden: Singapurs Staatsfonds Temasek gehört zu den erfolgreichsten Finanzinvestoren der Welt; POSCO, der weltweit zweitgrößte Stahlkonzern und Asiens profitabelster, war bis zum Jahr 2000 im Eigentum des südkoreanischen Staates – ohne deswegen besonders unfähig zu sein; die weltgrößten Banken nach Börsenwert befanden sich 2009 in China, und zahlreiche ausländische InvestorInnen stehen Schlange, um Minderheitsanteile zu kaufen – ohne sich daran zu stoßen, dass der chinesische Staat die Kontrolle besitzt. Die Sache ist offensichtlich nicht ganz so einfach.

Die Aussage »Der Staat kann nicht wirtschaften« wird dabei einerseits an einer falschen Anreizstruktur festgemacht (nur der freie Unternehmer sei ausreichend motiviert), aber es werden auch andere Argumente vorgebracht.

Informationsdefizit der Planwirtschaft

Das Informationsdefizit einer zentralen Stelle ist das entscheidende wissenschaftliche Argument (im Gegensatz zum philosophischen rund um die Freiheit), das Hayek vorbringt. Während der Markt eine dezentrale Koordinierung ermöglicht – die MarktteilnehmerInnen müssen nur auf Preissignale reagieren –, muss eine zentrale Planung Informationen aus der gesamten Volkswirtschaft richtig verarbeiten, weil die einzelnen Produktionsprozesse aufeinander abgestimmt werden müssen.

Gegen eine Planwirtschaft sowjetischer Prägung sitzt der Vorwurf. Obwohl ursprünglich viele davon ausgegangen waren, dass die Planwirtschaft in der Koordinierung der Wirtschaft überlegen sei, hat es sich als unmöglich herausgestellt, eine gesamte Volkswirtschaft von einem Planungsministerium in Moskau aus im Detail zu steuern.

Daraus abzuleiten, dass jede staatliche Planvorgabe unmöglich sei, ist allerdings etwas verwegen, zumal die reale »Marktwirtschaft« ist voll von Planung ist, und einiges funktioniert ganz gut: Planung durch den Staat (etwa wenn er den Verlauf von Eisenbahntrassen oder den Standort von Schulen festlegt) und durch die großen oligopolistischen Unternehmen. Ein Konzern wie Siemens plant für die nächsten Jahre, manchmal Jahrzehnte. Technologieentscheidungen werden getroffen ebenso wie Standortentscheidungen. Es wird versucht, langfristige Lieferverträge abzuschließen, damit sich die Planung in einem stabileren Rahmen bewegt und nicht von wechselnden Marktpreisen durcheinandergeworfen wird.

Warum eine staatliche Stelle schlechter in der Lage sein soll, Zukunftstechnologien zu erkennen, als der Vorstand von Siemens, ist nicht nachvollziehbar. Natürlich gibt es ein Problem von Informationsdefiziten, das findet sich allerdings auch bei jedem internationalen Großkonzern. Selbstverständlich gibt es auch Strategien, diese Informationsdefizite auszugleichen, etwa überzogene Zentralisierung zu vermeiden. Unternehmensführung und Controlling sind zentrale Bestandteile eines Betriebswirtschaftslehre-Studiums.

Im Endeffekt gibt es Probleme, die jenseits kollektiver Planung schlicht unlösbar sind. Betrachten wir etwa ein Problem wie den Treibhauseffekt (die Mutter aller Externalitäten): Welche Lösung soll hier gefunden werden, wenn keine weit in die Zukunft gerichteten Politikvorgaben vorkommen dürfen? Es ist kein Zufall, dass der Ultraliberalismus die Speerspitze der »Klimaskeptiker« bildet, welche die Klimaerwärmung für eine Verschwörung halten, weil nicht sein darf, was der Markt nicht lösen kann.

Principal-Agent-Probleme

Die seriöseste Argumentationslinie gegen staatliche Intervention sind die *Principal-Agent*-Ansätze der 1970er Jahre. Die Frage lautet: »Wer ist eigentlich der Chef und wer führt seine Anweisungen aus?« Passend zum damals vorherrschenden technokratischen Modernismus hat die *welfare economy* der Nachkriegszeit den Staat als eine Art unkorrumpierbaren Engel über der Gesellschaft verstanden, als Ausdruck eines Allgemeininteresses oder zumindest des Mehrheitswillens. Der Staat als »Agent« seines »*Principal*«, der Öffentlichkeit.

In den 1970er Jahren kam diese Vorstellung zunehmend in die Kritik: einmal durch den Wirtschaftsliberalismus, der statt Marktversagen Staatsversagen ausmachte. Der »Agent« hat eigene Interessen, die mit jenen des »*Principal*« nicht übereinstimmen müssen. Aber auch durch den in der »Neuen Linken« erstarkten akademischen Marxismus geraten die etwas naiven Vorstellungen vom Wohlfahrtsstaat unter Druck. Staatsapparate vertreten Eigeninteressen oder sie machen Politik für bestimmte Interessengruppen.

Der Wirtschaftsliberalismus hielt den Staatsapparat für eine Geisel der Gewerkschaften, aber das Problem ist durchaus breiter zu fassen – nicht nur Gewerkschaften können politischen Druck ausüben: Der amerikanische Präsident Eisenhower bezeichnete die Verflechtung von wirtschaftlichen Interessen und den politischen und militärischen Apparaten als »militärisch-industriellen Komplex«. Der Marxismus spricht (wohl etwas vereinfachend) vom Staat als dem Instrument der »herrschenden Klasse«. James K. Galbraith – wahrlich kein Liberaler unter den ÖkonomInnen – sieht den Staat als Selbstbedienungsladen für »räuberische« Eliten.

Es reicht, heutige intensive Lobbyingaktivitäten zu betrachten oder die Verflechtungen aus Politik und Finanzwirtschaft, um festzustellen, dass der Staat kein unparteiischer Schiedsrichter über der Gesellschaft ist, sondern Interessen verfolgt.

Es bleibt aber die Frage, ob deswegen staatliche Eingriffe automatisch zum Scheitern verurteilt sind. Wenn es auch stimmt, dass Staatsapparate und gesellschaftliche Gruppen Eigeninteressen verfolgen, so sind diese nicht mit einfacher Korruption gleichzusetzen – zumindest nicht immer. Die französische Bürokratie verfolgte bis in die 1980er Jahre ein Modell eines staatlich gelenkten Kapitalismus, der etwa die Kreditvergabe der Banken in bestimmte vorgegebene Richtungen kanalisierte.

Diese Tradition hat der staatlichen Bürokratie bis heute eine Sonderstellung in der französischen Gesellschaft und einen besonderen Platz unter den Eliten verschafft – es kann also festgehalten werden, dass der *dirigisme* sich für seine VerwalterInnen durchaus bezahlt gemacht hat. Dennoch war das Ziel dieser staatlichen Eliten nicht nur einfache Bereicherung, sondern auch die Modernisierung Frankreichs, natürlich gemäß bestimmter politischer Vorstellungen.

Außerdem muss festgehalten werden, dass *Principal-Agent*-Probleme nicht auf den Staatsapparat beschränkt sind. Wenn das Management einer Bank im Fall eines Gewinns mit dicken Boni rechnen darf, für Verluste aber nicht geradestehen muss, dann wird es die Geschäfte ein wenig riskanter anlegen, als es im langfristigen Interesse der EigentümerInnen wäre.

Allgemein tauchen *Principal-Agent*-Probleme immer dann auf, wenn EigentümerInnen oder AuftraggeberInnen von den Ausführenden getrennt sind. Aus diesen Schwierigkeiten wird aber nicht die Schlussfolgerung getroffen, Aktiengesellschaften sofort aufzulösen, sondern es wird nach Wegen gesucht, das Management zu kontrollieren. *Principal-Agent*-Probleme sind eine echte Schwierigkeit bei staatlichen Eingriffen, aber möglicherweise ist Demokratisierung die bessere Antwort als völlige Abstinenz des Staates in wirtschaftlichen Fragen.

Und? Wer koordiniert jetzt die Wirtschaft?

Wir kommen auf den Beginn des Kapitels zurück und wiederholen: die spontane Ordnung des Marktes; die Planung des Staates und der großen Oligopole; institutionelle Arrangements, etwa das Zusammenspiel von Gewerkschaften und Unternehmensverbänden auf dem Arbeitsmarkt. Alle drei spielen eine Rolle. Der Versuch, Märkte völlig abzuschaffen – der in der Sowjetunion unternommen wurde –, ist gescheitert. Eine zentrale Detailplanung über eine gesamte Volkswirtschaft ist mit großen Effizienzverlusten verbunden; in der entstehenden Mangelwirtschaft ist der Markt als Schwarzmarkt über die Hintertür zurückgekehrt.

Der Versuch, den Staat völlig auf die Seite zu schieben, ist eigentlich seit den 1980er Jahren wissenschaftlich wieder auf dem Rückzug und spätestens seit der aktuellen Weltwirtschaftskrise politisch überholt. Für das richtige Verhältnis zwischen Staat und Markt, für die Frage, wie Marktversagen festgestellt und der Staat kontrolliert werden kann, gibt es keine mathematische Lösung, sondern eine Vielzahl unterschiedlicher Antworten. Und was für den Staat und eine Aktiengesellschaft gilt, gilt auch für die Wissenschaft. Keine dieser Antworten ist völlig frei von »*Principal-Agent*-Problemen« – auch in jeder wissenschaftlichen Antwort finden sich unterschiedliche Interessen in einer

Gesellschaft, die niemals frei von Konflikten war.

Die Frage »Wie wird die Wirtschaft koordiniert und warum fällt sie nicht beständig auseinander?« ist berechtigt. In diesem Kapitel haben wir versucht, Hinweise zu ihrer Beantwortung zu geben. Bei der in diesem Zusammenhang ebenfalls geführten Debatte »Wer koordiniert besser – Staat oder Markt?« muss man jedoch ein wenig aufpassen. Teilweise führt sie am Wesentlichen vorbei, denn beide – Staat und Markt – spielen immer eine Rolle.

Selbst ein vorgeblich enthaltsamer Staat verschwindet nicht. Auch die Entscheidung, Marktkräften freien Lauf zu lassen, benötigt politisches Eingreifen. Als etwa die britische Regierung unter Margaret Thatcher Anfang der 1980er Jahre die britische Bergbauindustrie zusammenbrechen ließ, musste sie sich doch mit den Auswirkungen dieser Entscheidung auseinandersetzen und Polizeikräfte gegen die streikenden Kumpels losschicken. Unter dem neoliberalen US-Präsidenten Ronald Reagan wurden die Militärausgaben verdoppelt – nicht gerade ein Zeichen für einen schwachen Staat.

Es ist außerdem keineswegs so, dass solche Entscheidungen dann in einem Raum getroffen werden, in dem Interessen und Interessengruppen keine Rolle spielen. Die Finanzwirtschaft im Südosten Englands war die Gewinnerin der marktliberalen Reformen und hat diese auch nach Kräften gefördert. Die Rüstungsindustrie hat ein Interesse an Rüstungsprogrammen. Es stellt sich also nicht die Frage, ob staatliche Eingriffe abgelehnt oder befürwortet werden, sondern eher, was für einen staatlichen Eingriff eine Gesellschaft wünscht und wem dieser helfen soll. Bei der Frage »Wer wirtschaftet (reguliert) besser – Staat oder Markt?« sollte beachtet werden, was »besser« bedeutet. Ist damit einfach ein mehr an Wirtschaftswachstum gemeint, die Fähigkeit, mehr herzustellen als in der Periode davor?

Ohne umfangreiche Belege vorlegen zu können: Wir würden davon ausgehen, dass seit dem Zweiten Weltkrieg jene Staaten das höchste Wachstum aufgewiesen haben, die staatliche Eingriffe und eine vorsichtige zentrale Planung mit einer Orientierung auf den Weltmarkt und einem relativ autoritären Staat kombiniert haben; zumindest scheint das für relativ arme Länder der Fall zu sein, etwa Südkorea (rechtsgerichtete Militärdiktatur bis in die 1980er Jahre) oder China seit der wirtschaftlichen Öffnung ab Ende der 1970er. Für das rasche Wachstum kann es natürlich auch andere Gründe geben, aber selbst wenn nicht: Es stellt sich die Frage, ob eine gerechtere Einkommensverteilung und legale Gewerkschaften nicht zwei Prozentpunkte weniger Wachstum pro Jahr wert sind.

2. Geld sind Zahlen in Büchern von Banken und die Schulden von jemand anderem

Fast immer, wenn über Wirtschaft gesprochen wird, geht es gleichzeitig auch um Geld. Geld als Mittel zum Konsum, Geld zum Sparen, Geld zum Verteilen, Geld, das an Wert verliert oder an Wert gewinnt, Geld, dessen Wechselkurs zu anderem Geld steigt oder fällt, Geld als Schulden. Der Diskurs über Wirtschaft und Wirtschaftspolitik ist geprägt von Geld.

Das Geld zu verstehen ist wohl wichtig, um zu verstehen, wie Wirtschaft funktioniert – so scheint es zumindest. Zur großen Überraschung spielt es aber in der herrschenden Theorie der Volkswirtschaftslehre eigentlich so gut wie keine Rolle. Das wohl einflussreichste Modell der Volkswirtschaftslehre, das den Grundstein für den gesamten Mainstream und insbesondere für die Neoklassik bildet, kennt kein Geld. Die im 19. Jahrhundert von Léon Walras entwickelte und von Kenneth Arrow und Gérard Debreu in den 1950er Jahren in ihre heutige mathematisierte Form gegossene Allgemeine Gleichgewichtstheorie basiert tatsächlich auf einer Tauschwirtschaft. Geld kommt darin keines vor und spielt daher auch keine Rolle. Natürlich gibt es Modelle, die auf der Allgemeinen Gleichgewichtstheorie basieren und in denen Geld vorkommt, ja eine ganze neoklassische Geldtheorie. Diese begreift sich selbst aber immer als eine Theorie des Tausches.

Menschen wollen also, laut herrschender volkswirtschaftlicher Lehre, Güter und Dienstleistungen tauschen. Tauschen, das machen sie auf einem Markt. Wo zwei sich treffen und etwas tauschen wollen, da ist ein Markt. Dazu braucht es natürlich erstmal kein Geld. Wenn zwei Steinzeitmenschen tauschen oder wenn die Bauern und Handwerkerinnen aus dem Beispiel im vorherigen Kapitel ihre Lebensmittel und Werkzeuge tauschen, können sie das genauso gut ohne Geld. Die Volkswirtschaftslehre behauptet im Grunde, dass dieses Tauschparadigma immer schon gegolten hat, auch vor dem Gebrauch des Geldes. Es sei daher unabhängig vom Geld gültig. Konsum, Sparen, Schulden, Preise und selbst Zinsen lassen sich durchaus auch ohne Geld erklären. Gespart werden könne schließlich auch in Werkzeugen.

Ein Bauer, der einige Lebensmittel nicht konsumieren will, kann sie in

Werkzeuge umtauschen und diese aufbewahren, um sie zu einem späteren Zeitpunkt wieder in Lebensmittel umzutauschen und aufzuessen. Werden die Werkzeuge in dieser Zeit eventuell von jemand anderem benötigt, der sie nützlicher einsetzen kann, aber selbst keine hat, könnte der Bauer sie verleihen. Derjenige, der sie ausleiht, wäre dann wahrscheinlich bereit, einen kleinen Anteil des damit erwirtschafteten Ertrags etwa in Lebensmitteln an den Bauern zu bezahlen. Damit wäre dann der Zins geboren. Wie also leicht zu sehen ist: Für all diese Operationen benötigt die Volkswirtschaftslehre nicht notwendigerweise Geld als Erklärung. Ganz im Gegenteil ist Geld eher ein störender Faktor, der sich in die Modelle gar nicht so gut einfügen lässt. Wozu also Geld?

Geld als Recheneinheit

Wie wir schon an anderer Stelle besprochen haben, basiert Wirtschaft, sobald sie einmal über die Subsistenzwirtschaft – also dem bloßen Produzieren der Individuen oder Haushalte für den Eigenbedarf – hinausgeht, auf Tausch. Dieser Tauschprozess führt, so die Allgemeine Gleichgewichtstheorie, zu einem Gleichgewicht, bei dem niemand mehr weiter tauschen will, weil niemand mehr durch Tausch bessergestellt werden kann, ohne dass ein anderer schlechtergestellt werden würde. Dabei kann dann in unserem Beispiel von Bauern und Werkzeugmacherinnen zum Beispiel eine Tauschrelation von drei Lebensmitteln zu einem Werkzeug herauskommen.

Nehmen wir an, die Bauern verhandeln über Preise und bezahlen in Euro. Dann würde für 1 Lebensmittel eben 1 Euro bezahlt werden und für 1 Werkzeug 3 Euro; 1 Werkzeug könnte so wiederum in 3 Lebensmittel getauscht werden, über den »Umweg« des Geldes eben. Hier würde es sich tatsächlich um einen Umweg handeln, wäre es doch viel einfacher, direkt Lebensmittel gegen Werkzeuge zu tauschen. In der realen Welt allerdings wird schnell klar, dass es wohl nicht so leicht wäre, etwa als FahrradhändlerIn Fahrräder gegen Lebensmittel im Supermarkt zu tauschen oder als FriseurIn das Haarschneiden gegen Benzin an der Tankstelle.

Je spezialisierter und arbeitsteiliger die Gesellschaft, desto schwieriger ist es, in einer Tauschwirtschaft ohne Geld zu leben. Es ist auch kaum vorstellbar, dass sich alle Wirtschaftteilnehmer die entstandenen Tauschrelationen zwischen den Gütern merken könnten. Während es bei zwei Gütern nur eine Tauschrelation gibt, gibt es bei 3 Gütern schon 3, bei 4 schon 6, bei 10 schon 45 und bei 10 000, wie sie etwa in einem Supermarkt vorkommen, bereits

49 995 000 Tauschrelationen. Ein Supermarkt, der die jeweiligen Preise der Güter anstatt in Euro in jeweils allen anderen Gütern anschreiben wollte, wäre wohl sehr unübersichtlich: 1 Liter Milch kostet 2 Schokoriegel, 50 Gramm Wurst, 30 Gramm Käse, 3 Jogurts, ¾ Packungen Cornflakes, ⅓ Tiefkühlpizza, usw. Wird hingegen eines der Güter als Recheneinheit verwendet, vereinfacht sich das Ganze dramatisch. Dafür brauchen wir dann das Geld, das in der Volkswirtschaftslehre als »*numéraire*-Gut« bezeichnet wird.

Bei all diesen Überlegungen wird Geld nur als Recheneinheit benötigt. In der Volkswirtschaftslehre und auch in unserem alltäglichen Leben hat Geld aber noch eine weitere wichtige Funktion: Geld ist das Medium, mit dem Konsum über die Zeit transferiert werden kann. Dabei spielt auch der Zins eine Rolle, der zuallererst aber – wie oben beschrieben – auch schon ohne Geld existieren kann.

Geld als Mittel zum Konsumtransfer über die Zeit

Wenn Menschen durch ihre Arbeitskraft Güter produzieren, erzielen sie dadurch Einkommen: der Bauer in unserem Beispiel in Form von Lebensmitteln, die Werkzeugmacherin in Form von Werkzeugen. Wenn der Bauer andere Menschen anstellt, die ihre Arbeitskraft anbieten, weil sie selbst kein Land besitzen, muss der Bauer sie dafür bezahlen, damit sie ihren Lebensunterhalt bestreiten können und so auch ihre Arbeitskraft weiter anbieten können. Er könnte sie in Lebensmitteln bezahlen, die sie dann wieder in andere Güter tauschen können. Wenn sie aber nicht alle Lebensmittel sofort aufessen wollen und auch keinen Bedarf an anderen Gütern mehr haben, wäre es klug, die Lebensmittel in ein Gut zu tauschen, dessen Wert über die Zeit länger erhalten bleibt. Lebensmittel würden sich dazu nicht eignen, sie werden recht schnell ungenießbar und verlieren damit auch ihren Tauschwert. Wer will schon Werkzeuge oder genießbare Lebensmittel gegen faules Obst tauschen?

Die Volkswirtschaftslehre geht davon aus, dass sich mit der Zeit ein Gut, das sich hierfür besonders gut eignet, durchsetzt und zur allgemeinen Recheneinheit und Mittel zum Konsumtransfer über die Zeit wird, das so genannte *numéraire*-Gut. Das waren zuerst bestimmte langlebige Güter, oder auch einzelne Metalle und dann Münzen, also bereits standardisierte Mengen an Metallen.

Heute ist Geld so genanntes »*fiat money*« (»Es werde Geld«). Weder die Münzen und schon gar nicht die Scheine sind physisch das wert, was ihnen aufgeprägt oder aufgedruckt ist, aber es sind Schuldtitel, die in Geschäften,

Banken und in allen Bereichen, in denen sie angenommen werden, gegen eine bestimmte Menge an Gütern und Dienstleistungen getauscht werden können.

Wie viel für eine gewisse Geldeinheit zu bekommen ist, bestimmt der Markt, der die Tauschverhältnisse festlegt und die dadurch resultierenden Preise in Einheiten des *numéraire*-Gutes – dem Geld – ausdrückt.

Wenn Menschen heute nicht alles, was sie als Einkommen durch den Verkauf ihrer Arbeitskraft verdienen, für den Konsum ausgeben, dann sparen sie den Rest in irgendeiner Form von Geld- oder Sachvermögen. Das Sparen bedeutet dabei nichts anderes, als den Konsum über die Zeit zu verschieben. »Nichts anderes« bezieht sich in diesem Kapitel erst einmal auf die volkswirtschaftliche Theorie. Aber tatsächlich ist es so, dass Menschen sparen, um im Alter versorgt zu sein (und dabei Konsum in einen anderen Lebensabschnitt verschieben), für größere Anschaffungen (ich konsumiere jetzt weniger und dafür in zwei Jahren ein Auto) oder für die zukünftige Ausbildung ihrer Kinder.

Geld (und im weiteren Sinne Vermögen) wird manchmal aber auch aus anderen Gründen als dem zukünftigen Konsum angespart. Denken wir an Statussymbole, Anerkennung oder aber ab bestimmten Summen an Macht und Einflussmöglichkeiten. Vorerst bleiben wir aber bei der wohl häufigsten Form, dem Sparen für zukünftigen Konsum oder dem zukünftigen Konsum der Kinder.

Je nachdem, wie viele Menschen sparen können und wie lange sie ihren Konsum verschieben wollen, nutzen sie dazu unterschiedliche Aufbewahrungsformen. Das geschieht deswegen, weil verschiedene Formen des gesparten Vermögens einerseits unterschiedlich schnell wieder in Waren umgetauscht werden können. Andererseits sind diese Aufbewahrungsformen meist mit einem Leihen des Geldes in der Zeit des Konsumverzichts und damit mit einer bestimmten Bezahlung verbunden: dem Zins.

Der Zusammenhang zwischen Zins und Geld

Wie schon erwähnt, kann es auch ohne Geld Zins geben. Die Funktion von Zinsen entspricht einem Transfer von Konsum über die Zeit – dafür wird heute Geld verwendet, und nur darum ist Geld mit Zins verbunden. Zinsen repräsentieren immer eine Zahlung in der Zukunft für einen Transfer von Geld heute oder in der Vergangenheit. Menschen, die ihr Einkommen heute nicht in Güter umwandeln und konsumieren wollen, sparen. Sie transferieren damit ihren Konsum in die Zukunft. Das äußert sich in unserem Wirtschaftssystem im Allgemeinen so, dass sie ihr Geld zu einer Bank bringen. Andere Menschen, die gerade Geld benötigen, leihen es sich bei der Bank aus, beispielsweise um zu konsumieren oder, wenn es sich um ein Unternehmen handelt, um zu investieren. Transferiert werden demnach reale Ressourcen. Die SparerInnen verzichten tatsächlich auf realen Konsum, etwa ein zusätzliches Butterbrot, während die SchuldnerInnen das Geld leihen, um es wieder in reale Ressourcen zu tauschen. Auch hier ist Geld demnach eine Recheneinheit, die dazu dient, den Tausch realer Ressourcen einfacher bewerkstelligen zu können.

Der Zins kommt nun durch zwei Dinge zustande. Einerseits werden damit die Menschen, die auf ihren Konsum heute verzichten, für ihren Verzicht entschädigt, andererseits wird ein Teil davon verwendet, um die Dienstleistung der Finanzintermediäre zu bezahlen.

Dieser Transfer muss nicht zustande kommen. Er geschieht eben dann und nur dann, wenn es auf der einen Seite Menschen gibt, die auf eine bestimmte Menge Geld zu einem dafür angebotenen Preis (Sparzins) verzichten wollen, und es auf der anderen Seite Menschen oder Unternehmen gibt, die bereit sind, etwas dafür extra zu zahlen (Kreditzins), damit ihnen heute Geld zur Verfügung gestellt wird, das sie erst später verdienen werden.

Bei Menschen in unseren Gesellschaften ist es etwa häufig so, dass Menschen am Beginn ihres Lebens eher wenig Einkommen haben, sie aber davon ausgehen, dass es in Zukunft steigen wird. Trotzdem wollen sie häufig eine Familie gründen oder Eigentum an Immobilien erwerben, wenn sie jung sind. Sie sind daher bereit etwas extra dafür zu bezahlen, damit sie das früher tun können. Verdienen sie später mehr, können sie dieses Geld leichter aufbringen und zurückzahlen. Manchmal ist es auch einfach billiger, eine Wohnung auf Kredit zu kaufen als ewig Miete zu bezahlen. Dasselbe gilt für Unternehmen. Sie nehmen dann einen Kredit auf, wenn sie erwarten mit dem zusätzlichen Geld mehr erwirtschaften zu können, als der Kreditzins Kosten verursacht.

Zinsen müssen also letztlich immer in Form von Einkommen erwirtschaftet werden und werden damit aus einem Teil des Ertrags der Unternehmen bezahlt. Zinsen können bezahlt werden, weil Kredite in Projekte investiert werden, deren Rendite über dem Zinssatz liegt. Zinsen sind der Preis dafür, dass mit geliehenem Geld gearbeitet werden kann.

Zinskritik

Zu verschiedensten Zeiten und insbesondere zu Krisenzeiten treten immer wieder Gruppen mit verschiedenster politischer Überzeugung von links bis rechts auf den Plan und erklären, dass die Zinsen an allem Schuld sind: Zinsen würden – so das Argument – dazu führen, dass Menschen, die Geld haben, ohne etwas dafür zu tun, noch mehr Geld daraus machen könnten. Dazu käme noch, dass die mit dem Geld verbunden Schulden durch ihr exponentielles Wachstum nie zurückbezahlt werden könnten. Zinsen sollten somit abgeschafft werden und statt dessen so genanntes »Schwundgeld«, oder »Freigeld«, oder auch »Tauschkreise« eingeführt werden, die dann ohne die Zinsen auskämen.

Was ist dran an diesen Argumenten? Sind Zinsen das Problem? Sind Freigeld oder Tauschkreise die Lösung? Zu den Argumenten. Meistens gehen sie – manchmal über einige Ecken – auf die Freiwirtschaftslehre von Silvio Gesell zurück. Gesell entwickelte die Freiwirtschaftslehre Anfang des 20. Jahrhunderts. Sie basiert auf der Idee, das Hauptproblem des Kapitalismus bestünde darin, dass jene, die das einzig unverderbliche Gut horten – das Geld – alle anderen schamlos ausnutzen können. Alle anderen brauchen das Geld nämlich zum Tausch und um sich dieses Geld zu leihen, müssen sie nun den GeldbesitzerInnen Zins bezahlen. Aus dieser Vorstellung heraus forderte er das »zinsfreie Geld«, das laufend an Wert verlieren und so immer im Wirtschaftskreislauf gehalten werden sollte. Geld horten würde schlicht keinen Sinn mehr machen. Statt des Verleihens von Geld würden die KapitalbesitzerInnen in Investitionen in die Realwirtschaft (etwa in neue Produktionsstätten) getrieben werden.

Diese Vorstellung wurde in der Weltwirtschaftskrise in den 1930er Jahren zum ersten Mal populär. In etwas anderer Form blüht die Freiwirtschaftslehre in verschiedenen oftmals ökologisch motivierten Gruppen seit den 1980er Jahren wieder auf. Im Mittelpunkt stehen lokale Tauschkreise oder lokales Freigeld. Zusammenfassend meinen diese Gruppen, dass Markt, Geld und Kapitalismus dann gut seien, wenn sie klein sind und ohne Zins auskommen. Der Zins, meinen sie, sei schuld am so genannten Wachstumszwang. Je höher die Zinsen, desto stärker müssten Unternehmen wachsen, um die aufgenommen Kredite zurückzahlen zu können. Dieser zwangsweise Wachstumswettlauf führe zu Krisen und ökologischen Katastrophen. Ohne Zinsen auch kein Wachstumszwang.

So einfach sich das anhört, so problematisch ist es. Wir brauchen dazu noch nicht einmal allzu tief in die Theorie einzutauchen, um das zu erkennen. Wenn die Wirtschaftspolitik das Wachstum fördern will, wie etwa in der 2007 ausgebrochenen Krise, dann erhöht sie die Zinsen nicht, sondern senkt sie. Warum? Geld wird billiger, es wird mehr ausgegeben, die Unternehmen können es billiger leihen und geben es risikoreicher aus. Das Wachstum wird also durch niedrige Zinsen angeheizt, und durch negative Zinsen, wie sie die ZinskritikerInnen beim Freigeld vorsehen, erst recht. Wachstumszwang, wie ihn die ZinskritikerInnen nennen, entsteht keineswegs durch den Zins. Das ist ein fundamentales Missverständnis der kapitalistischen Wirtschaftsform. Zwar stimmt es, dass zur Begleichung des Kreditzinses bestimmte Erträge beziehungsweise Einkommen notwendig sind, muss er doch letztlich aus real erwirtschaftetem Profit bezahlt werden.

Aber die eigentliche Triebkraft des Wachstums im Kapitalismus ist die Konkurrenz. Jene Unternehmen, die schneller wachsen, können mehr investieren, können zusätzlich an ihre AktionärInnen ausbezahlen, steigen schneller im Wert und verdrängen letztlich die anderen Unternehmen. Der Einsatz von Fremdkapital verschafft beim Wachstum einen entscheidenden Vorteil. Dafür wird der Zins bezahlt.

Ein weiterer Grund für das Wachstum: Der technische Fortschritt setzt laufend Arbeitskräfte frei, die irgendwo anders beschäftigt werden müssen und damit natürlich insgesamt mehr herstellen, sollen sie nicht die Zahl der Arbeitslosen erhöhen. Ebenso benötigt der staatlich-politische Apparat im Kapitalismus das Wachstum. Die Ungleichheit der Individuen im Kapitalismus wird nur auf Dauer akzeptiert, wenn es zumindest für alle immer besser wird. Das Wachstumsversprechen des Kapitalismus ist notwendig für seinen Bestand.

Das fundamentale Missverständnis, dem die AnhängerInnen von Freigeld und Tauschkreisen aufsitzen, ist die Vorstellung, dass der Zins einfach ein Preisaufschlag wäre, den die GeldbesitzerInnen verlangen können, weil die anderen das Geld zum Tauschen brauchen. Der Zins aber ist nichts anderes als ein Anteil am Profit desjenigen, dem das Geld geliehen wurde. Das ist nicht immer leicht zu überschauen, da eine Vielzahl von unterschiedlichen Kapitalanlagemöglichkeiten unterschiedlichen Zins bringt. Und Kapital auf Finanzmärkten manchmal den Eindruck erweckt, es würde sich selbstständig vermehren.

Letztlich ist aber jeder Zins Teil eines real erwirtschafteten Profits. Werden Schulden aufgenommen und es stellt sich heraus, dass der versprochene Profit nicht real erwirtschaftet wird, kommt es zur Krise, zu Preisverfall und Wertverfall und auch zu keinen Zinsen im entsprechenden Ausmaß.

Kapital vermehrt sich also nie von selbst – auch wenn das heute manchmal so scheinen mag, weil nicht mehr direkt beobachtbar ist, wo und wie das veranlagte Kapital zum Einsatz kommt. Irgendwo wird aber produziert, investiert oder stehen Produktionsmittel im Eigentum. Kapitalvermehrung ist immer Ausdruck einer (möglicherweise zukünftigen) Produktion oder einer veränderten Bewertung von Produktionsmitteln.

Auch für die Einkommens- und Vermögenskonzentration, die im Kapitalismus beobachtet werden kann, ist Zins nicht die alleinige Ursache. Klar, höheres Einkommen führt bei gleicher Sparquote langfristig zu einer immer ungleicheren Vermögensverteilung. Jeden Monat kann einer mehr weglegen als ein anderer, der absolute Abstand wächst, und die Zinsen und Zinseszinsen beschleunigen dieses. Aber auch ohne Zins würde Ähnliches stattfinden. Warum? Wie gesagt, ist der Zins als Anteil eines Profits zu verstehen. Profite, die eher reinvestiert werden, führen zu höheren Profiten. Während Lohn aus Arbeit vorrangig verkonsumiert wird. Ungleichheit beruht also nicht nur auf dem Zinssystem.

Der Denkfehler der Freigeld-AnhängerInnen ist einfach zu sehen. Sie hätten gern freien Kapitalismus, aber ohne Zins, wo Geld reines Tauschmittel ist und nicht mehr mit Zins verliehen werden kann. Dabei übersehen sie, dass Profit und Zins zwei Seiten derselben Medaille sind. Der Profit des einen ist der Zins des anderen. Zins ist nur Anrecht auf einen Teil des Profits. Ohne Profit aber gibt es auch keinen Kapitalismus.

All das bedeutet nicht, dass es nicht Situationen gibt, in denen das Ausmaß der Schulden zu hoch ist – eben, weil die Profite und Einkommen niedriger sind als angenommen wurde und daher auch die Zinsen nicht bezahlt werden können. Geschieht das einem einzelnen Unternehmen, gibt es eine Insolvenz, und die GläubigerInnen fallen um ihr Geld um. Das kann Regierungen betreffen, wenn die Staatsverschuldung zu hoch wird, oder auch ganze Volkswirtschaften, wenn die Verschuldung des Staates, der Unternehmen und der privaten Haushalte nicht mehr tragbar ist. In solchen Situationen kann die Verschuldung die Wirtschaft erdrücken. Es gibt durchaus Argumente für eine Versorgung mit möglichst billigem Geld und für möglichst niedrige Zinsen. Ähnlich dem »Schwundgeld« wären manchmal auch negative Zinsen günstig – was in der technischen Durchführung aber Probleme macht.

Genauso gibt es Situationen, in denen die Geldwirtschaft zusammenbricht und sich Tauschkreise bilden, etwa in Argentinien nach der Finanzkrise von 2001. Das mag in manchen Situationen vernünftig sein, bedeutet aber nicht, dass damit der Zins abgeschafft wäre oder der Kapitalismus grundlegend verändert. Die argentinischen Tauschkreise sind kollabiert, weil Leute entdeckten, dass man die Tauschgutscheine, über die der Handel abgewickelt wurde, in Farbkopiergeräten vervielfältigen kann.

Aber nehmen wir einmal an, sie wären fälschungssicher gewesen: Was, wenn jemand eine größere Investition tätigen wollte? Hätte er dann nicht versucht, sich solche Gutscheine zu leihen? Und wären nicht andere bereit gewesen, zu verleihen? Für eine kleine Entschädigung natürlich – sagen wir vier Prozent pro Jahr?

Die Neutralität des Geldes

Mit der Vorstellung, dass Geld lediglich eine Recheneinheit ist, die den Gütertausch erleichtert, weil sie die Transaktionskosten verringert, geht auch die so genannte Neutralität des Geldes einher.

Laut klassischer und neoklassischer Volkswirtschaftslehre gibt es einen monetären und einen realen Sektor der Volkswirtschaft. Im realen Sektor werden nach Angebot und Nachfrage die Austauschverhältnisse zwischen den Gütern bestimmt. Auch die Verteilung der Produktionsfaktoren auf die Produktion verschiedener Güter und deren Mengen bestimmen sich allesamt im so genannten realen Sektor einer Volkswirtschaft.

Im monetären Sektor hingegen wird nur bestimmt, welchen Wert die Recheneinheit, also das Geld, in Bezug zu den Gütern im realen Sektor hat. Dieser Wert der Recheneinheit bestimmt dann die Preise in Geld, hat jedoch auf die tatsächlichen Austauschverhältnisse zwischen den Gütern keinerlei Auswirkungen. Damit hat der monetäre Sektor insgesamt keinerlei Auswirkungen auf den realen Sektor. Die realen Werte, seien es nun die eines Werkzeugs oder des ganzen Bruttoinlandsprodukts, werden durch deren Bepreisung in Geldeinheiten nicht verändert. Auch ihr Tauschwert in Bezug auf andere Güter des realen Sektors ändert sich nicht.

Diese Hypothese der Neutralität des Geldes setzt einerseits funktionierende Preismechanismen auf Märkten und andererseits das Fehlen der so genannten Geldwertillusion voraus. Eine Geldwertillusion wäre es, wenn sich Leute darüber aufregen, dass sich die Preise im Supermarkt in den letzten zwanzig Jahren verdoppelt haben, sie selbst aber auch das Doppelte verdienen. Oder wenn ArbeiterInnen gegen eine Kürzung ihres Geldlohnes um fünf Prozent streiken, aber einen unveränderten Lohn noch akzeptieren, wenn rundherum alles um fünf Prozent teurer wird. Mit den Worten der Neoklassik: Neutralität des Geldes bedeutet, dass das Geld nichts als ein »Schleier« ist, der sich über den realen Sektor der Wirtschaft legt, dabei aber nicht verändert, was er bedeckt.

Inflation und Deflation

Wenn langfristig die Geldpreise steigen, wird von Inflation gesprochen. Das heißt, das Geld verliert an Kaufkraft. Wenn in den Medien, oder sonst wo von Inflation die Rede ist, wird diese am so genannten Verbraucherpreisindex gemessen. Dabei wird, meistens von den statistischen Ämtern eines Landes, ein Warenkorb bestimmt, der von einem typischen Haushalt in einem Jahr konsumiert wird. Da finden sich Lebensmittel, Wohnkosten, Transportkosten, anteilmäßig auch Kosten für langlebige Konsumgüter wie Autos und Ähnliches. Die Preise dieses umfangreichen Warenkorbes werden laufend beobachtet und die Preisänderungen aufgezeichnet. So kann festgestellt werden, um wie viel das Geld, die Recheneinheit, das *numéraire*-Gut – wie immer es nun genannt wird –, an Kaufkraft verloren oder auch gewonnen hat. Falls es an Kaufkraft gewonnen hat, sind die Geldpreise der Güter gesunken, was dann Deflation statt Inflation genannt wird.

Aber wodurch werden Änderungen des Preisniveaus ausgelöst? Aus der »Neutralität des Geldes« ergibt sich die »Quantitätstheorie des Geldes«, die sich bis heute in jedem Wirtschaftskunde-Schulbuch findet. Danach ist das Preisniveau abhängig von der Geldmenge, die im Umlauf ist: Wir nehmen wieder die Werkzeugmacherinnen und Bauern und nehmen an eine Einheit Lebensmittel kostet 1 Euro, ein Werkzeug 3 Euro. Wir behaupten weiter, ein Bauer produziert 6 Lebensmittel zum Verkauf, eine Werkzeugmacherin kann jeden Monat 2 Werkzeuge auf den Markt bringen. Damit verdient jeder und jede von ihnen 6 Euro, mit denen sie einkaufen können.

Und dann wird die Geldmenge erhöht, etwa weil die Notenbank Geldscheine druckt und an die Bevölkerung verteilt (warum auch immer). In jedem Fall behaupten wir weiter, dass alle WirtschaftsteilnehmerInnen plötzlich am Anfang des Monats zu ihrem Einkommen von 6 Euro weitere 6 dazubekommen. Was wird geschehen? Die Haushalte stellen jetzt fest, dass sie so viel Geld nicht benötigen, und gehen zusätzlich einkaufen. Aber unsere Wirtschaft befindet sich in einem Gleichgewicht der Vollbeschäftigung, das zusätzliche Geld findet also keine zusätzlichen Waren. Die Nachfrage übersteigt also das Angebot, die Preise werden deswegen steigen. Bei einer Verdopplung der

Geldmenge werden sie sich ebenfalls verdoppeln.

Die relativen Preise von Lebensmitteln und Werkzeugen haben sich dabei in diesem Beispiel nicht geändert, weil die höhere Geldmenge die Nachfrage nach Lebensmitteln und Werkzeugen gleichmäßig hat steigen lassen: Bauern wollen immer noch Werkzeuge kaufen, Werkzeugmacherinnen Lebensmittel – haben sie mehr Geld, dann wollen sie mehr davon, aber die relative Nachfrage zwischen Werkzeugen und Lebensmitteln verschiebt sich nicht. Ein Bauer konnte ursprünglich 6 Lebensmittel in 6 Geldeinheiten tauschen und diese wiederum in 2 Werkzeuge. Das Tauschverhältnis war also 3 Lebensmittel zu 1 Werkzeug. Nach der Inflationsphase, in der das Geld die Hälfte seiner Kaufkraft eingebüßt hat, könnte eine Werkzeugmacherin ihre 2 Werkzeuge umtauschen in 12 Geldeinheiten. Mit diesen 12 Geldeinheiten lassen sich nun 6 Lebensmittel kaufen. Soviel wie auch vor der Geldentwertung schon. Das reale Tauschverhältnis bleibt mit 1 Werkzeug zu 3 Lebensmitteln stabil. In diesem Beispiel ist Geld also neutral und Inflation oder Deflation ausschließlich abhängig von der Veränderung der Geldmenge.

Dieser Vorgang sollte keinesfalls verwechselt werden mit anderen Arten von Preissteigerungen, die etwa durch Knappheit in einigen Sektoren entstehen und somit die realen Austauschverhältnisse direkt beeinflussen. So würde in unserem Fall eine schlechte Ernte wahrscheinlich zu einer Aufwertung des Tauschverhältnisses zu Gunsten der Lebensmittel führen, schlichtweg, weil sie knapper geworden sind, also ein geringeres Angebot besteht.

Oder ist Geld doch nicht neutral?

An eine völlige Neutralität des Geldes glaubt tatsächlich niemand, einige aber doch an den oben beschriebenen fixen Zusammenhang zwischen Geldmenge und Preisniveau – der aus der Neutralität des Geldes abgeleitet wird. So etwa Teile des Wirtschaftsliberalismus, wie der in den 1970er und 1980er Jahren einflussreiche »Monetarismus« Milton Friedmans. Seine »Neoquantitätstheorie« ist im Prinzip eine Neuauflage der alten Quantitätstheorie vom Beginn des 20. Jahrhunderts. Allerdings ist der Wirtschaftsliberalismus (und besonders Friedman) davon überzeugt, dass schon leicht erhöhte Inflationsraten schädlich sind. Wenn aber Inflation eine Gefahr ist, dann kann Geld nicht neutral sein. Wäre Geld neutral, wären Inflation oder Deflation bedeutungslos.

Gegen die Neutralität des Geldes gibt es ein Argument, dem praktisch alle zustimmen: Preise und auch Löhne werden eben nicht unverzüglich angepasst, sollte die allgemeine Inflationsrate höher werden oder die Geldmenge größer.

Sowohl Preise als auch Löhne sind »sticky«, also klebrig, wie es die Neukeynesianer bezeichnen. Warum sollte das der Fall sein? Ist plötzlich doppelt so viel Geld im Umlauf, warum sollten nicht sofort alle Preise und Löhne sich verdoppeln? Schließlich entstehen laut neoklassischem Modell die realen Tauschverhältnisse im realen Sektor, und Geld dient nur als Recheneinheit.

Die Antwort ist nicht schwer zu finden: Informationen brauchen Zeit, bis sie sich verbreiten, es entstehen Kosten, wenn Preise angepasst werden müssen, ja selbst das Anbringen neuer Preisschilder braucht Zeit und wird nicht überall gleich schnell vonstattengehen. Bei den Löhnen gilt Ähnliches. Es gibt Verträge, die erst auslaufen müssen, bis neu verhandelt werden kann. Eine Weile lang werden fehlende Informationen, Suchkosten auf dem Arbeitsmarkt und im Allgemeinen die Geldwertillusion für Verzögerungen sorgen. Für manche Produkte wird das länger dauern, für andere wird es schneller gehen, für Preise vielleicht schneller als für Löhne und Ähnliches. So wird es zumindest zeitweilig zu tatsächlichen Auswirkungen der monetären Größen auf die realen kommen. Wie stark diese Effekte sind, ist unklar und mag auch auf verschiedenen Märkten und in unterschiedlichen Ländern unterschiedlich schnell vonstattengehen.

Aus den besprochenen Gründen wird es jedenfalls nie genau so sein wie in unserem einfachen Beispiel mit Werkzeugen und Lebensmitteln, in dem sich beide Preise gleichzeitig und perfekt anpassen und es damit zu keinerlei Veränderungen der Tauschverhältnisse zwischen den Gütern kommt.

Kurzfristig führen Inflation und Deflation immer zu Verzerrungen in den realen Tauschverhältnissen zwischen Gütern. Je transparenter und anpassungsfähiger die Märkte sind, desto schneller wird dieser Prozess vonstattengehen und die Verzerrungen behoben sein. Ohne Zeitverzögerung und vollständig – wie in den klassischen und neoklassischen Theorien – wird dies aber realistischerweise weder heute noch irgendwann in Zukunft funktionieren können.

Die »klebrigen Preise« und die verzerrten Märkte erklären die Ablehnung des Wirtschaftsliberalismus gegenüber erhöhten Inflationsraten. Wenn man davon überzeugt ist, dass die Wirtschaft über Märkte gesteuert wird und gesteuert werden soll, dann ist es wichtig, dass diese Märkte die richtigen Preissignale bekommen. Wenn das Geld reale Austauschverhältnisse ändert, dann kann höhere Inflation die Wirtschaft durcheinanderbringen.

Noch ein weiteres Problem hängt mit klebrigen Preisen zusammen, ein Problem, das unmittelbar die Verteilung von Vermögen und Einkommen beeinflusst. Der Preis des Geldes ist nämlich besonders klebrig: Zinsen passen sich nicht automatisch der Inflationsrate an. Wenn Zinsen zwischen SchuldnerInnen und GläubigerInnen vereinbart werden, dann sind diese oft variabel. Der Zinssatz für einen Kredit ändert sich dann mit den Marktzinsen – und diese steigen oft (aber nicht immer) mit der Inflationsrate. Andere Zinssätze sind allerdings fixiert. Wer am 20. Dezember 2010 der US-amerikanischen Regierung für zehn Jahre Geld geliehen hat, bekommt dafür jedes Jahr 3,27 Prozent, unabhängig davon, wie sich die Inflationsrate entwickelt. Sinkt diese oder es gibt gar eine Deflation, dann kann gut verdient werden – und der US-amerikanische Steuerzahler bekommt eine relativ hohe Last umgehängt.

Was aber, wenn zwei Jahre nach Abschluss des Geschäfts die Inflation bei 10 oder 15 Prozent liegt? Dann bleibt nach zehn Jahren nicht mehr viel übrig. Das kann man jetzt unterschiedlich beurteilen: Der amerikanische Ex-Präsident Reagan hat die Inflation einen *»mugger in the dark«* genannt, einen Straßenräuber, der sich die Vermögen der Sparsamen aneignet. John Maynard Keynes hat statt dessen eher zufrieden von der »Euthanasie des Rentiers« gesprochen, wegen der Tendenz der Inflation, die Geldvermögen zu entwerten.

Den Vermögenden selbst ist das natürlich nicht entgangen: Die Bereitschaft, Geld zu fixen Zinsen zu verleihen, sinkt, wenn mit der Möglichkeit gerechnet wird, dass die Inflation steigt. Dadurch verschlechtert sich die Berechenbarkeit der Zinsbelastung für Unternehmen und Haushalte.

Noch ein weiteres Problem ergibt sich durch Schulden, auch wenn sich Zinsen immer perfekt an die Inflation anpassen würden, und der Realzinssatz immer gleich bliebe: Wir stellen uns vor, jemand möchte einen 100 000-Euro-Kredit, um sich damit eine Wohnung zu kaufen. Die Inflationsrate liegt bei 2 Prozent, und der Zinssatz beträgt 4 Prozent. Das bedeutet, dass der Kreditnehmer im ersten Monat nach Kreditaufnahme 333 Euro Zinsen bezahlen muss. Dazu kommt noch die eigentliche Rückzahlung des Darlehens, aber das lassen wir der Einfachheit halber weg. Auch ohne jegliche Rückzahlung wäre der Wert des 100 000-Euro-Kredits am Ende des ersten Jahres aufgrund der Inflation 2 Prozent geringer – einfach weil 100 000 Euro um 2 Prozent weniger Waren kaufen können und auch die Geldeinkommen gestiegen sind.

Jetzt lassen wir die Inflation auf 10 Prozent steigen. Sollen die Realzinsen (Zinsen abzüglich Inflation) gleich bleiben, beträgt der Zinssatz jetzt 12 Prozent. Der Kreditnehmer oder die Kreditnehmerin muss eine monatliche Zinsbelastung von 1 000 Euro verdauen, aber dafür ist auch ohne jede Tilgung das Darlehen am Ende des Jahres 10 Prozent weniger wert. Steigt die Inflation auf

30 Prozent, bekommen wir bei 2 Prozent Realzinsen eine Zinszahlung von 2 666 Euro im ersten Monat, über ein Jahr müssen 32 000 Euro für Zinsen bezahlt werden. Dafür sinkt der Wert des Kredits nach einem Jahr auch fast um ein Drittel, nach zwei Jahren ist nur mehr knapp die Hälfte übrig – die Inflation frisst das Darlehen auf. Die Bankkundin oder der Bankkunde wäre bald schuldenfrei, müsste aber tatsächlich über ein sehr hohes Einkommen verfügen, um die Zinszahlungen in der allerersten Phase zu bewältigen. Wir sehen: Höhere Inflationsraten machen langfristige und hohe Verschuldung schwierig, niedrige Inflationsraten erleichtern sie. Lange Phasen niedriger Inflation (und niedriger Zinsen) können zu einem hohen Verschuldungsgrad einer Wirtschaft führen.

Als weiteres Argument gegen die Neutralität des Geldes bringt John Maynard Keynes die spekulative Geldhaltung. In Zeiten wirtschaftlicher Einbrüche können Menschen versuchen, ihr Vermögen zu beschützen, indem sie es als Bargeld halten. Das Geld wird gehortet und de facto aus dem Umlauf genommen.

»Klebrige Preise« und die spekulative Geldhaltung zeigen, dass Geld nicht neutral ist. Sie zeigen auch, dass ein Zusammenhang zwischen Geldmenge und Inflation zumindest nicht unmittelbar gegeben sein muss.

Muss eine Erhöhung der Geldmenge immer früher oder später zu Inflation führen? Nach den einfachen Regeln, wie wir sie kennen gelernt haben, wäre die Antwort ja. Geld ist nur Recheneinheit; ist mehr vorhanden, steigen die Preise in Geld bei gleich bleibenden Austauschverhältnissen zwischen den Gütern – wenn auch nicht immer sofort und nicht immer, ohne während dessen für Probleme zu sorgen.

Das muss aber nicht so sein. Tatsächlich wird die Inflation über die bereits angesprochenen Warenkörbe gemessen. Nur dann, wenn also die Preise der Güter innerhalb dieser Warenkörbe steigen, steigt auch die so gemessene Inflation an. Das muss aber nicht immer der Fall sein: Wenn es einen festen Zusammenhang zwischen Inflation und Geldmenge gäbe, dann müsste die Geldmenge genauso schnell steigen, wie die gesamte Leistung der Wirtschaft, plus der Inflationsrate – tut sie aber nicht. Für die Eurozone stieg die Wirtschaftsleistung zu Marktpreisen (also Wirtschaftswachstum plus Inflation) von 2001 bis 2008 um ziemlich genau 30 Prozent. Die Geldmenge M3 (Geld kann unterschiedlich definiert werden, M3 ist dabei die wichtigste Maßzahl) legte aber um 74 Prozent zu. (Quellen: Eurostat und ECB). In einem ähnlichen Zeitraum wuchs in den USA vom Januar 2000 bis zum Januar 2006 die Geldmenge M3 um 54 Prozent, die Wirtschaftsleistung zu Marktpreisen aber nur um 35 Prozent. (http://www.federalreserve.gov/releases/h6/hist/h6hist1.txt, recherchiert am 28. Dezember 2010). Danach gab die amerikanische Notenbank es auf, die Geldmenge M3 zu messen. Wir bemerken: Die Geldmenge stieg viel schneller als die Menge der vorhandenen Waren – von hoher Inflation weit und breit keine Spur.

Als weiteres Beispiel können wir uns die Liquiditätsspritzen der US Notenbank FED *(Federal Reserve)* ansehen. Auch hier wurden bestimmte Abgrenzungen der Geldmenge in den Jahren seit Beginn der Finanzkrise 2007 dramatisch erhöht. Um der kränkelnden Wirtschaft billiges Geld zur Verfügung zu stellen, können sich Banken bei der Zentralbank mit Geld zu null Prozent Zinsen versorgen. Zudem wurde so genanntes *Quantitative Easing* betrieben. Das heißt, dass die Zentralbank selbst in großem Umfang Wertpapiere aufkauft und für diese Käufe Dollar druckt (oder in Computersystemen schafft). Somit kamen hunderte Milliarden von Dollar zusätzlich in den Wirtschaftskreislauf. Aber dazu geführt, dass die gemessene Inflation dramatisch gestiegen wäre, hat auch das bis jetzt nicht. Warum?

Das hängt damit zusammen, dass das neue Geld einfach in andere Bereiche fließt, die nicht direkt Auswirkungen auf die Warenkörbe haben. Und das hängt auch an der Verteilung des Reichtums. Wenn die Bauern aus unserem Beispiel zusätzliches Geld bekommen, dann kaufen sie Lebensmittel. Wenn Personen aus der unteren Mittelschicht zusätzliches Geld bekommen, zahlen sie Miete, kaufen Autos oder Fernseher. Wenn Leute, die ohnehin schon viel Geld haben, mehr Geld bekommen, kaufen Sie keine Dinge aus dem Warenkorb des Verbraucherpreisindex, oder nicht in erster Linie. Sie tätigen Finanzanlagen, kaufen Aktien oder andere Vermögenswerte.

Obwohl sich die Erhöhung der Geldmenge also nicht direkt auf die Inflation auswirken muss, kann sie dabei doch problematisch sein und vor allem zu einer höheren Schwankungsanfälligkeit der Wirtschaft führen. Manchmal ermöglicht eine höhere Geldmenge auch ein höheres Wachstum, aber dieses wird im Allgemeinen durch ein mehr an Unsicherheit bezahlt. Geld, das billiger ist, fließt in risikoreichere Projekte. Mehr Risiko führt zu mehr Volatilität, also stärkeren Schwankungen. Es besteht die Gefahr, dass sich Blasen von Vermögenspreisen bilden. Was bedeutet das?

Der Preis von Vermögenswerten (Aktien, Immobilien …) richtet sich nach dem langfristigen Einkommen, das damit zu erzielen ist. Der Besitz einer Aktie sichert einen Anteil am Profit eines Unternehmens – und wenn dieser

Profit stabil ist, oder wächst, ist es logisch, dass auch die Aktie ihren Wert hat. In einer Vermögenspreisblase steigen die Preise von Aktien (oder Immobilien oder Schuldtiteln) weit über ihren realistischen langfristigen Wert – entweder, weil sich die AnlegerInnen kollektive Illusionen über die mögliche Profitentwicklung machen, oder aber, weil Geld sehr billig ist. In der Regel ist beides im Spiel.

Wenn wir uns noch einmal die Liquiditätsspritzen der Notenbanken in der großen Finanzkrise ansehen: Ein Teil des Aktienaufschwungs seit Mitte 2009 lässt sich sicher auf das viele neue Geld der Zentralbanken zurückführen. Zudem fließt sehr viel des Geldes direkt ins Ausland und verbleibt nicht in dem Land, dessen Zentralbank es als Liquiditätsspritze in die Märkte pumpt. Sehr viel des Geldes fließt direkt dorthin, wo es das höchste Wachstum gibt, also auch am meisten Profite zu holen sind. Das sind Ende 2010 China, Indien, Brasilien, Russland und ähnliche Kandidaten.

Die wiederum freuen sich nicht allzu sehr über das viele Geld. Schließlich kann es bei ihnen zur Überhitzung der Wirtschaft – also Blasenbildung und Inflation – führen. In China kann das gut gesehen werden. Der starke Boom auch während der Krise und die steigende Inflation ist teilweise auf die Liquiditätsspritzen der westlichen Industriestaaten, allen voran der USA zurückzuführen. Das schwächt natürlich auch den Dollar im Vergleich zu den anderen Währungen und verhilft so den USA zu mehr Exporten und führt auch zu einer leichten Entschuldung. Ein schwächerer Dollar verringert direkt die Summe, die etwa China als Gläubiger der USA zurückbekommen wird, da US-Staatsanleihen in Dollar denominiert sind. Klarerweise wird Inflation aber früher oder später wieder reimportiert. Steigen die Preise in China, werden auch die Importe aus China teurer und damit die Produkte, die importiert werden, oder auf Basis von Importgütern produziert werden. Dagegen wirkt, dass weniger importiert wird, eben weil es teurer ist. So können regelrechte Währungskriege entstehen. Länder versuchen, ihre Währung abzuwerten, um einerseits ihren Export zu stützen und so konkurrenzfähiger zu werden und andererseits ihre Schulden teilweise mit einer sinkenden Währung weg zu inflationieren.

Auch die Immobilienblase vor der großen Krise von 2007 war schon zu einem bestimmten Teil Ergebnis der Niedrigzinspolitik der FED, die zur Jahrtausendwende die Antwort auf die damals geplatzte *Dot-com*-Blase war. Auch 2010 bilden sich neue Blasen, neben einer chinesischen Immobilienblase jedenfalls eine Anleihenblase in den westlichen Industrieländern. Auch das ist eine Art der Inflation. Preise steigen, aber eben von Anleihen oder Immobilien, anstatt von den Produkten, die in den Warenkörben der statistischen Institute zur Inflationsmessung ausschlaggebend sind. Aus diesem Grund gibt es auch schon lang anhaltende Diskussionen, ob sich Zentralbanken auch die Inflation von anderen Produkten wie Immobilien, Aktien, oder Anleihen ansehen, und wenn nötig dagegen vorgehen sollten. Immerhin spielten Blasen auf diesen Märkten eine nicht zu übersehende Rolle in den Krisen der letzten Jahrzehnte.

Wovon ist Inflation also im Endeffekt abhängig? Das ist nicht für jede Situation mit Sicherheit zu beantworten. Der Zins und die Geldmenge spielen eine Rolle. Niedrigere Zinsen und mehr Geld bringen höhere Preise. Die wirtschaftliche Gesamtsituation spielt eine Rolle: Wenn die Menschen aus Angst auf ihrem Geld sitzen und viele arbeitslos sind und Betriebe nur halb ausgelastet sind, muss auch eine deutliche Ausweitung der Geldmenge keine Inflation auslösen. Wenn Menschen aber einen Wertverlust des Geldes befürchten, werden sie versuchen, alles, was sie verdienen, sofort auszugeben. Dann wechselt ein Euro innerhalb eines Jahres viel häufiger die Besitzerin oder den Besitzer als zuvor – und auch bei gleich bleibender Geldmenge kann die Inflation steigen. Die Verteilung zwischen Einkommensgruppen und die Verwendung des Geldes hat eine Auswirkung. Dient eine steigende Geldmenge zum Kauf von Immobilien, dann bekommen wir keine allgemeine Inflation, sondern eine Immobilienblase. Landet eine steigende Geldmenge bei sehr vermögenden Personen, dann tätigen diese damit Finanzanlagen und es steigt der Preis von Aktien.

Das Geld auf unserem Konto sind die Schulden von jemand anderem: Geldbasis und Kreditschöpfung

Aber wie kommt es dazu, dass mehr oder weniger Geld im Umlauf ist? Was ist die Geldmenge? Und was hat das mit der Kreditschöpfung zu tun? Auch wenn Geld theoretisch nur ein weiteres Gut ist, das als *numéraire*-Gut, die spezielle Eigenschaft der allgemein anerkannten Recheneinheit hat, ist der Prozess der Geld- und Kreditschöpfung in unserer Wirtschaft mittlerweile recht komplex. Vergessen wir dabei aber nicht, dass sowohl das Geld als auch die Institutionen die es schaffen, die Zentralbank und die Geschäftsbanken in Zusammenspiel mit Unternehmen, Haushalten und dem Staat der klassischen Theorie nach letztlich nur aus einem Grund existieren: Die Transaktionskosten beim Tauschen von realen Gütern sollen vermindert werden.

Wenn heute von Geld gesprochen wird, denken wir zuerst an Geldscheine in Geldbörsen. Ein kurzer mentaler Ausflug an die Kassa des Supermarktes eröffnet aber noch andere Möglichkeiten: »Bar oder mit Karte?«, fragt die Kassakraft. Dem Supermarkt ist es offensichtlich völlig egal, ob wir mit Geldscheinen bezahlen oder ob über eine Karte auf ein Konto zugegriffen wird. Kontoguthaben (so genannte Sichteinlagen) müssen also auch Geld sein, genauso ein Sparbuch, von dem jederzeit abgehoben werden kann. Ab dann kann man Geld unterschiedlich abgrenzen. Ist ein Kapitalsparbuch noch Geld – auch wenn damit nicht im Supermarkt gezahlt werden kann und das Guthaben nur mit Abschlägen täglich verfügbar ist? Eine Einzahlung in einem Geldmarktfonds? Mit diesen Fragen müssen wir uns nicht im Detail beschäftigen, aber es sei festgestellt: Geld sind in erster Linie Zahlen in Computersystemen von Banken.

Bei der Geldschöpfung muss zwischen dem so genannten Zentralbankgeld und dem Geschäftsbankengeld unterschieden werden. Das eine wird von den Zentralbanken geschaffen oder vernichtet. Zentralbankgeld begegnet uns allen in seiner bekanntesten Form von Münzen und Banknoten nahezu alltäglich.

Geschäftsbankengeld schöpfen Banken in Form von Krediten. Es existiert rein virtuell als Buchgeld auf Konten. Das meiste Geld wird dadurch geschaffen, dass Geschäftsbanken Geld auf Sichtguthabenkonten schöpfen. Will ein Kunde oder eine Kundin einer Bank Geld und die Bank will ihm einen Kredit gewähren, schafft sie einfach neues Geld auf einem Konto. Von diesem Konto kann die Kundin oder der Kunde dann in der Höhe des gewährten Kredits Überweisungen tätigen oder auch Bargeld beheben. So wird Geld geschaffen. Zahlen sie den Kredit wieder zurück, wird das geschaffene Geld in Form des Sichtguthabens wieder vernichtet. In der Zwischenzeit steht dem eine Forderung der Bank in der Höhe des noch offenen Kredits auf Rückzahlung gegenüber. Die Bank hält also einen Schuldtitel.

Nehmen wir an, unsere Werkzeugmacherin hat zu wenig Werkzeuge erzeugt, die sie in Geld umtauschen könnte, um genügend Lebensmittel zu kaufen. Sie benötigt aber dringend Lebensmittel. Um diese zu bekommen, braucht sie Geld. Sie geht also zu einer Bank und möchte einen Kredit, sagen wir 100 Geldeinheiten. Die Bank ist bereit, der Werkzeugmacherin den Kredit zu gewähren und ihr die 100 Geldeinheiten auf ihrem Konto als Buchgeld gutzuschreiben. Aber was bedeutet das für die Bank? Woher nimmt die Bank die 100 Geldeinheiten? Das ist nicht so einfach zu klären, je nachdem, in welcher Weise die Werkzeugmacherin die Lebensmittel bezahlen will, kann dies für die Bank einen Unterschied bedeuten. Will sie sie abheben und das Geld als Zentralbankgeld bar bezahlen oder überweist sie es auf ein Konto eines Bauern, der aber sein Konto bei einer anderen Bank hat, muss die Bank hierfür auch ihr Zentralbankgeld verringern. Entweder sie verwendet dafür Zentralbankgeld, dass sie selbst hat, oder sie muss sich neues Zentralbankgeld durch einen Kredit bei der Zentralbank beschaffen. Die Geldbasis der Bank würde sich in beiden Fällen um 100 Recheneinheiten vermindern. Anders verhält es sich, falls der Bauer sein Konto auf derselben Bank unterhält. Dann kommt es lediglich zu einer Umbuchung innerhalb der Bank, wofür die Bank keinerlei neues Zentralbankgeld benötigt.

Banken müssen im Allgemeinen für alle Einlagen einen bestimmten Prozentsatz dieser Einlagenhöhe als Guthaben bei der Zentralbank halten. Durch die Überweisung hält der Bauer jetzt 100 Geldeinheiten mehr auf seinem Konto – und dadurch wird ein zusätzliches Guthaben der Bank bei der Zentralbank gemäß dem Mindestreservesatz notwendig. Nehmen wir an, dieser wäre 10 Prozent, dann müsste die Bank ihr Guthaben bei der Zentralbank um 10 Geldeinheiten erhöhen. Das Gleiche gilt auch für jede andere Bank, je nachdem wo sich das Konto des Bauern befindet.

Interessant ist dabei, dass sich Kreditvergabe praktisch ihre eigene Liquidität schafft. Der vergebene Kredit an die Werkzeugmacherin wird zu einer neuen Einlage. Und abzüglich des Mindestreservesatzes – in unserem Fall 10 Prozent – kann die Bank das Geld dann wieder als Kredit weiter verleihen.

In unserem Beispiel wird die immer weitere Kreditvergabe nur durch die begrenzte Menge an Zentralbankgeld verhindert. Geld wird also im Allgemeinen als Schuldtitel geschöpft und hat keinen – jedenfalls keinen dem Tauschwert entsprechenden – physischen Wert, weswegen unser heutiges Geld auch als »*fiat money*« bezeichnet wird. Es wird einfach von den gesetzgebenden Staaten zum Geld erklärt (*fiat money* – »es werde Geld«).

Die Tatsache, dass aufgrund des Mindestreservesatzes über die Geschäftsbanken und des Prozesses der Kreditvergabe und Wiedereinlage aus einer Geldeinheit Zentralbankgeld ein Vielfaches an Geldeinheiten entstehen kann, wird als Geldschöpfungsmultiplikator bezeichnet. Jedem Kredit steht also eine Erweiterung der Geldmenge gegenüber. Letztlich hat jede Transaktion zwei Seiten:

Sie stellen jeweils gleichzeitig eine Forderung (Einlagen) und eine Verbindlichkeit (Kredit) – in gleicher Höhe – dar. Insgesamt bewirkt somit der logisch zweiseitige Charakter von Finanztransaktionen das parallele Wachstum von Geldmenge und Kreditvolumen. Das Geld des einen sind die Schulden des anderen.

Auf sektoraler Ebene sind Unterschiede im Wachstum von Einlagen und Krediten sehr wohl möglich. So sind die privaten Haushalte gemeinsam strukturell durch einen substanziellen Überschuss an Einlagen gekennzeichnet, der seinerseits zur Finanzierung der Investitionstätigkeit des Unternehmenssektors dient, der deshalb einen entsprechenden Kreditüberhang aufweist.

Für die Wirtschaft insgesamt gilt aber immer, dass die Summe der Einlagen (Geldvermögen) gleich der Summe der Kredite ist. Hinzu kann höchstens noch Verschuldung im Ausland bzw. Einlagen im Ausland kommen, die sich dann aber wieder, wenn das Ausland in die Betrachtung miteinbezogen wird ausgleichen müssen. Sehr vereinfacht ist die Kreditmenge also gleich der Geldmenge.

Der Mindestreservesatz spielt dabei für die Geldschöpfung heute nur noch in Ausnahmefällen wie etwa in China eine Rolle und ist auch nur dort eine echte Beschränkung für die Entwicklung der Geldmenge. Den Banken steht es oft frei, sich bei den Zentralbanken soviel Geld auszuleihen, wie sie eben benötigen. Zudem sind überhaupt nur für bestimmte Kreditlaufzeiten Mindestreserven bei der Zentralbank zu hinterlegen. Für die Zentralbank ist der Mindestreservesatz, wenn überhaupt, nur noch von Bedeutung, um eine stabile Nachfrage nach Zentralbankgeld zu erzeugen, die halbwegs an die Größe der Bank gekoppelt ist. Der Mindestreservesatz ist entgegen weit verbreitetem Irrglauben – der teilweise noch in Volkswirtschaftsbüchern verbreitet wird – heute de facto kein Steuerungselement der Geldpolitik mehr.

Für die Bank stellt sich bei der Geldschöpfung viel mehr die Frage, ob sie das Risiko, das mit der Vergabe von Krediten einhergeht entsprechend mit Rücklagen absichern kann und ob es sich um profitable Geschäfte handelt. Das wiederum hat mit dem Zinssatz zu tun, bei dem sie bei der Zentralbank Geld ausleihen kann und mit jenen Zinssätzen, zu denen sie das selbst geschöpfte Geld an Kunden verleihen kann.

Die Absicherung des Kreditrisikos mit eigenen Mitteln wird dabei auch vom Gesetzgeber erzwungen. Banken dürfen nicht nur Geld verleihen, das sie sich selbst ausgeliehen haben, sie müssen auch über eigenes Kapital verfügen – Kredite müssen mit »Eigenkapital unterlegt« werden.

3. Finanzmärkte verteilen Kapital und Einkommen und werden manchmal gerettet

Finanzmärkte sind nicht mehr aus unseren Leben wegzudenken, auch wenn kaum einer – von MechanikerInnen bis zu VolkswirtschaftsprofessorInnen – den Überblick behalten kann und sagen könnte, was denn genau passiert auf diesen Finanzmärkten. Zu schnell entwickeln sich die unterschiedlichen Finanzprodukte, zu komplex werden die Netzwerkstrukturen von Beteiligungen und verschachtelten Finanzinstrumenten. Allein um festzustellen, was denn eigentlich die genauen Positionen sind, die gehalten werden, woran das Unternehmen selbst im Augenblick beteiligt ist und an wen Ansprüche bestehen, dafür brauchen Banken Wochen und Monate. Auch nach den Banken-Rettungs-Paketen in Europa ist zu sehen, dass noch Monate und Jahre nach den Rettungen wieder neue »Finanz-Papier-Leichen« in den Kellern gefunden werden. Aber es sind nicht nur große Banken, die auf den Finanzmärkten mitspielen. So wie vor Jahren schon Medienhäuser eher Abogeschenk-Elektrofachhandelshäusern mit angehängter Zeitschriftenproduktion glichen, so gibt es heute etwa Autohersteller wie Porsche, die eher einer Investmentbank mit angehängter Autoproduktion gleichen. Praktisch jedes große Unternehmen ist heute gleichzeitig ein Investmentfonds, jede Bank ein *Hedgefonds*. Das große Geld wird auf den Finanzmärkten gemacht. Die Bedeutung der Finanzmärkte, so würde dies nahe legen, ist also kaum zu überschätzen.

Umgekehrt muss aber auch festgestellt werden, dass alle Tageszeitungen voll sind mit Aktienkursen und die Börsenberichte täglich, und überraschenderweise sprachlich nahezu auf der gleichen Ebene mit den Wetterberichten, über die Bildschirme flimmern. Da trüben sich die Aussichten für den Dow-Jones ein, da ziehen dunkle Konsumentenvertrauenswolken auf und die neuen Arbeitsmarktzahlen drücken die Stimmung. Ganz so, als hätten alle Menschen Aktien.

Zumindest in Österreich und generell Kontinentaleuropa ist es aber eine Minderheit, die direkt Aktien besitzt, selbst über Fonds sind es nicht viel mehr. Einige kommen noch über Lebensversicherungen die in Fondsanteile investiert haben dazu, aber die meisten Menschen halten ihr bescheidenes

Vermögen eher in ihren Einfamilienhäusern, auf Sparbüchern, Sparkontos, Bausparverträgen und Ähnlichem. Warum also sind die Finanzmärkte so dominant, warum schauen alle auf die Finanzmärkte, wenn sie die wirtschaftliche Situation eines Landes einschätzen wollen, und was passiert eigentlich genau auf diesen Finanzmärkten?

Eigentlich haben wir schon von Finanzmärkten gehört. Wir haben gehört, dass Menschen, die Geld haben und es gerade nicht konsumieren wollen, dieses zur Bank bringen. Dort können es dann andere Menschen oder Unternehmen, die es gerade brauchen, abholen, es zum Konsum nutzen oder in eine Unternehmung investieren und es nach einiger Zeit zusätzlich eines Zinses, der diejenigen entschädigen soll, die eine gewisse Zeit darauf verzichtet haben, wieder zurückzahlen. Das ist ein Finanzmarkt und im Grunde – und diesmal wirklich nur im Grunde – funktionieren Finanzmärkte immer nach diesem Schema.

Was wir aber täglich hören, ist etwas anderes: Eine Aktie verliert 5 Prozentpunkte an einem Tag, oder nach Börsenschluss irgendwo stabilisiert sich der Index irgendwo anders. Irgendein Fonds »performt« unter irgendeinem »Benchmark«, und unsere Bankberaterin erklärt uns mit einem zufriedenen Lächeln im Gesicht, dass ihr Pensionsfonds durchschnittliche jährliche Erträge von bis zu 14 Prozent bringt und dabei zu hundert Prozent sicher ist und wir dringend in so einen einzahlen sollten, weil die staatliche Pension, bis wir in Pension gehen, ohnehin nirgends mehr hinreicht. Aber was bedeutet das alles?

Fangen wir also von vorne an. Finanzmärkte sind Märkte, auf denen Kapital gehandelt wird. Im Kern stehen dabei der Geldmarkt und der Kapitalmarkt. Gleichzeitig ist auch vom Kredit-, Devisen-, Anleihen-, Aktien-, Obligationen-, Optionen-, Renten- und vielen anderen Finanzmärkten die Rede. Manche sind je nach Klassifizierung einmal Untergruppen des Kapitalmarkts – ein anderes Mal nicht. Klare Grenzziehungen sind aber eigentlich kaum möglich. Auf allen wird Kapital und damit einhergehendes Risiko gehandelt, aber sie unterscheiden sich nach Art der Finanztitel, die gehandelt werden. Für alle gibt es mittlerweile nationale und internationale Märkte, aber oft sind diese nicht einmal räumlich voneinander getrennt. Meist findet der Handel heute ohnehin im Cyberspace statt, und obwohl natürlich auf unterschiedlichen Märkten unterschiedliche Akteure auftreten können, gibt es Finanzinstitutionen, Firmen, Staaten etc., die überall auftreten.

Dennoch kann festgehalten werden, dass es letztlich immer Menschen sind, die Vermögen anlegen wollen. Sie erwerben Anteilsrechte an Unternehmen (Aktien), die sich im Wert verändern können und Anteile an den Gewinnen sichern, oder verleihen ihr Geld auf Basis eines bestimmten Vertrages, der Ihnen eine Rückzahlung mit Zinsen verspricht. Demgegenüber stehen Menschen bzw. Unternehmen (die aber letztlich wieder irgendwelchen Menschen gehören) die mit dem zusätzlichen Geld bzw. Vermögen Profite erwirtschaften wollen, um den Wert der Aktie möglichst zu steigern bzw. möglichst viel an Gewinnen an die AktionärInnen auszahlen zu können oder im Falle des Kredits die Raten zurückbezahlen wollen. Dieser grundlegende Zusammenhang ist bei der Komplexität der heutigen Finanzmärkte jedoch nur noch schwer direkt zu erkennen. Schließlich steht auf den wenigsten Finanzprodukten drauf, was genau drin ist.

Ein kleines Beispiel dazu, bevor wir etwas systematischer die einzelnen Bereiche durcharbeiten wollen: Nehmen wir an, ich würde meiner lächelnden Bankberaterin vertrauen und ihr tatsächlich glauben, dass ich im Durchschnitt 14 Prozent auf den Pensionsfonds bekommen werde und das auch noch zu hundert Prozent sicher ist. Die Bank kümmert sich um die Produkte, die im Fonds sind. Ein Teil davon sind mit großer Wahrscheinlichkeit aber auch andere Fonds, die wiederum andere Fonds halten, usw. Wo genau mein Geld letztlich landet, weiß ich nicht – und auch meine Bank nicht. Selbst wenn mein Vermögen direkt in Unternehmensbeteiligungen angelegt wird, sind die meisten großen Unternehmen ihrerseits selbst Fonds und halten Anteile an einer ganzen Reihe anderer Unternehmen, die wiederum, usw. Ist das Geld einmal auf dem Markt, ist es nicht zu bremsen.

Insofern scheint auch die Darstellung von diversen Medien, aber auch von zivilgesellschaftlichen Organisationen, mehr als absurd, die oft die böse große Investmentbank mit Sitz irgendwo in den USA vergleichen mit dem Bild der kleinen regionalen Bank, die sich lokal, wohlwollend und partnerschaftlich um die Spareinlagen der Menschen kümmert. Schließlich verkauft auch die lokale Bank Fonds, vergibt Fremdwährungskredite und schließt das Geld, das sie für ihre KundInnen verwaltet, nicht einfach im Keller im Tresor ein.

Wir sehen uns die Finanzmärkte nach einer bestimmten Unterteilung an. Es ist nicht die einzig mögliche, aber für uns hier eine zweckmäßige. Vergessen wir dabei nicht, wer mit wem tauscht: KapitalgeberInnen, also Privatpersonen, private Haushalte oder institutionelle AnlegerInnen treten meist über so genannte Finanzintermediäre in Kontakt. Finanzintermediäre sind allen voran Banken, aber auch andere Kapitalanlage- oder Beteiligungsgesellschaften.

Diese geben das Geld weiter an die KapitalnehmerInnen, die wiederum Unternehmen, Privatpersonen bzw. private Haushalte oder aber Staaten sein können. Sehr oft investieren Finanzintermediäre aber auch eigenes Kapital.

Kreditvergabe und Bankensystem

Die allgemein bekannteste Form, wie Kapital von SparerInnen zu jenen, die Geld benötigen, verteilt wird, ist das Bankensystem und die Vergabe von Krediten. Bei der Geldschöpfung haben wir auch schon besprochen, wie Kreditvergabe und Kontoeinlagen zusammenhängen. Für das Beschaffen von Kapital spielen Bankensystem und Kreditvergabe vor allem für Haushalte sowie für kleine und mittlere Unternehmen eine kaum zu ersetzende Rolle: Während größere Gesellschaften an die Börse gehen können, um Aktien zu verkaufen, oder längerfristige Anleihen platzieren können (zu beidem noch im Anschluss), braucht ein kleines Unternehmen Bankkredit, um investieren zu können. Und auch die Käuferin oder der Käufer eines Eigenheims hat kaum die Chance, anders Geld aufzustellen.

Dass eine Bank wichtig ist, wenn man eine Wohnung kaufen will, ist wahrscheinlich allgemein bekannt. Etwas weniger bekannt ist vielleicht die Fragilität und Störungsanfälligkeit des Bankensystems: Probleme von Banken können zwei Ursachen haben. Nummer eins: Die Bank vergibt Kredite, aber diese werden nicht mehr zurückbezahlt und müssen abgeschrieben werden. So etwas passiert immer wieder. Dagegen sichert sich eine Bank ab, indem sie die »Bonität«, die Kreditwürdigkeit, der SchuldnerInnen prüft, und indem sie größere Summen nur gegen zusätzliche Sicherheiten verleiht. Wer versucht, ein Wirtshaus zu eröffnen und dafür Kredit benötigt, wird feststellen, dass die Bank ziemlich schnell die Eigentumswohnung als Sicherheit heranziehen will. Trotzdem: Einige Kredite werden immer ausfallen, und manchmal macht die Bank Verlust. Im Normalfall ist das Teil des Bankgeschäfts und wird von den Profiten anderer Kredite aufgefangen.

Aber es gibt Situationen, in denen eine ganze Reihe von Krediten ausfallen – etwa weil eine Immobilienblase platzt, die Hauspreise deutlich sinken und gleichzeitig viele Leute arbeitslos werden. Dann fallen haufenweise SchuldnerInnen aus und der Verkauf der Häuser, die als Sicherheit an die Bank verpfändet wurden, bringt weit weniger als die Außenstände. Wenn das in ausreichender Weise geschieht, dann macht eine Bank (oder auch das ganze Bankensystem) Verluste. Wenn die Verluste zu groß werden, dann ist die Bank selbst pleite und kann möglicherweise eigene Schulden nicht mehr bezahlen

– was grundsätzlich dazu führt, dass jene, die der Bank Geld geliehen haben, dieses nicht mehr oder nicht mehr vollständig zurückbekommen.

Banken können also zu hohe Verluste machen und pleitegehen – im Prinzip wie jedes andere Unternehmen auch. Was sie von anderen Unternehmen unterscheidet, ist die Tatsache, dass Banken nur relativ geringe Mengen eigenen Geldes verleihen und den Rest der Mittel von unterschiedlichen Stellen einsammeln. Potenziell kann ihre Pleite also viele mitreißen.

In gewisser Weise ist dieses Problem mit der Achillesferse des Bankensystems verbunden: dem immer möglichen Liquiditätsengpass. Das ist Nummer zwei der möglichen Ursachen eines Bankensterbens.

In der Betriebswirtschaftslehre gibt es das Prinzip der »goldenen Bilanzregel«. Diese besagt, dass Dinge, die langfristig im Unternehmen verbleiben, und nicht leicht verkauft werden können, auch langfristig finanziert werden müssen. Wenn man ein Wirtshaus übernimmt und noch größere Investitionen für eine Renovierung finanzieren will, kann man sich das Geld dafür nicht in kurzfristigen Krediten beschaffen, die man jedes Jahr erneuern müsste. Die Mittel für die Renovierung muss man entweder selbst haben oder sich langfristig ausleihen. Zu gefährlich wäre es sonst, dass die Erneuerung der Kredite nicht gelingt, oder nur zu Bedingungen (etwa hohen Zinsen), die das Geschäft umbringen. Bei den Mitteln für den Wareneinsatz kann man hingegen durchaus auf ganz kurzfristige Lieferantenkredite zurückgreifen, sollte die Kassa einmal knapp sein. Das Bankengeschäft besteht in gewisser Weise darin, die »goldene Bilanzregel« zu ignorieren.

Wir nehmen eine vollständig hypothetische und ultrakonservative Regionalbank. Sie mache nichts anderes, als Geld von kleinen Sparern einzusammeln und dieses an regionale Unternehmen zu verleihen. Die Bank lebt dabei von der Zinsdifferenz, denn die KreditnehmerInnen zahlen höhere Zinsen als die SparerInnen bekommen – aber wir finden keine wilden Spekulationsgeschäfte und keine so komplizierten Bilanzpositionen, dass diese auch die Geschäftsführung nicht wirklich versteht. Was wir aber feststellen, ist, dass die kleinen SparerInnen ihr Geld auf meist täglich fälligen Sparbüchern und Konten halten, während die Kredite mit einer längeren Laufzeit versehen sind.

Die Bank leiht sich kurzfristiges Geld, um langfristige Positionen zu finanzieren. Wenn alle SparerInnen gleichzeitig auf die Bank kommen und ihr Geld wollen, dann gibt es ein Problem, denn um das Geld der SparerInnen hat die Tischlerin Meier eine neue Kreissäge und der Bauer Müller einen neuen Traktor gekauft. Theoretisch kann die Bank versuchen, Kreditpakete an andere Banken zu verkaufen, um an Geld zu kommen. Aber andere Banken kennen weder den Bauern Müller noch die Tischlerin Meier, und da sie den Verdacht haben, dass unsere Regionalbank genau jene Kredite verkaufen will, die ihr selbst am unsichersten erscheinen, kommt eine solche Transaktion nur mit großen Abschlägen zustande. Aus einem Liquiditätsengpass können also echte Verluste werden. Ein *bank run*, ein »Sturm auf die Bank«, bei dem die SparerInnen ihr Geld gleichzeitig abholen wollen, kann das stärkste Institut umbringen.

Heute ist es allerdings so, dass sich Banken nicht ausschließlich über kleine SparerInnen finanzieren. Sie können etwa langfristige Anleihen oder Aktien ausgeben. Vor allem können sie sich im Falle eines Liquiditätsengpasses auf dem Geldmarkt refinanzieren.

Geldmarkt

Der Geldmarkt zeichnet sich für uns vor allem dadurch aus, dass wir kaum einmal direkt auf dem Geldmarkt tauschen. Hier tummeln sich vor allem Zentralbanken, Banken, andere Finanzintermediäre und auch große private Unternehmen. Auf dem Geldmarkt werden Forderungen und Verbindlichkeiten mit Zentralbankgeldguthaben gehandelt. Die Abgrenzung zum Kapitalmarkt erfolgt im Allgemeinen über die Fristigkeit. Auf dem Geldmarkt werden Geschäfte abgeschlossen, die maximal über ein, zwei Jahre laufen, manchmal jedoch viel kürzer, also über Monate, Wochen, aber auch tageweise.

Der Kern des Geldmarktes dreht sich um eine für unsere Wirtschaft ganz besondere Beziehung, nämlich jene zwischen Zentralbanken und (Geschäfts-) Banken. Liquidität ist hier das Stichwort: die Fähigkeit, jederzeit offene Rechnungen und Forderungen begleichen zu können. Nicht umsonst hat uns der Sager vom »Austrocknen des Geldmarktes« über Monate während der Finanzkrise begleitet.

Grundsätzlich, so haben wir im Kapitel zum Geld gehört, holen sich die Banken ihr Zentralbankgeld direkt bei der Zentralbank. Sie zahlen einen bestimmten Zins und bekommen eine bestimmte Menge an Zentralbankgeld. Manchmal mehr, manchmal weniger, manchmal soviel sie wollen. Banken haben aber täglich ganz unterschiedlichen Bedarf an Geld und sie müssen täglich dafür sorgen, dass die Menge passt. Was zu wenig ist, müssen sie auftreiben, was zu viel ist, wollen sie anlegen, auch wenn oft nur für eine Nacht. Auf Dauer kommt einiges zusammen bei den Beträgen, die da Nacht für Nacht angelegt werden. Genau dafür verwenden die Banken den Geldmarkt. Eine

Bank, die gerade mehr Zentralbankgeld braucht, als sie hat, etwa weil sie einen großen Kredit vergeben hat, leiht sich überschüssiges Zentralbankgeld von einer anderen Bank aus, die gerade zu viel hat, sagen wir, weil gerade jemand eine größere Einlage bei ihr auf ein Konto gebracht hat.

So kann es auch Sinn für eine Bank haben, das eigene Zentralbankgeldkontingent auszuschöpfen, wenn es gar nicht zur Sicherung der eigenen Mindestreserve und für die eigenen Geschäfte gebraucht wird. Es kann einfach zu einem höheren Zinssatz als von der Zentralbank gefordert an andere Banken weiter verliehen werden. Auf diese Weise leihen sich täglich tausende Banken gegenseitig Geld.

Der Zinssatz, zu dem diese Gelder tage-, wochen-, oft dreimonateweise verliehen werden, wird als der Geldmarktzinssatz bezeichnet. Diesen zu steuern, ist eine der Hauptaufgaben der Zentralbanken. Verschiedene Zentralbanken haben unterschiedliche Mittel, dies zu tun, meist jedoch spielt der Zinssatz, zu dem sie selbst Geld an die Banken verleihen, die Hauptrolle – dieser und die Mengen des Zentralbankgeldes, die verfügbar sind. Sich hierzu Details anzusehen hat wenig Sinn. Die Instrumente sind von Land zu Land unterschiedlich und verändern sich auch von Zeit zu Zeit. Besonders in Krisenzeiten scheinen Zentralbanken einfallsreich zu werden, wenn es darum geht, den Geldmarktzins steuern zu wollen. Inwieweit das immer zielgenau gelingt und über welche Kanäle das am besten funktioniert, ist umstritten. In manchen Zeiten scheint es leichter zu sein als in anderen.

Einigkeit besteht in der Volkswirtschaftslehre über keine dieser Fragen. Für uns scheint das »Warum?« aber wichtiger zu sein. Warum ist dieser Geldmarkt so wichtig, dass sich Massen an Ökonominnen und Ökonomen die Köpfe zerbrechen, wie er am besten zu steuern wäre und praktisch jede Zeitung diese Zinsen nahezu täglich abdruckt? Häufig sind Funktionen gut zu verstehen, wenn freigelegt wird, was geschehen würde, wenn das Ganze nicht mehr funktioniert, wenn es zur viel gefürchteten und viel bekämpften »Austrocknung« des Geldmarktes kommt.

Was dabei austrocknet, sind die Geldflüsse zwischen den Banken. Sie leihen ihr überschüssiges Geld nicht mehr (oder nur zu sehr hohen Zinsen) an andere Banken. Umgekehrt ist es für jene Banken, die gerade mehr Geld brauchen, schwierig, kurzfristige Finanzierung zu erhalten: Entweder sie kommen gar nicht an kurzfristiges Geld oder eben nur zu hohen Kosten. So entstehen Finanzierungsengpässe für die Banken. In einer derartigen Situation wird es für sie risikoreicher, Geld zu verleihen. Nicht nur an andere Banken, sondern generell, weil sie möglicherweise dann, wenn sie Geld brauchen, keines von den anderen Banken bekommen. Was, wenn eine größere Zahl kleinerer SparerInnen vor der Tür steht und die Einlagen beheben möchte? Was, wenn sich die Regionalbank aus dem letzten Beispiel für drei Monate Geld von einer französischen Sparkasse geliehen hat (vor dem »Austrocknen« des Geldmarktes) – und in zwei Wochen wird die Summe fällig? Sie beginnen, Geld zu horten oder es nur dahin zu verschieben, wo sie es jederzeit und sicher wieder abziehen können.

Aber warum verleihen sie manchmal so ungern Geld, selbst dann, wenn sie damit gute Profite machen könnten? Die Antwort ist simpel: Aus Angst, es nicht mehr oder nicht schnell genug zurückzubekommen. Das wurde auf dem Höhepunkt der Finanzkrise 2009 als »Vertrauenskrise« bezeichnet. Die Banken wollten einander das Geld nicht mehr leihen, schlichtweg, weil sie es erstens selbst brauchten und zweitens nicht wussten, ob sie es von den anderen Banken je wieder zurückbekommen würden.

Warum sollte diese Angst berechtigt sein? Glaubte man den Medien, schien bloß das plötzlich und »grundlos« fehlende Vertrauen die Ursache. Das Problem ist aber ein recht reales und leicht zu verstehendes: genauso wenig wie wir jemandem Geld leihen würden, von dem wir wissen oder vermuten, dass er bald pleite ist und es nie mehr zurückzahlen kann. Wir haben von zwei möglichen Problemen des Bankensystems gesprochen, aber tatsächlich greifen sie ineinander: Wenn eine Bank große Verluste macht, dann wollen alle ihr Geld zurück, und sie bekommt kein neues. Die großen Verluste des Bankensystems in der Finanzkrise haben dazu geführt, dass sich niemand mehr sicher war, welche Bank jetzt schon pleite ist. Das »Austrocknen des Geldmarkts« und der *bank run* der kleinen SparerInnen sind im Prinzip das gleiche Problem. Nur dass keine KundInnen vor Bankschaltern Schlange stehen, sondern ManagerInnen auf Maustasten klicken.

Nach der Weltwirtschaftskrise der 1930er Jahre wurde die Einlagensicherung geschaffen, um die SparerInnen zu beruhigen. Sollte eine Bank pleitegehen, springt ein Rettungsfonds oder der Staat ein und entschädigt die BesitzerInnen der Sparbücher. Das bringt den Vorteil, dass die BankkundInnen weniger nervös sind und nicht ständig beginnen, in Panikattacken das Bankensystem zu zerlegen. Um die Nervosität des Geldmarktes unter Kontrolle zu bekommen, brauchte es 2009 die so genannten Banken-Rettungspakete. In diesen wurden zwangsweise alle heutigen und zukünftigen SteuerzahlerInnen zu GläubigerInnen und BürgInnen für marode Banken. Schließlich leihen wir der Person, von der wir vermuten, dass die morgen pleitegeht, lieber Geld, wenn wir wissen und vertraglich abgesichert bekommen, dass, falls sie pleitegeht, Millionen anderer Personen an ihrer statt das geliehene Geld zurückbezahlen werden. Das Risiko, der Person Geld zu leihen, wird dadurch geringer.

Umgekehrt wird aber die Bonität aller anderen, die bei einer Pleite stattdessen für diese Person einspringen müssen, ebenfalls geringer. Das heißt wiederum, dass all diese BürgInnen sich nun ihrerseits schwieriger und wenn nur zu höheren Zinsen Geld ausleihen können. Schließlich ist es jetzt riskanter, ihnen Geld zu leihen, da sie sich selbst zu Ausgaben im Falle der Pleite der Person, für die sie bürgen, verpflichtet haben. Genau das ist auch im Falle der staatlichen Banken-Rettungspakete passiert. Die Staaten – und damit die BürgerInnen dieser Staaten –, die den Banken das Geld leihen, Anteile kaufen oder für sie bürgen, tragen nicht nur diese Kosten, sondern zusätzlich auch höhere Zinslasten für alles Geld, das sie sich selbst ausleihen. Innerhalb der Eurozone können Spanien und Irland ein Lied davon singen, welche Schwierigkeiten es machen kann, für ein aufgeblähtes und überschuldetes Bankensystem zu haften. Beide Staaten kämpfen selbst gegen die Pleite.

Der Geldmarkt ist also zusammenfassend dadurch geprägt, dass große institutionelle Akteure, vor allem Banken, andere Finanzintermediäre und große Unternehmen kurzfristig, also maximal zwei Jahre, meist aber deutlich kürzer, Geld ausleihen und anlegen wollen. Auch *Hedgefonds* und von Banken gegründete Spezialunternehmen, so genannte Zweckgesellschaften, scheinen in jüngerer Vergangenheit sehr aktiv auf dem Geldmarkt zu sein. Außerdem sind die zentralen Akteure die Zentralbanken, die das so genannte (im Kapitel zu Geld besprochene) Zentralbankgeld zur Verfügung stellen. Die Menge spielt dabei mittlerweile eine untergeordnete Rolle, vielmehr benutzen die Zentralbanken den Zins und andere unkonventionellere Formen um die Liquidität auf dem Geldmarkt zu gewährleisten, den Geldmarktzins zu steuern. Auch die Sicherung der Finanzmarktstabilität wird teilweise über den Geldmarkt verfolgt. Kommen wir nun zu jenem Teil des Finanzmarktes, der uns wohl am nächsten liegt und an dem die meisten irgendwann zu MarktteilnehmerInnen werden, wahrscheinlich ohne sich dessen unbedingt bewusst zu sein. Dem Kapitalmarkt.

Kapitalmarkt

Während es sich auf dem Geldmarkt meist um sehr kurzfristige Veranlagung und Ausleihung handelt, beherrschen den Kapitalmarkt vor allem mittel- und langfristige Gläubiger-Schuldner-Beziehungen. Unternehmen, Privatpersonen und private Haushalte, sowie der Staat sind die HauptakteurInnen auf dem Kapitalmarkt. Unternehmen beschaffen sich auf dem Kapitalmarkt Geld, um dieses in Projekte zu investieren. Private Haushalte sind vor allem diejenigen, die jenes Geld, das sie gerade nicht konsumieren wollen, den Unternehmen leihen. Je riskanter diese Projekte sind, desto mehr Zinsen bekommen die privaten Haushalte für ihr Geld. Einige Haushalte leihen sich auch selbst Geld aus. Meistens tun sie das, wenn sie Geld ausgeben wollen, dass sie noch nicht verdient haben. Ein Klassiker ist der Kauf oder Bau eines Hauses oder einer Eigentumswohnung. Der Kredit für das Eigenheim stellt für die meisten privaten Haushalte den einzigen Kredit in beträchtlichem Umfang dar.

Wovon ist die Höhe der Zinsen abhängig, die Haushalte, Unternehmen oder Staaten für ihre Kredite bezahlen müssen? Unternehmen müssen, wenn sie einen Kredit bekommen wollen, glaubhaft machen, dass sie mit den Projekten, in die sie das Geld investieren wollen, ausreichend viel Geld erwirtschaften, um die Kreditsumme plus Zinsen zurückzubezahlen. Genauso müssen auch private Haushalte darlegen, dass sie durch den Verkauf ihrer Arbeitskraft in Zukunft ausreichend Geld verdienen können, um die Raten für das Haus abzustottern. Jene, die das nicht können, bekommen nur einen kleineren Kredit oder gar keinen. Beim Staat sieht es ähnlich aus. Auch er versucht, Geld auf dem Kapitalmarkt zu bekommen, muss dafür Zinsen zahlen und glaubhaft machen, dass er Schuld plus Zins auch wieder zurückzahlen kann.

Je fraglicher es ist, dass eine Rückzahlung möglich ist, desto teurer wird der Kredit. Hört sich dumm an, weil mit der Höhe der Zinslast die Wahrscheinlichkeit sinkt, dass die Schulden jemals zurück bezahlt werden. Dennoch findet er nur mehr so Kreditgeber, weil diese mit hohen Zinsen dafür entschädigt werden wollen, wenn sie ein höheres Risiko eingehen ihr Geld nicht mehr zurückzubekommen. All diese Transaktionen und Gläubiger-Schuldner-Beziehungen laufen meist wieder über Finanzintermediäre ab, die den ganzen Kreislauf abwickeln und obendrein für diesen Aufwand überall noch etwas mitschneiden.

Um dem Ganzen etwas mehr Struktur zu geben, können wir den Kapitalmarkt weiter unterteilen. Neben den klassischen Spareinlagen bei Banken, die dann als Kredite an KreditnehmerInnen weiter vergeben werden, können wir in einen Rentenmarkt und einen Aktienmarkt einteilen. Auf dem Rentenmarkt werden Anleihen gehandelt, das sind Schuldverschreibungen mit einem meist fixen Zinssatz. Auf dem Aktienmarkt werden Beteiligungen von Unternehmen gehandelt.

Rentenmärkte in ihrer – vom Prinzip her – heutigen Form gibt es schon sehr lange, etwa seit der frühen Neuzeit. Staaten und Unternehmen geben auf dem Rentenmarkt Papiere aus, für die sie im Austausch befristet Kapital erhalten. Meist werden sie mit verschiedenen Laufzeiten und mit verschiedenen Zinssätzen vergeben. Je länger die Laufzeit, desto höher der Zinssatz, da die KapitalgeberInnen einerseits länger auf ihr Geld verzichten müssen und andererseits eine höhere Chance besteht, dass die KapitalnehmerInnen bankrottgehen. Das gilt zumindest im Allgemeinen.

Auf dem Rentenmarkt finanzieren sich also vor allem Staaten und Unternehmen und die KapitalgeberInnen sind meistens private Haushalte, aber auch andere Unternehmen und Staaten. Die Papiere können auf dem so genannten Sekundärmarkt weiterverkauft werden, befinden sich also weiterhin auf dem Markt und können gehandelt werden, solange sie irgendjemand kaufen möchte. Wie viel die Anleihen auf den Sekundärmärkten erlösen, könnte den SchuldnerInnen eigentlich egal sein – ist es aber nicht. Hohe Nachfrage nach deutschen Staatspapieren auf dem Sekundärmarkt zeigt, dass sich der deutsche Staat billiger verschulden kann, wenn er das nächste Mal Geld aufnehmen möchte. Das Handelsvolumen der Rentenmärkte liegt deutlich höher als auf dem weit bekannteren Aktienmarkt.

Der Aktienmarkt ist auch nicht viel später als der Rentenmarkt entstanden. Am Beginn des 17. Jahrhunderts war der Bedarf an Kapital für den stark wachsenden Seehandel sehr groß geworden. Die Anleihen, die meist mit recht kurzfristig ausgelegt waren, reichten nicht mehr aus, um an das notwendige Kapital zu kommen. Die berühmte Vereinigte Ostindische Kompanie begab als erstes Unternehmen Aktien, um ihre Expansion zu finanzieren. Man spricht dabei von einer Aktienemission.

Die Aktie bestätigt das Eigentum an einem bestimmten Anteil eines Unternehmens. Sie kann einen Nennwert haben, also einem bestimmten Wert des Grundkapitals des Unternehmens entsprechen. Zum Beispiel kann ein Unternehmen mit einem Grundkapital von 100 in zwanzig Aktien im Wert von 5 aufgeteilt sein. Wenn sie keinen Nennwert hat, also eine so genannte Stückaktie ist, entspricht sie einfach einem Anteil des Grundkapitals. Wie kann es dann sein, dass sich die Aktienkurse täglich, ja stündlich und jede Minute verändern? Entscheidend für den Wert der Aktie ist nicht ihr Nennwert, sondern vielmehr ihr Marktwert, also jener Wert, zu dem sie jetzt gerade getauscht bzw. gekauft oder verkauft werden kann.

Die meisten Aktien werden organisiert an Börsen gehandelt, die im Grunde nichts anderes sind als Unternehmen, die sich wiederum auf die Abwicklung dieses Handels spezialisiert haben. Auch sie selbst sind meist handelbare Aktiengesellschaften.

Ein Anreiz, eine Aktie zu kaufen, ist es also, dass sich deren Wert verändert und sie dann wieder teurer verkauft werden kann. Ein anderer sind so genannte Dividenden. Ein Unternehmen kann sich dazu entscheiden, seinen EigentümerInnen, also den AktionärInnen, einen Teil des Gewinns des Unternehmens auszuzahlen.

Aber womit hängt die Veränderung des Wertes einer Aktie zusammen? Der Marktwert bestimmt sich nach Angebot und Nachfrage. Es kommt also darauf an ob sich KäuferInnen und VerkäuferInnen auf einen Preis einigen können. Neben den realen Werten, die sich im Eigentum des Unternehmens befinden – seien dies nun Maschinen, Verträge, Marken oder Patentrechte – spielen Erwartungen dabei eine entscheidende Rolle. Glauben viele Menschen, dass sich ein Unternehmen gut entwickeln wird, werden sie an den zukünftigen Gewinnen und Wertsteigerungen partizipieren wollen und die Aktie kaufen. Dann steigt der Preis. Glauben sie, dass das Unternehmen, dessen Aktien sie halten, bald bankrottgehen wird, werden sie die Aktien so schnell wie möglich loswerden wollen, bevor sie gar nichts mehr dafür bekommen. Dann sinkt der Preis und das kann manchmal sehr schnell gehen.

Gegenüber der Finanzierung über Bankkredite oder Anleihen haben Aktien für Unternehmen einen Vorteil: Kredite und die darauf anfallenden Zinsen müssen unter allen Umständen zurückgezahlt werden. Wer dem Unternehmen Aktien abgekauft hat, bekommt Dividenden, wenn es dem Unternehmen gut geht, schaut aber völlig durch die Finger, falls es ganz schlecht läuft: Im Extremfall ist das eingezahlte Kapital dann ganz weg. Durch den Verkauf von Aktien wird einfach der Kreis jener vergrößert, denen das Unternehmen gehört und die ihm Kapital zur Verfügung stellen.

Wichtig ist dabei: Das Unternehmen selbst erhält Kapital, wenn eine Aktie das erste Mal verkauft wird. Die weitere Wertentwicklung an der Börse betrifft die Aktiengesellschaft dann nicht mehr unmittelbar. Wenn die Aktie des deutschen Energieversorgers RWE an der Börse in Frankfurt innerhalb von drei Tagen von 50 auf 55 Euro steigt, dann bedeutet das, dass sich die Aktionäre ein bisschen wohlhabender fühlen können. Es bedeutet nicht, dass RWE jetzt plötzlich mehr Geld für ein neues Atomkraftwerk zur Verfügung hätte. Der Börsenkurs ist aber insofern interessant, als grundsätzlich jederzeit neue Aktien ausgegeben werden können. Je höher der Kurs bestehender Aktien, desto besser die Chancen für ein Unternehmen, weitere neue Aktien unter die Leute zu bringen. Damit hätte man dann auch Geld für noch ein Atomkraftwerk.

Von Credit Default Swaps, Optionen und Verbriefungen

Neben den Klassikern auf dem Kapitalmarkt, den Anleihen und den Aktien, existieren eine Vielzahl von anderen Produkten und Märkte, auf denen diese gehandelt werden. Das geschieht teilweise an speziell dafür eingerichteten Börsen oder einfach direkt per Mausklick oder Telefonanruf zwischen den GeschäftspartnerInnen, was dann als »*Over-the-Counter*-Handel« bezeichnet wird, welcher nicht an einer Börse organisiert ist.

So genannte Derivate sind Finanzprodukte, die selbst handelbar sind und deren Wert vom Kurs eines anderen gehandelten Finanzproduktes – wie etwa einer Anleihe oder Aktie – abhängt. Die meisten dieser Produkte funktionieren so, dass über ein zugrunde liegendes anderes Produkt eine Art Versicherung abgeschlossen wird. Hört sich kompliziert an – vor allem, wenn es in Finanzmarktjargon à la CDS *(Credit Default Swap)* daher kommt –, ist es aber gar nicht:

Der *Credit Default Swap* ist ein Kreditderivat, das es ermöglicht, das Ausfallrisiko eines anderen Produkts oder Schuldners zu handeln. Im Grunde besteht es aus einem Vertrag zwischen jemandem, der etwas versichern will, und jemandem, der etwas versichert. Meistens sind das irgendwelche Finanzinstitutionen. Versichert werden dabei meist die Schulden großer Unternehmen, aber auch Staaten. In der Regel wird eine laufende Prämie dafür bezahlt, dass die GläubigerInnen im Falle der Zahlungsunfähigkeit des versicherten Unternehmens oder Staates eine Ausgleichszahlung vom Versicherungsgeber erhalten. Je höher das Ausfallrisiko, desto teurer wird die Prämie des CDS.

Für GläubigerInnen hat es natürlich aus Überlegungen der Absicherung gegen ein Ausfallrisiko Sinn, einen derartigen Vertrag abzuschließen. Allerdings findet ein großer Teil dieses Versicherungshandels derart statt, dass die VersicherungsnehmerInnen gar nicht EigentümerInnen der versicherten Produkte sind, sondern diese als Wetten verwenden. Einerseits steigt der Wert einer bestimmten Versicherung dann, wenn das Ausfallrisiko steigt. Andererseits kann auf einen Ausfall spekuliert werden, indem eine derartige Versicherung abgeschlossen wird, ohne dass das versicherte Produkt gehalten wird. Auch wenn ein Investmentfonds gerade keine griechischen Staatsanleihen hält, kann er einen *Credit Default Swap* lautend auf Griechenland abschließen, wenn er mit der Pleite Griechenlands rechnet. Geht Griechenland pleite, erhält er dann die Ausfallzahlung, auch wenn er selbst nie griechische Staats-schulden besessen hat.

Ein ähnliches Prinzip können wir in vielen anderen Finanzprodukten beob-achten, die allesamt einmal als Versicherung entwickelt wurden:

Typisch sind etwa Kauf- oder Verkaufsoptionen. Nehmen wir an, eine Wei-zenproduzentin weiß bereits im Juni, dass sie im Oktober rund 200 Tonnen Weizen ernten wird. Der Weltmarktpreis für Weizen liegt gerade bei 1 000 Euro pro Tonne. Sie kann nun einfach warten und sehen, wie hoch der Preis im Oktober ist, und den Weizen dann zum Oktoberpreis verkaufen – oder sie kann eine Verkaufsoption kaufen. Das bedeutet, sie kauft ein Finanzpro-dukt, das garantiert, dass die 200 Tonnen Weizen im Oktober zu 1 000 Euro pro Tonne verkauft werden können. Für den Fall eines plötzlichen Verfalls des Weizenpreises ist sie jetzt abgesichert; ihr Unternehmen kann dadurch besser kalkulieren.

Für diese Option muss natürlich auch bezahlt werden. Bleibt der Preis zufällig gleich, war das rückblickend ein schlechtes Geschäft; die Option wurde umsonst gekauft. Sinkt der Preis, kommt es drauf an, wie weit: Wenn der Preis der Option höher war als der Verlust, der durch den Preisrückgang eingetreten ist, hat sich die Versicherung immer noch nicht bezahlt gemacht. Der Preis kann aber natürlich auch so weit sinken, dass eine fehlende Absiche-rung den Ruin des Unternehmens bedeutet hätte.

Diese Art von Versicherungsgeschäften gibt es in sehr vielen Varianten. Optionen, die zu einem bestimmten Termin eingelöst werden müssen; Optio-nen, die zu einem bestimmten Termin eingelöst werden können; jeweils Kauf- und Verkaufsoptionen und vieles mehr. Das Prinzip ist immer dasselbe. Wenn wir etwas nachdenken, wird ersichtlich, dass es für jemanden wie die Weizen-verkäuferin, auch wenn sie über eine Option abgesichert ist, nach wie vor ein Interesse an einem hohen Preis gibt. Dann hat sie zwar die Option umsonst gekauft, kann aber trotzdem mehr Erlös erzielen. Was, wenn jemand dieselbe Option kauft, ohne den Weizen selbst zu produzieren?

Nehmen wir einen Investmentfonds, der wieder im Juni eine Option kauft, 200 Tonnen Weizen im Oktober zu je 1 000 Euro pro Tonne verkaufen zu können. Wenn der Preis gleich bleibt, also im Oktober immer noch bei 1 000 Euro steht, dann hat der Investmentfonds einen Verlust gemacht. Er muss für die Option bezahlen und kann nun nur 200 Tonnen auf dem Weltmarkt zu je 1 000 Euro pro Tonne kaufen und dann verkaufen. Übrig bleibt das Minus, das ihm aus dem Preis der Option entstanden ist.

Was uns sofort auffällt, ist, dass der Investmentfonds nur gewinnen kann, wenn der Weltmarktpreis für Weizen bis Oktober deutlich sinkt. Kann der Investmentfonds im Oktober etwa zu einem Weltmarktpreis von 500 Euro pro Tonne Weizen einkaufen, dann kosten ihn die 200 Tonnen 100 000 Euro. Verkaufen kann er sie aber, weil er eine Option zu 200 000 Euro darauf abgeschlossen hat. Die 100 000 Euro Differenz minus den Preis der Option sind sein Gewinn. Der Investmentfonds wettet also auf einen Preisverfall des Weltmarktpreises für Weizen.

Will er umgekehrt auf einen Preisanstieg wetten, kauft er einfach eine Kaufoption zu 1000 Euro. Steigt der Preis dann bis Oktober, kann er billiger kaufen als verkaufen und macht so seinen Gewinn. Was also grundsätzlich als Versicherung gedacht ist, kann leicht zur Wette umfunktioniert werden, weil sich das Versicherte bei Vertragsabschluss gar nicht im Eigentum desjenigen befinden muss, der es versichern will. Besonders problematisch wird das Ganze, wenn bestimmte Finanzmarktakteure so groß sind beziehungsweise soviel Kapital bewegen können, dass sie selbst Preise beeinflussen können.

Nehmen wir an, der Investmentfonds kauft über einige Ecken Weizen auf und schließt dann eine Wette auf einen Preisverfall ab. Wenn er nun entsprechende Mengen an Weizen plötzlich verkauft, wird der Weizenpreis aufgrund des plötzlichen Überangebots verfallen und der Investmentfonds kann die Wettgewinne einstreichen. Noch besser funktioniert das, wenn auch andere Akteure aufgrund des Verfalls des Weizenpreises Angst vor weiterem Preisverfall bekommen und selbst ihren Weizen loswerden wollen, was dann den Weizenpreis noch stärker fallen lässt. Je stärker er fällt, desto höher der Gewinn für unseren Investmentfonds, der seinen Weizen als Erster abgestoßen hat und dessen Gewinn umso höher wird, je weiter der Preis bis zum Einlösen seiner Verkaufsoption fällt. Auf diese Weise können derartige Versicherungsprodukte, die eigentlich dazu dienen, sich gegen Preisschwankungen absichern zu können, dazu führen, dass diese Preisschwankungen zunehmen. Große Kapitalmarktakteure sind dabei deswegen im Vorteil, weil ihre Aktionen selbst schon ausreichen können, um die Marktpreise zu bewegen.

Ein weiteres typisches Handelsprodukt, das in den letzten zwei Jahren zu Berühmtheit gelangt ist, sind so genannte Verbriefungen *(securities)*. Das sind im Grunde Pakete von Schulden, die der Gläubiger zu einem Wertpapier zusammenfasst und an andere AnlegerInnen verkauft. Die KäuferInnen der Verbriefung sind dann damit auch die neuen GläubigerInnen.

Im Grunde existiert dieses Modell schon sehr lange, insbesondere in Bezug auf Hypothekarkredite, also meist mit Krediten, denen Immobilien als Sicherheit dienen. Freddie Mac und Fannie Mae sind uns allen in diesem Zusammenhang zum Begriff geworden. Ihre Namen klingen wie ein Entenpaar aus einem Disney-Comic, sie gehören aber tatsächlich zu den größten Hypothekenbanken der USA, die 2008 während der Finanzkrise vom Staat »aufgefangen« werden mussten.

Viele Banken gründeten so genannte Zweckgesellschaften, im Englischen als »*Special Purpose Vehicles*« bezeichnet, um mit derartigen Verbriefungen zu operieren, weil das Risiko dann nicht mehr in den Bilanzen der Bank steht, sondern in denen der Zweckgesellschaften. Dabei wurde ein regulatorisches Schlupfloch ausgenützt: Stehen Kredite in der Bilanz einer Bank, müssen sie zumindest teilweise mit Eigenkapital finanziert werden – durch die Auslagerung aus der Bankbilanz ist weniger Eigenkapital notwendig.

Was macht also die Zweckgesellschaft? Sie kauft die Hypothekarkredite von der Bank (von der sie gegründet wurde), packt sie in verschiedenen Paketchen zusammen – also Kredite mit guten Rückzahlungsaussichten, etwas schlechteren, ganz schlechten und völlig aussichtslosen –, gibt einen neuen Stempel drauf und verkauft sie weiter. Das wird dann als »*Mortgage-Backed Securities*« bezeichnet, also Verbriefungen, in denen Kredite enthalten sind, für die bestimmte Vermögenswerte – vor allem Immobilien – als Sicherheiten dienen.

Noch eine Stufe heftiger wird es bei den so genannten »*Collateralized Debt Obligations*«. Dabei handelt es sich um Papiere, die ihrerseits wiederum direkt andere Verbriefungen enthalten, also andere *Mortgage-Backed Securities*, oder aber andere *Collateralized Debt Obligations*. Im Grunde eine Verpackung der Verpackung der Verpackung der Verpackung, bei der am Ende ein Haufen mehr oder minder gut besicherter Kredite steht. Das Problem dabei, wie wir selbst an diesem Text bemerken: Es wird absolut unüberschaubar. Keiner weiß eigentlich mehr genau, was eigentlich gekauft wird und mit wie viel Risiko es tatsächlich verbunden ist.

Aber warum kauft jemand etwas, von dem er nicht genau weiß, was dahintersteckt? Gute Frage! Wir haben keine Ahnung, warum Banken so etwas machen – oder gemacht haben, denn mit dem Ausbruch der Finanzkrise ist der Markt für Verbriefungen vorerst zusammengebrochen. Wahrscheinlich hat es gereicht, zu beobachten, dass andere eine Weile lang ein gutes Geschäft machten, und durch die außerbilanzielle Struktur musste auch kaum entsprechendes Eigenkapital aufgetrieben werden.

Was wir aber sicher wissen, ist, worauf sie sich bei ihren Käufen offensichtlich verlassen haben: auf so genannte *Ratings*, also Bewertungen. Wer bewertet? Die Ratingagenturen. Wer kontrolliert die Ratingagenturen? Erst mal sie sich selbst. Es handelt sich keineswegs um irgendwelche staatliche Stellen, die genau prüfen, was da gehandelt wird, und dann eine Bewertung abgeben, wie es etwa bei der jährlichen Prüfung des Autos oder im Konsumentenschutz der Fall ist. Es sind einfach private Unternehmen, die sich aufs Bewerten spezialisiert haben.

Warum wurden dann viele dieser Verbriefungen so gut bewertet, dass sie von Banken, Pensionskassen bzw. Rentenversicherungen und anderen großen Akteuren auf dem Finanzmarkt so gern gekauft wurden, obwohl sich offensichtlich herausgestellt hat, dass sehr viele von ihnen »Müll- und Giftpapiere« waren, wie wir seit Beginn der Finanzkrise wissen? Möglicherweise liegt das daran, dass es meist die Banken selbst sind, die den Auftrag zur Bewertung der von ihnen zusammengestellten Papiere geben und dafür bezahlen. Wenn die Mechanikerin oder der Mechaniker bei der staatlichen Prüfungsstelle für die technische Sicherheitskontrolle des Autos direkt von mir bezahlt würde, wäre es wohl auch leichter, eine Prüfplakette selbst für ein bereits ziemlich kaputtes Auto zu bekommen. Schließlich würde ich, würde sie oder er mir den Gefallen nicht tun, das nächste Mal einfach zu einem anderen Mechaniker oder einer anderen Mechanikerin gehen. Am Ende blieben nur die PrüferInnen übrig, die meinen Wünschen entsprechend bewerten oder sich zumindest nicht völlig querzulegen.

Allerdings hinkt dieses Beispiel auch ein bisschen, denn die PrüferInnen haben alle Informationen über mein Auto, wissen, wie sie die Bremsen kontrollieren und ob der Keilriemen noch in Ordnung ist oder gewechselt werden sollte. Nehmen wir aber an, ich hätte das Fahrzeug komplett neu gebastelt und gebe meinen Bauplan nicht heraus. Jetzt wissen sie nicht mehr, worauf sie achten müssen. Die Prüfung wäre wohl bedeutend schwieriger, selbst wenn sie nicht bestechlich sind. Das trifft schon eher auf die Situation mit der Vielzahl an überaus komplexen Finanzvehikeln zu.

Hochfrequenzhandel und Cross-Border-Leasing

Wir haben jetzt schon von einer ganzen Reihe von Finanzinnovationen gehört, die uns – vorsichtig ausgedrückt – etwas komisch vorkommen. Ganze Bücher ließen sich mit der Beschreibung derartiger Vehikel füllen. Das wäre aber auf Dauer recht langweilig. Darum haben wir zwei besonders abstruse Phänomene herausgegriffen, die als exemplarisch für die Zustände an den heutigen Finanzmärkten betrachtet werden können.

Der Hochfrequenzhandel *(High Frequency Trading)* ist ein besonders interessantes und recht neues Phänomen auf dem Aktienmarkt, das aber den meisten noch völlig unbekannt ist. Das ist wahrscheinlich kein Zufall, handelt es sich doch um ein Phänomen, das die Idee des Aktienhandels an sich völlig ad absurdum führt. Um das zu verstehen, müssen wir ein bisschen ausholen. Wir werden später noch sehen, dass wenn der Aktienmarkt funktioniert, niemand sichere Gewinne machen kann, da der zukünftige Verlauf der Kurse unsicher ist (Effizienzmarkthypothese). So genannter Insiderhandel ist sogar strafbar. Insiderhandel liegt – einfach erklärt – immer dann vor, wenn jemand eine für den zukünftigen Kurs eines Wertpapiers relevante, aber nicht öffentlich bekannte Informationen erhält und auf Basis dieser Aktien für sich oder jemand anderen kauft oder verkauft. Ein einfaches Beispiel wäre, wenn etwa ein Unternehmensberater über Informationen über eine bevorstehende Fusion eines Unternehmens verfügt. Aus diesen kann er mit Sicherheit schlussfolgern, dass die Aktie in den nächsten Tagen mehr wert werden wird. Wenn er jetzt seiner Schwester sagt, dass sie diese Aktie kaufen soll, dann ist das Insiderhandel und eine Straftat. So oder so ähnlich passiert das natürlich immer wieder und jene Fälle, die nachgewiesen werden, sind auch sicher nur die Spitze des Eisbergs.

Der Hochfrequenzhandel funktioniert eigentlich ganz ähnlich. Der Unterschied ist nur, dass er bis heute völlig legal ist und pausenlos, rund um die Uhr und rund um den Globus von einigen entsprechend großen Banken durchgeführt wird. Die können damit völlig risikolos sehr große Profite einstreichen. Wie funktioniert's? Die Technik macht es möglich. Es handelt sich um computergestützten Handel, der völlig automatisiert und mit extrem kurzen Haltefristen – im Mikro- und Nanosekundenbereich, also einem Bruchteil von einem Milliardstel einer Sekunde – vonstattengeht. Eine Bank erhält – natürlich gegen eine Gebühr – Daten über die Aufträge zu Aktienkäufen und -verkäufen an einer bestimmten Börse einige Millisekunden früher. Diese Millisekunden werden genutzt, um die Daten zu analysieren und ihrerseits Käufe oder Verkäufe zu tätigen. Einige Millisekunden nach den Käufen und Verkäufen der Bank trudeln dann die Käufe und Verkäufe, über welche die Bank schon Bescheid wusste, auf dem Handelscomputer der Börse ein. Die Bank streift durch die minimalen Kursverschiebungen kleine Gewinne ein, indem sie die entsprechenden Aktien wieder kauft bzw. verkauft, im Grunde wie Insiderhandel. Die Bank weiß über den Auftrag Bescheid. Sie weiß, dass durch den kommenden Kauf eines anderen die Aktie wegen der minimal höheren Nachfrage minimal an Wert gewinnen wird. Diesen minimalen Kursgewinn kann sie als Gewinn einstreichen. Damit verdient sie bei einem einzigen Kauf sehr wenig, ein Bruchteil eines Cents, aber da sie es automatisiert und in jeder Sekunde millionenfach und rund um die Uhr machen kann, streift sie sichere und satte Gewinne ein. Die Bank muss nur dafür sorgen, dass sie die schnellste ist.

Aus diesem Grund zahlen die großen Investmentbanken Unsummen an Mieten, um ihre Computer möglichst nah an und mit möglichst kurzen Kabeln zu den Handelscomputern der Börse zu stellen. Aber nicht nur das, es werden möglichst kurze Leitungsverbindungen zwischen den Börsen extra für diesen Zweck gebaut. Leitungen sind natürlich schon vorhanden, aber wenn eine schnellere gebaut wird, weil sie den Weg zwischen der einen und der anderen Börse um einige Kilometer verkürzt, sind alle, die diese Art des Handels verfolgen, praktisch gezwungen, auch diese Leitung zu verwenden, um nicht von der Konkurrenzbank um einige Millisekunden geschlagen zu werden. Wir reden hier übrigens nicht von Kleinigkeiten. Laut *Financial Times Deutschland* (Jens KORTE: Ausschluss der Öffentlichkeit. *Financial Times Deutschland*, 14. Januar 2010) machte diese Art des Aktienhandels 2010 ungefähr die Hälfte des Umsatzvolumens des gesamten amerikanischen Aktiengeschäfts aus. Auch der deutsche Aktienhandel wird laut *Handelsblatt* (Udo RETTBERG: An der Börse geht es um Nanosekunden. *Handelsblatt*, 10. Mai 2010) von automatisierten Anlageentscheidungen – nicht notwendigerweise aber Hochfrequenzhandel – dominiert. Klar ist, dass diese Art des Handels aufgrund der hohen Kosten zumindest bis jetzt nur den Top-Akteuren auf dem Aktienmarkt zur Verfügung steht, die sich so (bisher) völlig legal durch ihre technologische Überlegenheit bereichern können. Diskussionen zum Verbot dieser Art des Handels, bei dem ganz offensichtlich durch ungleiche Informationen und Insiderwissen Gewinne gemacht werden, gibt es längst. Geschehen ist allerdings noch nichts.

Das zweite skurrile Phänomen, auf das wir als Beispiel für die Blüten auf den Kapitalmärkten näher eingehen, ist das *Cross-Border-Leasing*. Dabei handelt es sich um ein grenzüberschreitendes Verpachtungsgeschäft, das zwischen zwei Akteuren abgeschlossen wird. Dem Pächter bringt es meist ein Weniger an Steuerlast und dem Verpächter meist ein Mehr an Einnahmen. Aber wer zahlt dann drauf? Meist die amerikanischen SteuerzahlerInnen. Und warum funktioniert so etwas? Weil die unterschiedliche Steuergesetzgebung in den unterschiedlichen Ländern ausgenutzt wird. Es handelt sich – salopp gesagt – um gut organisierte Steuerhinterziehung im rechtsfreien Raum mit der Komplizenschaft von Unternehmen, aber vor allem auch Kommunen außerhalb der USA – auch in Deutschland oder Österreich. Eigentlich sind die Deals, die da abgeschlossen werden, alles andere als kompliziert. Verpachtet werden meist Schulen, Müllverbrennungs- und Kläranlagen, Schienennetze, Wasserkraftwerke und U-Bahnen, aber auch schon mal Kliniken oder Bahnhöfe. Ein Beispiel: Nehmen wir an, eine Gemeinde in Österreich braucht Geld. Sie verleast also einfach ein Wasserkraftwerk für fünfzig Jahre an ein großes US-Unternehmen. Das US-Unternehmen überweist eine große Geldsumme als Vorauszahlung. Diese Geldsumme wird wiederum von der österreichischen Gemeinde genutzt, um das Wasserkraftwerk vom US-Unternehmen zurückzumieten und die laufenden Mietkosten zu begleichen. Und was bringt das Ganze? Das US-Unternehmen generiert einen Steuervorteil und zahlt weniger Steuern, weil es die Vorauszahlung für das Leasinggeschäft als Investition absetzen kann. Einen Teil dieses Steuervorteils gibt es an die Gemeinde weiter, die so mehr über das Verpachten einnimmt, als sie Miete bezahlt. Damit sich die Gemeinde keine Sorgen zu machen braucht, wird das Ganze auch noch bei einer wirklich seriösen Versicherung versichert. Blöd nur, wenn die Versicherung pleitegeht, aber der Abschluss einer solchen Vertragsgegenstand war, kein neuer Versicherer mehr gefunden werden kann und ein Ausstieg aus dem Fünfzigjahresvertrag mit hohen Kosten für die Gemeinde verbunden ist. Der moralischen Frage nachzugehen, wie Kommunen, die am Steuerbetrug amerikanischer Unternehmen mitnaschen wollen, als Vorbilder für die hiesigen SteuerzahlerInnen dienen sollen, wollen wir lieber anderen überlassen.

Die Effizientmarkthypothese

Wie kann vorausgesehen werden, ob eine Aktie, Anleihe oder Option an Wert gewinnen oder verlieren wird? Wie kann jemand also langfristig Gewinne auf so einem Markt machen, die über dem durchschnittlichen Wachstum des Marktes liegen? Wenn die Märkte perfekt nach der Theorie effizienter Märkte funktionieren, ist die Antwort leicht: gar nicht. Aber warum? Nehmen wir an, alle MarktteilnehmerInnen haben dieselben vollkommenen Informationen, treffen vollständig rationale Entscheidungen und haben auch keine finanziellen Restriktionen, das heißt, sie können auch Geld leihen, um Aktien zu kaufen. Alle hätten also die gleiche Einschätzung in Bezug auf den heutigen und den zukünftigen Wert. Jetzt stellen wir uns vor, eine Aktie wäre unterbewertet, würde also den Wert des Unternehmens – heute und zukünftige Wertsteigerungen miteinbezogen – nicht vollständig abbilden. Jedes rational denkende Individuum würde sofort diese Aktie kaufen wollen, da das sichere Gewinne verspricht. Nun muss aber gleich die Frage gestellt werden, wie es zu dieser Unterbewertung kam. Wenn die Menschen vollkommene Informationen haben und rational entscheiden können, hätten sie die Aktie schon bei der minimalsten Unterbewertung gekauft, bis sie eben nicht mehr unterbewertet gewesen wäre. Eine Unterbewertung – genauso wie eine Überbewertung – wäre damit unmöglich, folglich auch keine Gewinne durch Aktienverkauf und Aktienkauf und folglich auch schon gar keinen Handel. Wieso sollte mir jemand eine Aktie überhaupt verkaufen, wenn wir dieselben Informationen haben? Steigt sie im Wert, wäre es irrational, dass mir jemand die Aktie verkauft. Sinkt sie im Wert, wäre es irrational, dass ich sie kaufe. Bleibt sie in ihrem Wert gleich, wäre es völlig egal, ob sie gekauft oder verkauft wird oder ob das nicht geschieht; niemand kann Gewinne machen, Handel kommt nicht zustande. Der heutige Wert wäre immer der beste Schätzer für den zukünftigen Wert und das würden alle so sehen. Obwohl der Aktienmarkt der Markt ist, der dem eben vorgestellten theoretischen Modell vom vollkommenen Markt noch am ehesten nahekommt, ist uns ziemlich schnell klar: So funktioniert kein realer Markt.

Es haben eben nicht alle dieselben Informationen, es schätzen eben nicht alle die Zukunft gleich ein, es können auch nicht alle nach Belieben kaufen und verkaufen usw. An die hier in ihrer stärksten Version vorgetragene so genannte Effizienzmarkthypothese glaubt in dieser Form ohnehin niemand mehr, selbst eingefleischte Neoliberale nicht. Es ist doch ziemlich paradox: Alle haben alle Informationen und deshalb sind diese auch immer schon in den Preisen enthalten. Wozu brauche ich mich dann aber noch um Informationen kümmern, wenn sie ohnehin im Preis enthalten sind? Solche Gedankenspiele mögen lustig sein, um sich die Absurdität von blindem Modelldenken vor Augen zu halten, viel weiter bringen sie uns aber im Verständnis leider auch nicht. Neben den Veränderungen der Preise, die sich aus den unterschiedlichen Informationen, Markteinschätzungen und finanziellen Beschränkungen ergeben, gibt es noch andere Komponenten, welche die Preisbildung beeinflussen:

Einerseits können sich die Risikopräferenzen, die im Allgemeinen bestimmen sollten, wie die Akteure ihre Vermögen auf unterschiedlich riskante

Produkte verteilen, verändern. So war beispielsweise während der Finanzkrise ein Umschichten von Haushalten weg von risikoreicheren Produkten wie Aktien hin zu risikoärmeren Produkten wie Spareinlagen zu beobachten. Ebenso wurden zahlreiche Finanzanlagen panikartig aufgelöst, um an Liquidität zu kommen. Außerdem können hinreichend große Akteure, die über ausreichend Kapital verfügen, Preisbewegungen beeinflussen. Kauft ein großer *Hedgefonds* strategisch eine bestimmte Aktie, kann damit auch eine Aufwärtsbewegung der Aktien losgetreten werden.

Nicht umsonst wird in der aktuellen Finanzmarktliteratur auch vom Herdenverhalten gesprochen, bei dem Akteure zumindest eine Weile lang den Trends hinterherlaufen, was dann wiederum jenen, die den Trend am Beginn losgetreten haben, zu satten Gewinnen verhelfen kann.

Andere große Bewegungen, die darauf abzielten, die Preise zu beeinflussen, haben während der Krise auch die Zentralbanken gesetzt. So kaufte zum Beispiel die Europäische Zentralbank 2010 in beträchtlichem Umfang griechische Staatsanleihen, um einen Absturz der Preise dieser Staatsanleihen und damit eine weitere Verteuerung der (Re)Finanzierung Griechenlands zu verhindern. Das Argument der Europäischen Zentralbank war, dass es sich um Marktversagen gehandelt habe und deswegen korrigierend eingegriffen wurde. Natürlich könnten wir – und insbesondere Neoliberale – auch argumentieren, dass es sich zuvor um eine vorübergehende Fehleinschätzung der Märkte gehandelt habe und gerade der Absturz durch eine Marktbereinigung zustande kam, also das tatsächliche Risiko plötzlich wieder richtig eingeschätzt wurde.

Die Effizienzmarkthypothese hat dabei zwei Seiten. Die eine – und dafür ist sie eigentlich entwickelt worden – hat mit Investmentstrategie auf Finanzmärkten zu tun. Hier wird behauptet, dass es nicht möglich ist (außer per Zufall), eine höhere Rendite als der Gesamtmarkt zu erreichen. Wir haben dargelegt, dass es durchaus möglich ist, Extragewinne auf Finanzmärkten zu machen, wenn man über bessere Informationen verfügt, oder wenn man dann liquide ist, wenn allen anderen das Geld ausgeht und sie zu Notverkäufen gezwungen sind. Das bedeutet aber nicht, dass es besonders einfach ist, den »Markt zu schlagen«. Der »Markt« als Ganzes ist der Durchschnitt, und alle, die auf dem Finanzmarkt anlegen, werden gemeinsam genau die durchschnittliche Finanzmarktrendite erzielen – oder den durchschnittlichen Verlust, wenn der gesamte Markt wieder einmal absackt.

Einzelne schlagen den Markt (das sind jene mit den besseren Informationen), der Rest muss dann ein bisschen schlechter verdienen. Wer aus der oberen Mittelschicht (alle anderen haben kein Geld für solche Abenteuer) 1999 der Effizienzmarkthypothese gefolgt ist und einfach einen Durchschnitt aller deutschen Aktien gekauft hat, der hat zehn Jahre später eine schöne Stange Geld verloren. Wer statt dessen den Markt schlagen wollte, wurde von einem findigen Anlageberater zuerst in den neuen Markt (Internetaktien) gelockt und nach der folgenden Frustration in »ganz sichere« Immobilientitel. Da gibt es dann innerhalb von zehn Jahren zwei Mal praktisch einen Totalverlust – und wenn man die Immobilientitel noch mit einem kleinen Yen-Kredit gehebelt hat, dann bleibt ein Haufen Schulden. Wer sein Geld in eine private Rentenversicherung stecken möchte, kann froh sein, wenn deren Management nicht allzu sehr von den wirklich gut Informierten über den Tisch gezogen wird: den Handelsabteilungen der Investmentbanken und den großen *Hedgefonds*.

Die eine Seite der Effizienzmarkthypothese bedeutet eigentlich, dass die Vermögenden der Welt sich die Spesen für ihre VermögensverwalterInnen sparen könnten – außer sie sind sehr vermögend und daher besser informiert als die anderen. Diese Seite ist eigentlich ganz plausibel, wird aber wenig beherzigt, wahrscheinlich, weil dann der Großteil der VermögensverwalterInnen und FondsmanagerInnen sich eine möglicherweise sinnvollere (aber weitaus schlechter bezahlte) Arbeit suchen müssten.

Das bedeutet letztlich, dass der Markt recht gut dabei ist, allgemein aufliegende Informationen und Einschätzungen einzupreisen. Die Frage dabei ist aber eine andere: Sind die »allgemeinen Einschätzungen« deswegen automatisch vernünftig?

In Kapitalmärkten funktioniert die »Allokation« (die Zuteilung) von Kapital so, dass es immer dahin fließt, wo es gerade am profitabelsten eingesetzt werden kann. Unterschiedliche KapitalgeberInnen mit unterschiedlichen Risikopräferenzen verteilen (über Finanzintermediäre) ihr Kapital auf KapitalnehmerInnen, die ihrerseits fürs Ausleihen etwas versprechen. Das können Zinsen, Dividenden oder einfach die Aussicht auf Kursgewinne sein. Bezahlt wird, laut Theorie, aber nur für das Risiko, das eingegangen wird, und genauer auch nur für jenes, das über den Markt selbst nicht versicherbar ist, indem gleichzeitig andere Produkte gekauft werden. Nach der Theorie ist der Ort mit den höchsten Profiten aber auch der Ort, wo das Kapital allgemein den meisten Nutzen stiftet, den meisten Wohlstand schafft und das höchste Wachstum antreibt. Und weil der Finanzmarkt alle Informationen »effizient« verarbeitet und einpreist, kann er auch nicht falsch liegen.

Das ist die zweite Seite der Effizienzmarkthypothese: Nicht mehr Investmentstrategie, sondern politische Ideologie – der Markt hat Recht. Das steckt dahinter, wenn in den letzten Jahren hohe Staatsdefizite angeprangert wurden (hinter denen stecken politische Entscheidungen, keine Marktkräfte), ausufernde Defizite privater Haushalte aber keine Rolle spielten, denn diese wurden schließlich von Marktentscheidungen verursacht; oder die Ansicht, dass Währungskurse nicht wirklich falsch liegen können, wenn sie auf freien Märkten zustande kommen; oder dass es zwar Vermögenspreisblasen bei Aktien oder Immobilien geben kann, aber nichts effizienter sei als der freie Markt, um diese zu erkennen. Diese Theorie ist mit der Asienkrise 1997 unter Druck geraten und seit der Finanzkrise nur mehr schwer zu halten. Die Krise hat zweifelsfrei bewiesen: Freie Kapitalmärkte können bei der Zuteilung von Kapital kolossale Fehler machen.

Mit dem Schlachtruf der effizienten Märkte wurde die Liberalisierung der Finanzmärkte und der Rückzug staatlicher Kontrolle und Regulation betrieben. Wenn der Markt nicht irren kann, dann braucht er auch keinen Aufpasser.

Liberalisierung der Finanzmärkte

Die Finanzmärkte waren keineswegs immer so, wie wir sie heute vorfinden. In den letzten zwanzig Jahren haben die Bedeutung und das gehandelte Volumen an den Finanzmärkten stark zugenommen. Zudem kam es auch zu einer Verschiebung weg vom traditionellen Spareinlagen-Kredite-Modell hin zu Aktien und Anleihen und in jüngerer Vergangenheit vor allem Fonds.

Ein weit verbreitetes Medium, um Kapital von den privaten SparerInnen zu den Unternehmen zu bringen, ist der Fonds. Fonds werden von Finanzintermediären aufgelegt und Beteiligungen daran verkauft. FondsmanagerInnen verwalten dann das gesammelte Kapital und versuchen es möglichst günstig im Sinne der AnteilseignerInnen anzulegen. Die Anteile haben somit auch immer einen bestimmten Wert und können weiterverkauft werden.

Anstatt sich selbst also eine gute Mixtur zu überlegen, wie das Ersparte angelegt werden kann, wird dies hierbei dem Fonds überlassen. So existieren Fonds, die etwa einen bestimmten Aktienindex wie den ATX (also alle an der Wiener Börse gehandelten Unternehmen) abbilden, oder Fonds, die in eine Mischung aus Aktien, Immobilien, Geldmarktpapieren und vielem mehr investieren. Fonds, die angeblich besonders ethisch veranlagen, und Fonds, die sich auf Edelmetalle konzentrieren. Es gibt Fonds, die private Pensionsansprüche verwalten, oder *Hedgefonds*, die ganz unterschiedliche Strategien verfolgen, aber das eigene Kapital über die Aufnahme von Krediten noch zusätzlich verstärken. Der Fantasie der Mischung sind kaum Grenzen gesetzt. Im Prinzip ist es aber nichts anderes, als würden die ganzen Titel direkt selbst gehalten, außer dass für die Dienstleistung und das Knowhow der FondsmanagerInnen noch etwas extra bezahlt werden muss.

Außerdem ist auch eine ganze Palette an neuen Finanzprodukten hinzugekommen, die ebenfalls seit ihrer Einführung enorm an Bedeutung gewonnen haben. Das die Finanzmärkte so sind, wie wir sie heute vorfinden, ist auch keine Entwicklung, die notwendigerweise mit unserem Wirtschaftssystem – dem Kapitalismus – einhergeht. Die heutigen Finanzmärkte sind die Folge einer Reihe politischer Entscheidungen, die im Wesentlichen erst in den 1970er Jahren ihren Anfang nahm. Seit den 1970er Jahren kann eine fortschreitende Liberalisierung der internationalen und nationalen Finanzmärkte festgestellt werden. Ob diese mit der aktuellen Finanzkrise, mit der wir es seit 2008 zu tun haben, zum Stoppen kommt, weiter voranschreitet oder gar eine ernsthafte Reregulierung stattfindet, ist noch unklar.

Jedenfalls wurde der Kapitalverkehr bis Mitte der 1970er Jahre relativ genau kontrolliert. Bis Anfang der 90er Jahre wurden Kapitalverkehrskontrollen weitgehend und oft auf Druck des Internationalen Währungsfonds in allen Industrieländern abgeschafft. Seither gibt es kaum mehr rechtliche oder politische Hindernisse für den internationalen Kapitalverkehr. Es kann überall investiert werden und die daraus erzielten Gewinne können über den ganzen Erdball verteilt werden. *Hedgefonds* mit Sitz irgendwo auf den Bermudas können ohne Probleme überall Geschäfte machen, ohne dafür dort, wo sie Geschäfte machen, Steuern zu bezahlen.

Ein weiterer Punkt der Finanzmarktliberalisierung war die Möglichkeit, immer größere Kredithebel zu verwenden. Je mehr Kapital eingesetzt werden kann, desto besser kann auf dem Kapitalmarkt agiert werden, etwa die aufgekommenen *Hedgefonds*, die auf allen Ebenen der Kapital- und Rohstoffmärkte agieren, Leerverkäufe tätigen (etwas mit Liefertermin verkaufen, ohne dass es sich bereits im Eigentum befindet) und Handel mit Derivaten treiben. *Hedgefonds* zeichnen sich dadurch aus, dass sie nicht nur mit ihrem eigenen Kapital derartige Geschäfte abwickeln, sondern soviel Fremdkapital wie möglich verwenden – man spricht von einem Hebel- oder *Leverage*-Effekt.

Solange der Zins für das geliehene Fremdkapital niedriger ist als die Rendite des Geschäfts, das abgewickelt wird, hat es Sinn, soviel Fremdkapital wie möglich zu verwenden. Beschränkt wird dies nur von der Gesetzgebung und den GläubigerInnen, die bereit sein müssen, dem *Hedgefonds* Kapital für sein risikoreiches Geschäft zu leihen. Ein Vielfaches an Fremdkapital im Vergleich zum eingesetzten Eigenkapital ist aber üblich. Aus diesem und aus steuerlichen Gründen haben die meisten *Hedgefonds* ihren rechtlichen Sitz auch auf so genannten *Offshore*-Finanzplätzen, wie den Kaimaninseln, den Bermudas oder den Britischen Jungferninseln, aber auch auf so genannten *Onshore*-Finanzplätzen wie Luxemburg oder Liechtenstein, die besonders deregulierte Kapitalmärkte aufweisen. Agiert wird selbstverständlich dennoch international.

Hedgefonds sind aber nicht die Einzigen, die mit großen Fremdkapitalhebeln arbeiten: *Private-Equity*-Finanzinvestoren – SPD-Vorsitzender Franz Müntefering sprach einmal von »Heuschrecken« – kaufen Firmen auf, um sie später wieder zu verkaufen. Und das Geld dafür besorgen sie sich als Kredit. Solche »*leveraged buy-outs*« waren vor der Finanzkrise allgegenwärtig und haben 2010 wieder angezogen. Geschäftsbanken haben Zweckgesellschaften gegründet, um weniger eigenes Geld für ihre Geschäfte verwenden zu müssen. Die Könige des Fremdkapitalhebels war die 2009 zusammengebrochene Bank Lehman Brothers. Das Geld für ihre Finanzmarktinvestitionen hatten sie sich zu 97 Prozent ausgeliehen. Zur Erinnerung: Solange die Gesamtrendite höher ist als die Fremdkapitalzinsen, erhöhen Kredithebel die Gewinne. Wer wie Lehman Brothers nur 3 Prozent Eigenkapital einsetzt, konnte vor der Finanzkrise eine Verzinsung dieser spärlichen Eigenmittel von 40 Prozent erwarten – natürlich nur, wenn alles gut geht. Gibt es Probleme, ist man sehr schnell pleite, denn die aufgenommenen Schulden verringern sich natürlich nicht, nur weil die Geschäfte schief gehen.

Amoklauf

Die deregulierten Finanzmärkte haben seit den 1980er Jahren eine gewaltige Entwicklung hingelegt. Das weltweite Finanzvermögen (ohne Immobilien) hat im Jahr 1980 zwölf Billionen Dollar betragen, im Jahr 2006 waren es 167 Billionen – 346 Prozent des weltweiten BIP. Ein Teil der 167 Billionen sind Aktien, der größte Teil besteht aber aus Bankeinlagen, Staatsschulden, Kreditverbriefungen … kurz, aus Schuldscheinen aller Art. (Quelle: IMF) Dem Wachstum der finanziellen Vermögen müssen daher auch wachsende Schulden gegenüberstehen. Die explosionsartige Entwicklung ab den 1980er Jahren erkennt man am Beispiel USA ganz gut: 1952 gab es 1,28 US-Dollar Schulden pro Dollar Wirtschaftsleistung, und bis 1980 war dieses Verhältnis nur wenig auf 1,61 US-Dollar gewachsen. Dann wachsen die Kreditinstrumente pro Dollar Wirtschaftsleistung bis 1990 auf 2,28 US-Dollar, erreichen im Jahr 2000

2,67 US-Dollar und im Jahr 2007 schließlich 3,55 US-Dollar. (HINSCH 2009)

Aber woher kam das ganze Kapital? Woher das ganze Geld für die Kredithebel? Für das schnelle Wachsen der Finanzmärkte gibt es einige Gründe. Erinnern wir uns zunächst an die Geldschöpfung durch Kreditvergabe: Mehr Kredite schaffen mehr Bankeinlagen, und die können wieder als Kredite vergeben werden. Solange die Notenbank mitspielt und das mit ein bisschen Zentralbankgeld unterstützt, schafft sich Kreditvergabe die eigene Liquidität.

Seit Mitte der 1970er Jahre kam es außerdem in nahezu allen Industrieländern zu einer stärkeren Konzentration von Einkommen und Vermögen. Der Anteil des einkommenreichsten Prozents der Bevölkerung bzw. des vermögensreichsten Prozents der Bevölkerung am gesamten Einkommen bzw. Vermögen hat stark zugenommen. Doch was hat das mit dem im Vergleich zum Wirtschaftswachstum überproportional starken Anwachsen der Finanzmärkte zu tun? Je mehr Einkommen jemand nicht zum Konsum benötigt, desto mehr kann gespart werden. Je mehr Vermögen bereits gespart ist, desto eher wird eine Person bereit sein, auch in risikoreichere Anlagen zu investieren, die dafür mehr Rendite versprechen. Schließlich geht es nicht mehr um Leben oder Tod oder – etwas weniger dramatisch – um das Auskommen im Alter. Wenn die Verteilung von Einkommen ungleicher wird, können wir feststellen, dass der Anteil des Ersparten, der in riskante Veranlagungen fließt, immer größer wird. Umgekehrt würde er sinken, wenn wir von oben nach unten umverteilen würden, also die Einkommenskonzentration abnehmen würde.

Diese Tatsache findet sich auch in empirischen Daten für fast alle Länder wieder. Der Anteil der Haushalte, die in risikoreichen Produkten (Aktien, Fonds, Anleihen) veranlagen, wächst stark mit dem Vermögen. In Österreich steigt er zum Beispiel von rund 2 Prozent der Haushalte in der Gruppe der geldvermögenärmsten 10 Prozent der Haushalte auf über 80 Prozent der Haushalte in der Gruppe der geldvermögenreichsten 10 Prozent der Haushalte (FESSLER und SCHÜRZ 2008).

Wir hatten im vorigen Kapitel der Geldtheorie von Silvio Gesell vorgeworfen, nicht zu verstehen, dass Zins nur deswegen möglich ist, weil in der Realwirtschaft Profit gemacht wird.

Wenn man die Finanzmärkte von den 1980er Jahren bis zur großen Finanzkrise betrachtet, dann scheinen sie uns Lügen zu strafen. Scheinbar völlig von der Realwirtschaft entkoppelt wird aus Geld mehr Geld gemacht – ohne langwierige Investitionen in Maschinen, sondern virtuell, manchmal innerhalb von Sekundenbruchteilen, manchmal über die Konstruktion esoterischer

Finanzprodukte in Londoner Investmentbanken. Der Investmentbanker mit seinen gigantischen Boni wurde zum Sinnbild einer neuen Art des Kapitalismus, der sich nicht mehr um Stahlwerke und Fließbänder, sondern um gläserne Bürotürme und automatisierte Handelssysteme dreht.

Finanzdienstleistungen erwirtschafteten in den USA 1960 einen Anteil am BIP von 2,5 Prozent, 1980 waren es 3,4 Prozent und 2007 schließlich 5,8 Prozent. In der Schweiz vereinten die Banken 2004 32 Prozent des Werts der auf der Börse Zürich gehandelten Unternehmen auf sich – international waren es immer noch rund 25 Prozent, nachdem dieser Wert bis in die 1980er Jahre bei 10 bis 15 Prozent gelegen hatte. In Großbritannien lag die Zahl der Beschäftigten bei Banken und Versicherungen 1997 bei gigantischen 4,9 Millionen, um zehn Jahre später auf groteske 6,4 Millionen zu steigen. (Quellen: BUREAU OF ECONOMIC ANALYSIS, HINSCH 2009) Ein Zeichen des Erfolgs? Vielleicht, aber Sinn der FinanzdienstleisterInnen wäre es eigentlich, eine möglichst einfache Verbindung zwischen jenen, die zu viel gespart haben, und jenen, die zusätzliches Geld brauchen, herzustellen. Besonders effizient scheint dieser Markt nicht zu funktionieren, wenn ein immer größerer Teil der wirtschaftlichen Leistung in eine reine Vermittlertätigkeit gelenkt wird und diese Vermittler dabei immer höhere Profite einfahren.

Nach dem Ausbruch der Finanzkrise erkannte man wieder relativ deutlich, dass Zins nur möglich ist, wenn es in der Realwirtschaft Profite und Wachstum gibt; und es ist erkennbar, dass die Deregulierung von Finanzmärkten nicht ohne Risiko ist. Sie neigt dazu, Vermögenspreisblasen, parallele Überschuldung und unkontrollierbare kurzfristige Kapitalströme zu schaffen – was man freilich schon vor der Finanzkrise hätte sehen können: 2001 zählte die Weltbank in einer Studie 112 systemische (das gesamte Bankensystem eines Landes) umfassende Bankenkrisen von 1973 bis zum Ende des Jahrhunderts, während es vom Zweiten Weltkrieg bis in die 70er Jahre nur wenige solcher Episoden gab. Graciela Kaminsky und Carmen Reinhard haben schon 1999 aufgezeigt, dass den meisten Bankenkrisen in den 1980er und 1990er Jahren eine Liberalisierung der Finanzmärkte vorangegangen ist.

4. Warum die Wirtschaft wächst und wer etwas davon hat

Was wächst?

Wenn wir das Wort »Wachstum« hören, fällt uns einiges ein: Pflanzen wachsen, Menschen wachsen, Schulden wachsen, selbst die Liebe wächst. Im Allgemeinen bezeichnen wir als Wachstum, wenn irgendeine Größe, die gemessen werden kann, im Zeitverlauf ansteigt. Mathematisch wird das dann als Steigung oder als erste Ableitung bezeichnet. So ist die Ableitung der Geschwindigkeit etwa die Beschleunigung, das Wachstum der Geschwindigkeit. Wachstum kann räumlich sein, etwa beim Straßennetz, Populationen können wachsen, etwa bei Menschen oder Bakterien. Sehr oft, wenn heute von Wachstum gesprochen wird, vielleicht zu oft, ist aber von Wirtschaftswachstum die Rede. Aber was wächst in der Wirtschaft? Das Geld? Die Arbeit? Der Wohlstand? Wenn ja, wessen Geld, Arbeit oder Wohlstand?

Eigentlich wächst, wenn vom Wirtschaftswachstum die Rede ist, ein Index, also eine Maßzahl, die messen soll, wie viele Güter und Dienstleistungen in einem bestimmten Zeitraum von einer Volkswirtschaft produziert wurden. Das wird als Bruttoinlandsprodukt, kurz BIP, bezeichnet. Meist werden dabei Jahre oder Quartale betrachtet. Berechnet werden kann es aus drei Perspektiven: Produktion, Verwendung und Einkommen.

Produktionsseitig wird das BIP als die Summe der aller Wertschöpfungen berechnet. Alles, was produziert wird, wird also zusammengezählt; und zusammengezählt werden die jeweiligen Preise. Dort, wo es keinen Markt gibt, der die Preise bestimmt (etwa wenn eine Lehrerin oder ein Lehrer eine Stunde arbeitet), werden die Kosten der Produktion gezählt. Das BIP ist also alles, was verkauft wird, abzüglich der Vorleistungen. Die Vorleistungen müssen heraus, um Doppelzählungen zu vermeiden. Wenn beim Bäcker ein Laib Brot gekauft wird, muss vom Preis des Brotes das Mehl abgezogen werden, denn das ist schon in der Produktion einer Mühle enthalten.

Bei der verwendungsseitigen Berechnung des BIP werden die Ausgaben aller wirtschaftlicher Akteure (Konsum der privaten Haushalte, Investitionen der Unternehmen, Staatsausgaben, Nettoexporte) zusammengerechnet. Das

BIP ist also wiederum alles, was verkauft wird, abzüglich der Vorleistungen.

Einkommensseitig wird das BIP als Einkommen aus unselbstständiger Erwerbstätigkeit plus Einkommen aus Besitz und Unternehmung berechnet. Auch hier sollte das BIP letztlich alles sein, was verkauft wird, denn dafür wird Einkommen erzielt, sei es als Lohneinkommen, Gewinn, Miete, Pacht oder Zins.

Tatsächlich stimmen die drei Werte aufgrund von Messfehlern, zeitlichen Verzögerungen und statistischen Problemen nie genau überein, liegen aber sehr nah beieinander.

In unserem einfachen Beispiel mit Bauern und Werkzeugmacherinnen wäre das die Summe des aktuellen Wertes aller Lebensmittel und Werkzeuge, die in einem Jahr erzeugt wurden. Werden im nächsten Jahr mehr Lebensmittel erzeugt, etwa weil bessere Hämmer hergestellt wurden, ist das BIP gewachsen, es gab also positives Wirtschaftswachstum. Natürlich kann es auch gar kein Wachstum geben, was meist als Nullwachstum bezeichnet wird. Hin und wieder kommt es auch zu einer Schrumpfung dessen, was an Gütern und Dienstleistungen produziert werden konnte. Dann befinden wir uns in einer Rezession oder gar Krise, je nachdem, wie oft das Schrumpfen in aufeinander folgenden Quartalen oder Jahren vorkommt. Ein Schrumpfen des BIP bezeichnen wir dann gern als negatives Wirtschaftswachstum; das klingt besser.

Oft ist von realem und nominellem BIP bzw. Wachstum die Rede. Wenn die Lebensmittel in unserem Beispiel von vorhin nicht nur mehr, sondern auch teurer wurden und wir durch die Aufsummierung der Preise von Lebensmitteln und Hämmern das BIP ausrechnen, wird dieses auch durch die Preissteigerungen erhöht. Diese Summe würden wir als nominales BIP bezeichnen. Bewerten wir hingegen die Lebensmittel mit den Preisen von letztem Jahr, so wird das als reales BIP bezeichnet. Auch wenn mehrere Jahreswerte real verglichen werden sollen, müssen sie jeweils zu Preisen eines bestimmten Jahres bewertet werden. Das wird gemacht, um das Wachstum nicht zu überschätzen, nur weil Preise gestiegen sind, oder im anderen Fall zu unterschätzen, nur weil sie gesunken sind. So kann dann besser eingeschätzt werden, wie sich die Wirtschaft über die Zeit entwickelt hat.

Eine wichtige Maßzahl in diesem Zusammenhang ist das BIP pro Kopf. Da klar ist, dass viele Menschen (zumindest wenn sie die gleiche Ausstattung an Land und Werkzeugen haben) mehr produzieren können als wenige, wird das BIP oft durch die Anzahl derer dividiert, die in einem Land leben. So lag das BIP in Österreich 2008 etwa bei 280 Milliarden Euro, das in Norwegen bei etwa 309 Milliarden und das in Polen bei etwa 362 Milliarden. In Summe wurden also in Polen am meisten Güter und Dienstleistungen produziert, in Norwegen am zweitmeisten und in Österreich am wenigsten. Das BIP pro Kopf hingegen lag in Polen bei 9 500 Euro, in Norwegen bei 64 900 Euro und in Österreich bei 33 800 Euro. (Quelle: Eurostat, online unter: http://epp.eurostat.ec.europa.eu, 24. März 2010)

Wachstum hat auch etwas mit Verteilung zu tun. Sind die NorwegerInnen reicher als die ÖsterreicherInnen und die wiederum reicher als die PolInnen? Im Durchschnitt stimmt das sicher, und dennoch gibt es bestimmt viele PolInnen, die reicher sind als viele NorwegerInnen. Wie das BIP innerhalb eines Landes verteilt ist, ist eine andere Frage. Unter anderem deswegen ist die Tauglichkeit des BIP als Maßstab für den Wohlstand oder gar die Lebensqualität einer Gesellschaft umstritten, aber für die meisten eigentlich doch zu beantworten: es ist hierfür absolut untauglich. Und dennoch, auch wenn es viele Kandidaten gibt, gibt es kaum ein Maß, durch das es gut ersetzt werden könnte. Zumindest gibt das BIP an, wie viel da ist, das verteilt werden könnte, und wie viel jede Person verbrauchen könnte, wenn es gleich verteilt wäre.

Die Wachstumsrate

Dinge wachsen auf unterschiedliche Arten. Wenn es zum Beispiel gleichmäßig stark regnet, füllt sich eine Regentonne. Die Menge an Wasser in ihr wächst. Wenn wir jede Minute messen würden, wie viel neues Wasser hinzugekommen ist, würden wir feststellen, dass die Wassermenge jede Minute gleichmäßig steigt, eben weil es gleichmäßig stark regnet. Das wird lineares Wachstum genannt. Wird vom Wirtschaftswachstum und dessen Wachstumsrate gesprochen, dann handelt es sich aber um exponentielles Wachstum. Langfristig sollte unsere Wirtschaft – also wieder das BIP – real mit rund 2 Prozent wachsen. Das bedeutet, dass das BIP nächstes Jahr gemessen am BIP dieses Jahr um 2 Prozent größer sein sollte. Liegt das Wachstum nächstes Jahr wieder bei 2 Prozent, kommt vom nächsten bis zum übernächsten Jahr schon mehr dazu – absolut gesehen – als von diesem auf nächstes Jahr. Nehmen wir an, das BIP dieses Jahr wäre 100 und die Wachstumsrate konstant bei 2 Prozent. Ein Jahr später ist es dann bei 102, übernächstes Jahr aber schon bei 104,04. Um sich zu verdoppeln, braucht es so nur 35 Jahre, nicht 50, und jedes Jahr wächst es absolut gesehen schneller. Manche halten exponentielles Wachstum der Wirtschaft langfristig für unmöglich, eben weil alles auf der Welt begrenzt ist – Arbeit,

Platz, Ressourcen, Kapital und alles andere –, einfach deswegen, weil die Erde nur begrenzt groß ist. Aber dazu später mehr.

Seit wann gibt es Wirtschaftswachstum?

Im ersten Moment könnten wir denken, dass es das wohl schon immer gegeben hat. Dem ist aber ganz und gar nicht so. Ganz im Gegenteil ist Wirtschaftswachstum eigentlich ein relativ neues Phänomen, zumindest wenn man eine wachsende Bevölkerung nicht berücksichtigt. Mehr Menschen konnten immer schon auch mehr produzieren – aber das hat nicht bedeutet, dass die Wirtschaft auch bei gleich bleibender Bevölkerung gewachsen wäre.

Wie wir schon gehört haben, war die Subsistenzwirtschaft bis in die Neuzeit hinein maßgeblich, das heißt, die meisten Menschen waren damit ausgelastet, genau das zu erzeugen, was sie zum Überleben brauchten. Je weniger Arbeitskraft notwendig war, um Menschen zu ernähren, desto mehr Arbeitskraft wurde frei, um andere Dinge als Lebensmittel zu erzeugen. Das kam durch kapitalintensivere Produktionsformen, Arbeitsteilung und technologischen Fortschritt zustande. Insbesondere spielte die Steigerung der landwirtschaftlichen Produktivität pro Hektar eine entscheidende Rolle. Dadurch konnten durch die Arbeitskraft von immer weniger Menschen immer mehr Menschen ernährt werden, was wiederum zu mehr Bevölkerungswachstum führte. In Österreich arbeiten nur noch einige Prozent der Bevölkerung in der Lebensmittelproduktion. Dennoch gibt es eine Überproduktion an Agrargütern. Bevölkerungswachstum und Wirtschaftswachstum stehen also in einem engen Zusammenhang. Während sich die Bevölkerung der Erde vom Jahr 1 bis zum Jahr 1000 nur von rund 230 Millionen auf 268 Millionen Menschen vergrößerte, wuchs sie bis ins Jahr 1820 auf rund eine Milliarde und danach bis ins Jahr 2000 auf rund sechs Milliarden Menschen.

Betrachtet man im selben Zeitraum das Wirtschaftswachstum, so ist dies noch erstaunlicher: Bewertet nach Dollar des Jahres 1990 und sogar bereinigt um das Bevölkerungswachstum, da wir uns das BIP pro Kopf ansehen, geschah Folgendes: Das BIP pro Kopf der Welt sank vom Jahr 1 bis zum Jahr 1000 von rund 440 auf rund 435 Dollar, stieg dann bis 1820 auf rund 630 Dollar und explodierte gerade zu bis ins Jahr 2000 auf rund 5700 Dollar (MADDISSON, Angus: *The World Economy. A Millennium Perspective*. Development Centre of the Organization for Economic Cooperation and Development, OECD 2001, S. 28). Wirtschaftswachstum in nennenswertem Ausmaß ist also tatsächlich ein relativ junges Phänomen und keinesfalls in irgendeiner Weise als selbstverständlich anzusehen. Wie konnte das geschehen? Was war so anders ab dem 19. Jahrhundert? Die Antwort ist einfach: der Kapitalismus.

Selbst Karl Marx, der sonst nicht gerade als Freund des Kapitalismus gilt, brachte es gemeinsam mit Friedrich Engels in ihrem bekannten »Kommunistischen Manifest« aus den 1840er Jahren auf den Punkt:

> Die Bourgeoisie hat in ihrer kaum hundertjährigen Klassenherrschaft massenhaftere und kolossalere Produktionskräfte geschaffen als alle vergangenen Generationen zusammen. Unterjochung der Naturkräfte, Maschinerie, Anwendung der Chemie auf Industrie und Ackerbau, Dampfschifffahrt, Eisenbahnen, elektrische Telegrafen, Urbarmachung ganzer Weltteile, Schiffbarmachung der Flüsse, ganze aus dem Boden hervorgestampfte Bevölkerungen – welch früheres Jahrhundert ahnte, dass solche Produktionskräfte im Schoße der gesellschaftlichen Arbeit schlummerten.

Geradezu euphorisch lobt Marx an dieser Stelle die Errungenschaften der kapitalistischen Produktionsweise und auch der Zusammenhang zum Bevölkerungswachstum wird klar aufgezeigt. Ganz ähnlich werden sie bei anderen klassischen Ökonomen besprochen. Wie kommt es aber genau zum Wirtschaftswachstum? Was entscheidet, ob und wie stark die Wirtschaft wächst? Warum wächst die Wirtschaft in manchen Ländern schnell, während sie in anderen gar nicht wächst oder gar schrumpft? Wie kann – falls dies ein Ziel sein sollte – Wirtschaftswachstum gefördert werden? Darüber macht sich die Volkswirtschaftslehre spätestens seit Anfang des 20. Jahrhunderts Gedanken und entwickelt dazu ein Bündel unterschiedlichster Theorien, die wir als Wachstumstheorie bezeichnen.

Einige Kandidaten für Ursachen für das Wachstum scheinen schon jetzt offensichtlich: Mehr Menschen können mehr produzieren, Arbeit scheint demnach so ein Kandidat zu sein. Auch wenn gleich viele Menschen mehr arbeiten, kann mehr produziert werden, aber der Tag hat eben nicht mehr als 24 Stunden. Ein weiterer Kandidat ist deswegen wohl die Produktivität, also die Menge, die ein Mensch in einer bestimmten Zeit produzieren kann. Das hängt eng damit zusammen, wie viel Kapital in diesen Arbeitsprozess fließt: Ohne einen Hammer ist es schwieriger, einen Zaun zu bauen, als mit einem Hammer; mit einigen Nägeln wird es noch leichter; je mehr Nägel vorhanden sind, desto besser. Auch das hat allerdings seine Grenzen, denn irgendwann nützt ein zusätzlicher Nagel nichts mehr. Hier kommt der technologische

Fortschritt ins Spiel: bessere Hämmer, bessere Nägel, Maschinen, die automatisch hämmern, bis hin zu Robotern, die, sind sie einmal produziert, nur noch gewartet werden müssen, aber einen Großteil der menschlichen Arbeit übernehmen. Wie sich die ökonomische Wachstumstheorie das im Laufe der Zeit vorgestellt hat und was die aktuelle Theorie besagt, werden wir im Folgenden näher betrachten.

Wachstumstheorie

Karl Marx, Adam Smith, John Steward Mill und die anderen klassischen ÖkonomInnen hatten wohl eine Vorstellung (und sicher keine unsinnige), wie Wirtschaftswachstum vor sich geht bzw. was es bestimmt. Der Beginn der modernen Wachstumstheorie wird dennoch erst in den 40er Jahren des 20. Jahrhunderts angesiedelt und ist Teil der bereits mathematisierten Volkswirtschaftslehre, in der versucht wird, wirtschaftliche Vorgänge anhand von abstrakten mathematischen Modellen vereinfacht darzustellen. Dabei gilt der vom bekannten empirischen Ökonomen George Edward Pelham Box geprägte Satz: »*Essentially, all models are wrong, but some are useful*« – Im Wesentlichen sind alle Modelle falsch, aber manche sind nützlich.

Das erste Modell der Wachstumstheorie ist das so genannte Harrod-Domar-Modell (nach Roy F. Harrod und Evsey Domar). Wachstum ergibt sich hier durch den Anteil der Produktion, der zur Produktion von Kapitalgütern wie Maschinen verwendet werden kann. Das führt zu einer immer intensiveren Nutzung der Arbeitskraft. Umgekehrt wird Wachstum umso kleiner, je mehr von den Kapitalgütern benötigt werden, um ein Produktionsgut zu erzeugen. Kurzum je kapitalintensiver die Produktion ist, oder besser sein kann, desto stärker wird das Wirtschaftswachstum. Wenn wir uns das in unserem Beispiel mit Lebensmitteln und Werkzeugen überlegen, bedeutet es Folgendes: Je mehr Produktion in die Erzeugung von Werkzeugen fließen kann – ob sie jetzt zur Erschließung von neuem Anbaugebiet dienen, zur Produktion von Lebensmitteln oder wiederum zur Produktion von Werkzeugen selbst –, desto größer wird das Wachstum sein, weil die Arbeit dadurch produktiver wird. Das funktioniert aber nur so lange, als mit einem zusätzlichen Werkzeug auch wirklich in derselben Zeit mehr produziert werden kann als ohne dieses zusätzliche Werkzeug, eingerechnet dessen, was es kostet. Es lässt sich leicht erkennen, dass so wohl kein langfristiges Wachstum möglich sein kann, denn irgendwann wird ein zusätzliches Werkzeug nicht mehr viel bringen, schließlich hat jeder nur zwei Hände, um es zu bedienen. Überspitzt: Was macht man mit dem zehnten Hammer? Eine Weile kann man Wachstum pro Kopf aber über das Mehr an Werkzeugen, also kapitalintensivere Produktion, erklären. Ob das jetzt zehn, hundert oder tausend Jahre lang gut gehen kann, wissen wir nicht; wie wir gesehen haben, gibt es das Wirtschaftswachstum noch gar nicht so lange. Jedenfalls erschien es den meisten ÖkonomInnen als eine recht unbefriedigende Erklärung, führt sie doch zum sicheren Wachstumsstopp.

Es gibt aber noch andere Möglichkeiten, zu erklären, wie das Wachstum langfristig zustande kommen könnte. Ein Kandidat, den wir vorher schon genannt haben, drängt sich da besonders auf: Wir können zwar nur einen Hammer bedienen, manche, die besonders geschickt sind, vielleicht zwei, aber was, wenn wir über einen Computer gleichzeitig mehrere Maschinen, ja eine ganze Fabrik von Hämmern steuern können? Der technologische Fortschritt spielt deswegen eine ganz besondere Rolle in allen Überlegungen zu langfristigem Wachstum.

Das wohl bekannteste Modell, das seit den 1950er Jahren und zumindest bis in die 1990er Jahre hinein – und abseits von akademischen Debatten eigentlich bis heute – die Wachstumstheorie und die Wachstumspolitik dominierte, ist das Solow-Swan-Modell (nach Robert M. Solow und Trevor W. Swan). Es wird im Gegensatz zum Harrod-Domar-Modell, das eher als keynesianisch ausgerichtet bezeichnet wird, der Neoklassik zugeschrieben. Die Idee ist wiederum recht einfach: Das Solow-Swan-Modell besagt im Grunde, dass das Wirtschaftswachstum nicht nur von Arbeit und Kapital und der durch die Spar- oder Investitionsquote bestimmte Kapitalintensität bestimmt wird; letztlich ist Wachstum ausschließlich von technologischem Fortschritt abhängig. Am Ende, an dem Tag, an dem also alle genug Werkzeuge haben und ein weiterer Hammer in der Ecke landet, geht es nur noch um eines: Die Werkzeuge müssen besser werden, neue Werkzeuge müssen erfunden werden; und Wissen muss geschaffen werden, mit dem sie besser verwendet werden können. Kurzum, es geht um den technologischen Fortschritt.

Tatsächlich haben bahnbrechende Erfindungen – sei es in der Technik, aber auch in der Grundlagenforschung – immer wieder enorme Wachstumsschübe erzeugt. Die Erfindung der Dampfmaschine etwa ermöglichte eine nie da gewesene Erzeugung von Energie, welche die Produktion von zahlreichen Maschinen ermöglichte, die bei gleichem Einsatz von Kapital und Arbeitskraft und manchmal sogar bei viel geringerem Einsatz viel mehr erzeugen konnten. Dadurch konnte menschliche Arbeitskraft – vor allem schwerste körperliche Arbeit – entlastet werden, was wiederum zu mehr Arbeitskraft, allein durch eine deutlich längere Lebensspanne führte. Die Datenverarbeitung, die erst analog vor rund hundert Jahren entstand und heute digital im Computer- bzw. Informationszeitalter angekommen ist, ermöglichte vollautomatische Produktion und damit Massenproduktion mit einem noch nie vorher da gewesenen winzigen Teil an notwendiger menschlicher Arbeitskraft.

Für gute dreißig Jahre bis in die 1980er Jahre hinein war das Solow-Swan-Modell das bestimmende Modell. Da davon ausgegangen wurde, dass durch internationalen Handel und Wissensaustausch früher oder später alle Länder der Welt mit denselben Technologien arbeiten würden, erschien auch klar, dass sich ihre Wachstumsraten langfristig einander annähern würden. Es schien genauso logisch, dass jene Länder, die noch Nachholbedarf hätten, also ein niedrigeres BIP pro Kopf aufwiesen, schneller wachsen würden und sich die großen weltweiten Unterschiede zwischen so genannten industrialisierten Ländern, Schwellenländern und Entwicklungsländern allmählich schließen sollten. Eingetreten ist dies bis heute nicht, was verschiedene Gründe hat und zwar bestimmt nicht nur ökonomische, sondern vor allem auch politische. Klar war jedoch schnell, dass die angenommene Rate des technologischen Fortschritts, mit der letztlich das Wachstum im Solow-Swan-Modell bestimmt wurde, nicht unveränderlich war. Im Modell wird sie einfach als gegeben angenommen, entweder als »vom Staat bereitgestellt« oder als auf irgendeine Art »natürlich«. In den 1980er Jahren begannen die ersten Versuche, auch den technologischen Fortschritt mit zu modellieren.

Die Idee war dabei, dass es langfristiges Wachstum geben könnte, weil das Gut »Wissen« ganz besondere Eigenschaften hat. Es ist nämlich nicht rivalisierend und nur teilweise ausschließbar. »Nicht rivalisierend« bedeutet: Ist einmal etwas erfunden, kann es eigentlich von vielen benutzt werden, ohne dass die Benutzung durch den anderen eingeschränkt würde oder gar das »Gut« selbst verbraucht würde. Ein Beispiel dazu: Frau Maier isst einen Apfel. Frau Schmidt kann ihn dann nicht mehr essen. Der Apfel ist ein rivalisierendes Gut. Frau Maier berechnet eine Distanz von einem Punkt vor einem Haus bis zur Spitze des Hauses und verwendet dabei die Formel des Pythagoras. Frau Schmidt und auch jede weitere Person kann trotzdem ohne Probleme die Formel des Pythagoras weiterverwenden, damit Distanzen berechnen oder sonst alles Mögliche machen. Das Wissen wird nicht verbraucht, auch wenn es manchmal vergessen werden kann. Das Gleiche gilt für Baupläne, Musikstücke, Computerprogramme und jede Art von Blaupause oder Prototyp. Einmal geschaffen, können sie leicht vervielfältigt werden und ohne, dass sie dabei verbraucht würden, benutzt werden. Teilweise ausschließbar bedeutet, dass es eigentlich leicht ist, Dinge, die einmal entwickelt wurden, einfach nachzubauen. Dazu braucht es meist nur ein Bruchteil der Kosten und Arbeitskraft wie beim ersten Mal; vor allem verursacht die Entwicklung eben gar keine Kosten mehr. Praktisch von jedem Gerät oder Computerprogramm gibt es Plagiate. Eingeschränkt wird dieser Kopierprozess durch Patentrechte. Das Kopieren wird schlichtweg verboten, zumindest für eine Weile. Obwohl es grundsätzlich also nicht möglich ist, andere davon abzuhalten, die Idee bzw. Entwicklung einfach zu kopieren, wird das teilweise (zumindest für eine Zeit) per Gesetz ausgeschlossen. Das geschieht, weil es sonst kaum mehr Anreize gebe, etwas zu entwickeln, und dadurch der technologische Fortschritt gehemmt würde. Argumentiert wird, dass die großen Investitionen in Forschung und Entwicklung, die zum Beispiel in ein neues Medikament fließen, dann durch Preise, die höher sind als die Produktionskosten, wieder erwirtschaftet werden müssen. Wird das nicht durch Patente gesichert, kommt es zu billigeren Kopien von Unternehmen, die nichts für die Entwicklung ausgeben mussten. Damit hätte das Unternehmen, das die Entwicklungskosten getragen hat, keine Chance mehr, mit seinen hohen Preisen auf dem Markt zu bestehen. Da diese Entwicklung abzusehen gewesen wäre, hätte man allerdings die Investitionen von Anfang an nicht getätigt. Ethisch kommt es so natürlich oft zu fragwürdigen Situationen: Medikamente, die sich Menschen nicht leisten können, obwohl sie eigentlich sehr günstig produziert werden; oder aber Medikamente, die nicht entwickelt werden, weil die Menschen, die vor allem an der Krankheit leiden, gar nicht das Geld hätten, die teuren Preise zur Begleichung der Entwicklungskosten zu zahlen. So fließt etwa relativ wenig Geld – im Vergleich zu anderen Krankheiten – in die Malariaforschung, obwohl sehr viele, aber eben finanziell schlecht ausgestattete Menschen davon betroffen sind.

Auf diesen Ideen basiert die so genannte »Neue Wachstumstheorie« oder auch »endogene Wachstumstheorie« die in der akademischen Volkswirtschaftslehre spätestens seit Anfang der 1990er Jahre eingezogen ist. Bis heute hat sie aber noch längst nicht alle anderen Teilbereiche und schon gar nicht alle wirtschaftspolitischen Überlegungen durchdrungen.

Wiederum schaffen Arbeit, Kapital und auch die Kapitalintensität der Arbeit, die mit der Sparquote steigt, Wachstum. Langfristiges Wachstum kann es aber nur mit technologischem Fortschritt geben, der dieses Mal anders als im Solow-Swan-Modell nicht einfach angenommen wird. Je mehr Bildung, desto mehr positive externe Effekte durch das neu geschaffene Wissen, weil es mehr Menschen zugänglich ist; je mehr Anreize zur Forschung, etwa durch Patentrechte, desto mehr wird geforscht; eine ganze Reihe von Modellen der »Neuen Wachstumstheorie« betonen unterschiedliche Elemente. Alle haben aber damit zu tun, wie die Forschungsanreize gesetzt werden können und wie die Bildung verbessert werden kann. Das seien die wichtigsten Determinanten des technologischen Fortschritts und damit des langfristigen Wachstums. Wirtschaftswachstum ist laut aktueller Theorie also langfristig gleich dem Wachstum des Technologieniveaus. Nur durch ständig neue Ideen kann eine Wirtschaft langfristig wachsen.

Glauben wir den aktuellen Modellen der Wachstumstheorie, dann liegen die wirtschaftspolitischen Schlussfolgerungen auf der Hand: Es sollte so viel wie möglich in Bildung, Forschung und Entwicklung investiert werden, denn davon hängt die langfristige Wachstumsrate ab.

Wachstumspfad

Alle neueren Wachstumsmodelle gehen davon aus, dass sich eine Ökonomie früher oder später auf einem gleichgewichtigen Wachstumspfad befindet. Das heißt: Abgesehen von konjunkturellen Schwankungen wächst die Wirtschaft im Tempo des technologischen Fortschritts. Durch negative Schocks (wie etwa Krisen) oder positive Schocks (wie etwa technologische Revolutionen) kann die Wirtschaft vom gleichgewichtigen Wachstumspfad weggeschleudert werden. Das kann auch die langfristige Wachstumsrate verändern, nämlich dann, wenn sich der Einsatz der Technologie, Forschungsanreize oder Rahmenbedingungen der Bildung grundlegend verändert hat und der technologische Fortschritt dadurch langsamer oder schneller vorangeht. Dann gibt es eine neue gleichgewichtige Wachstumsrate, auf welche die Volkswirtschaft langfristig zusteuert.

Ein Schock kann aber auch dazu führen, dass die Wirtschaft strukturell verändert wird, dass aber das Wachstum des technologischen Fortschritts dadurch nicht beeinflusst wird, etwa wenn sich plötzlich die Gewichte von verschiedenen Sektoren verschieben. Dann wird es einige Zeit dauern, bis sich die Ressourcen wieder richtig verteilt haben und die Ökonomie wieder auf den gleichgewichtigen Wachstumspfad zurückgekommen ist. Dort wächst sie wieder mit derselben Rate wie zuvor, jener des technologischen Fortschritts – so jedenfalls die Wachstumstheorie. Schwankungen kommen aber auch durch die so genannte Konjunktur zustande. Das sind Schwankungen um die gleichgewichtige Wachstumsrate mit Zyklen von einigen Jahren, welche die Konjunkturtheorie zu erklären sucht. Zudem gibt es auch noch andere Schwankungen, wie etwa saisonale Schwankungen, die durch die Jahreszeiten verursacht werden. Im Winter wird einfach weniger gebaut, dafür gibt es mehr Tourismus, zumindest in einem Land, in dem Wintertourismus vorherrscht.

Muss die Wirtschaft wachsen?

Die Frage, ob die Wirtschaft wachsen muss, wird heftig diskutiert, aber eigentlich auch leicht zu beantworten: Nein, die Wirtschaft muss nicht wachsen. Aber es gibt für verschiedene Akteure im Kapitalismus einigen Grund, alles dafür zu geben, damit die Wirtschaft wächst. Vielleicht ist das ein Grund, warum wir sie seit den Anfängen des Kapitalismus auch meisten wachsen gesehen haben.

Fangen wir bei den Unternehmen an. Schließlich sind sie es, die produzieren und damit auch das Mehr an Gütern und Dienstleistungen produzieren, dass wir letztlich als Wirtschaftswachstum bezeichnen. In einer Marktwirtschaft haben es Unternehmen mit Konkurrenz zu tun, zumindest mehr oder weniger, oder wenigstens früher oder später. Das ist auch der Grund, warum sie wachsen müssen. Konkurrenz ist im Kapitalismus immer Konkurrenz um Profite. Wer mehr Profite erwirtschaftet, kann besser investieren, produktiver werden, leichter expandieren, Marktanteile gewinnen, Marktteilnehmer aufkaufen und sich letztlich am Markt gegen andere durchsetzen. Das treibt das Wirtschaftswachstum an.

Auch aus der Sicht des Staates ist Wachstum enorm wichtig: Einerseits wachsen dadurch seine Steuereinnahmen, andererseits sinken seine Schulden – relativ zum BIP, versteht sich, aber das ist die entscheidende Kennzahl. Zudem hält es seine Ausgaben niedrig. Das liegt daran, dass etwa durch den ständigen technologischen Wettbewerb immer weniger Arbeitskräfte gebraucht werden, um dasselbe zu produzieren. Um ein ständiges Steigen der Arbeitslosigkeit zu vermeiden, muss entweder die Arbeit, die übrig bleibt, anders aufgeteilt werden, was sich dann in Arbeitszeitverkürzungen ausdrückt, oder es muss mehr produziert werden, damit auch wieder mehr Arbeitskraft gebraucht wird.

Auch aus Sicht der Individuen, die in einem Staat leben, ist Wachstum wichtig. »Geht's der Wirtschaft gut, geht's uns allen gut«, heißt es in einem launigen Werbeslogan der österreichischen Wirtschaftskammer. Das stimmt natürlich nicht; es ist kaum zu übersehen, dass es nicht allen gut geht. Aber worauf da angespielt wird, ist ziemlich klar: Im Kapitalismus ist es so, dass es doch beträchtliche Unterschiede zwischen Arm und Reich gibt. Und je ungebändigter und freier der Kapitalismus ist, desto größer sind meist auch diese Unterschiede. Eines wird jedoch von den marktliberalen Befürwortern des ungebändigten und freien Kapitalismus immer wieder versprochen: Dafür gibt es soviel Wachstum, dass alle etwas davon haben. Das heißt, dass zwar die Schere zwischen Arm und Reich immer größer werden kann, aber dass sowohl Arm als auch Reich im Lauf der Zeit wohlhabender werden. Dafür aber braucht es eine gehörige Portion Wachstum, damit neben den großen Stücken für die Reichen auch noch ein paar kleine zusätzlich für die Ärmeren übrig bleiben. Gibt es kein Wachstum, geht sich das nicht aus. Das Wachstumsversprechen des Kapitalismus ist dann gebrochen und es kommt meist wieder vermehrt zu Verteilungsdiskussionen und -kämpfen, da kein größerer neuer Kuchen da ist, der verteilt werden könnte, sondern nur noch neu verteilt werden kann. Insofern hat Wachstum auch immer etwas mit Verteilung zu tun.

Alle in einer Marktwirtschaft haben also Interesse an Wirtschaftswachstum. Aber muss die Wirtschaft wachsen? Nein. Auch ob möglichst hohes Wirtschaftswachstum per se ein Ziel darstellen sollte, ist unklar. Es sollte wohl immer bedacht werden, wem es nützt und wem nicht, ob es ökologisch vertretbar ist oder nicht. Zudem könnte es sein, dass ein mehr an Wachstum auch mit einem mehr an Schwankungen bezahlt wird, was das Wirtschaftssystem insgesamt krisenanfälliger machen könnte. Aber darauf werden wir später noch einmal zu sprechen kommen.

Wachstum und Verteilung

Wie wir besprochen haben, wird Wirtschaftswachstum über das BIP berechnet, das die Summe aller Güter und Dienstleistungen darstellt. Dies kann grundsätzlich über drei Ansätze berechnet werden: Produktion, Verwendung und Einkommen. Das BIP pro Kopf sagt also auch etwas über das Einkommen einer Durchschnittsperson aus, jedoch nichts über die Verteilung der Einkommen innerhalb der Bevölkerung. Der Zusammenhang zwischen Wachstum und Verteilung liegt auf der Hand: Wer bekommt wie viel von dem, was produziert wurde? Und wer bekommt, was in diesem Jahr zusätzlich produziert wurde?

Ähnlich dem Solow-Swan-Modell in der Wachstumstheorie war die so genannte Kuznets-Kurve die dominante Lehrmeinung in der Volkswirtschaftslehre von den 1950er bis hinein in die 1990er Jahre. Sie beschreibt einen umgekehrten U-Verlauf der Ungleichheit in Bezug auf das Wirtschaftswachstum.

Laut der Kuznetz-Kurve ist die Ungleichheit von der Stufe der Entwicklung abhängig. Nach einer neuen Entwicklung, einem technologischen Fortschrittsschub kommt es zu einem neuen, produktiveren Sektor, der beginnt, den bisherigen abzulösen. Im neuen Sektor arbeiten besonders die gut ausgebildeten Menschen und sie bekommen auch deutlich mehr bezahlt als im alten, technologisch überholten Sektor. Daher herrscht zwischen den Sektoren eine größere Ungleichheit als innerhalb eines der Sektoren. Die Sektoren, und damit auch die Menschen, die in ihnen arbeiten, driften, was ihr Einkommen angeht, auseinander; die Verteilung wird ungleicher. Nach und nach qualifizieren sich immer mehr Menschen für den neuen Sektor, der zu Lasten des alten immer größer wird. Nun gleicht sich das Einkommen wieder an, weil es immer weniger Menschen gibt, die im alten Niedrigeinkommenssektor arbeiten.

Die Kuznets-Kurve wurde in den 1990er Jahren empirisch widerlegt. Es ist kein systematischer Zusammenhang zu beobachten; vielmehr hängt die Ungleichheit der Einkommen und auch der Vermögen von anderen Dingen ab, wie etwa dem Steuersystem, der Organisation eines Wohlfahrtsstaates, dem Wirtschaftsmechanismus allgemein, den politischen Bedingungen in einem Land, der Korruption usw.

5. Warum die Wirtschaft manchmal schrumpft

Mit der Weltwirtschaftskrise, die im Jahr 2007 begonnen hat, ist das Interesse an Wirtschaftskrisen wieder erwacht. Diese Krise ist jedoch keineswegs die erste. Die Entwicklung des modernen Kapitalismus wurde von einer Vielzahl von wirtschaftlichen Einbrüchen begleitet. Nicht alle hatten die gleichen Gründe, nicht alle das gleiche Erscheinungsbild. Es gab Krisen des Finanzsystems oder Phasen des völligen Zusammenbruchs des Geldwerts. Manchmal betrafen Krisen einzelne Länder, weil sie ihre internationale Wettbewerbsfähigkeit verloren haben.

Es gibt einen relativ regelmäßigen »Konjunkturzyklus«, in dem sich über fünf bis zehn Jahre Phasen schnelleren Wachstums mit einer schrumpfenden oder nur langsam wachsenden Wirtschaft ablösen. Handelt es sich nicht nur um langsameres Wachstum, sondern tatsächlich um ein Schrumpfen des Bruttoinlandsprodukts über einen längeren Zeitraum, wird von einer Rezession gesprochen.

Einige dieser Rezessionen sind schärfer, sie können die gesamte Weltwirtschaft ergreifen und ausgesprochen zerstörerisch wirken. Als Paradebeispiel ist die große Weltwirtschaftskrise der 1930er Jahre zu nennen. Oft fließen dabei unterschiedliche Krisenmomente zusammen, sodass etwa Finanz- und Konjunkturkrisen sich gegenseitig ergänzen und bedingen und nicht mehr scharf voneinander zu trennen sind. An einige mögliche Krisenphänomene versuchen wir in diesem Kapitel eine Annäherung, andere werden in weiteren Kapiteln folgen.

Interessanterweise hat der so genannte Mainstream der Wirtschaftswissenschaft seit dem Zweiten Weltkrieg (der als »neoklassisch-keynesianische Synthese« bezeichnet wird – wobei die Neoklassik dominiert) keine echte Theorie der kapitalistischen Krise. Es ist nicht so, dass Krisen geleugnet werden – das wäre auch schwierig –, aber das Erkenntnisinteresse ist ein anderes. Es geht vor allem darum, das Funktionieren des Kapitalismus zu erklären, nicht mögliche Krisen. Die Neoklassik selbst – die immer noch den zentralen Körper moderner Volkswirtschaftslehre stellt – präsentiert im Wesentlichen das Modell einer funktionierenden Marktwirtschaft und beweist dann, dass nichts passieren kann, wenn sich alle so verhalten, wie vom Modell angenommen. Krisen entstehen, wenn das reale Verhalten der Wirtschaftsteilnehmer vom Modell abweicht, aber als Referenzfall wird ein allgemeines Gleichgewicht angenommen. Die Krise begegnet dem Standardmodell der Volkswirtschaftslehre also von außen, als Sonderfall.

Andere Wirtschaftswissenschaftler haben dabei den Spieß umgedreht und Modelle des Kapitalismus entwickelt, die seine Zerbrechlichkeit, nicht seine Stabilität, in den Vordergrund rücken. Unter anderem wären hier Karl Marx oder Hyman P. Minsky zu nennen. Aber auch der Mainstream kennt unter dem Einfluss von John Maynard Keynes und Irving Fischer (in den 1930er und 1940er Jahren) und später Milton Friedman, eine umfangreiche Methodik, was in einer Krise zu tun sei.

Der klassische Liberalismus und das saysche Gesetz

Das »saysche Gesetz« wurde im 19. Jahrhundert von Jean-Baptiste Say formuliert. Es ist das Gegenteil einer Krisentheorie. Eine allgemeine Überproduktion, so Say, sei unmöglich. Ein zu hohes Angebot in einem Markt hätte automatisch höhere Nachfrage in einem anderen zur Folge – die Marktkräfte würden danach für einen Ausgleich sorgen. Dabei sagt Say nicht nur, dass im Endeffekt Angebot gleich Nachfrage sein muss – das wäre eine ziemliche Trivialität. Bis auf die Veränderungen von Lagerbeständen (die innerhalb weniger Quartale wieder ausgeglichen sind), wird in der Wirtschaft nichts hergestellt, was nicht auch verkauft wird. Niemand produziert Autos auf Halde, oder zumindest nicht länger als ein bis zwei Monate. Sollte die Nachfrage dann nicht anziehen, wird die Produktion zurückgefahren. Umgekehrt kann nichts verkauft werden, was nicht irgendjemand gebaut hat. Bei Dienstleistungen ist der Zusammenhang noch eindeutiger: Es ist unmöglich, zu viele Haarschnitte zu produzieren. Wenn niemand im Friseursalon auftaucht, um sich die Haare schneiden zu lassen, dann wird auch nicht geschnitten.

Say begnügt sich aber nicht damit, das Offensichtliche festzustellen, sondern er behauptet, dass die Gleichheit von Angebot und Nachfrage auch bei voller Auslastung der vorhandenen Ressourcen grundsätzlich gegeben ist – das »Vollbeschäftigungsgleichgewicht«. Dass ein Friseur oder eine Friseurin nur Haare schneiden kann, wenn auch KundInnen kommen, wäre eine etwas banale These, aber laut dem sayschen Gesetz haben die FriseurInnen auch immer zu tun. Ergibt sich in der realen Wirtschaft keine Vollbeschäftigung, so liegt das daran, dass sich die Preise auf den unterschiedlichen Märkten nicht rasch genug anpassen können oder von Interessengruppen verzerrt und beeinflusst werden.

Grundsätzlich lassen sich daraus keine einfachen Schlussfolgerungen ableiten. Wir haben schon bei der Besprechung von Märkten erklärt, dass die Voraussetzungen für das neoklassische Modell in der Realität nicht immer anzutreffen sind. Der Wirtschaftsliberalismus trifft daher eine politische Entscheidung: Nicht dass behauptet wird, eine reale Marktwirtschaft verhalte sich immer genau wie das allgemeine Gleichgewichtsmodell der Neoklassik – aber doch häufig und im Allgemeinen. Liberale Wirtschaftspolitik bedeutet daher, möglichst viel Markt zu ermöglichen. Märkte funktionieren und verhindern Krisen. Für die Erklärung von Wirtschaftskrisen und Arbeitslosigkeit nimmt dabei der Arbeitsmarkt eine besondere Stellung ein:

Arbeitslosigkeit, Lohnhöhen und flexible Arbeitsmärkte

Zuerst zum Arbeitsmarkt. Ein Beispiel: Ist eine Supermarktfiliale von fünfhundert Quadratmetern mit nur drei MitarbeiterInnen besetzt, arbeiten diese alle an der Grenze ihrer Leistungsfähigkeit. In Spitzenzeiten wird die Schlange vor der Kassa so lang, dass ein paar KundInnen wegbleiben. Ein vierter Mitarbeiter steigert daher den Umsatz, aber nicht mehr so deutlich wie die ersten drei MitarbeiterInnen, weil der Supermarkt zu 90 Prozent der Zeit auch ohne ihn funktioniert. Jetzt könnten theoretisch noch weitere MitarbeiterInnen eingestellt werden, die den Kunden den Einkauf in die Tragtaschen räumen, ihnen die Tür aufhalten oder sich im Dezember als Weihnachtsmänner verkleiden müssen, damit unser Supermarkt Exklusivität versprüht und zusätzliche KundInnen anlocken kann. Diese weiteren MitarbeiterInnen könnten den Umsatz dann noch einmal steigern, aber ohne Zweifel viel weniger als die ersten RegalbetreuerInnen und Kassakräfte.

Wie viele MitarbeiterInnen wird der Supermarkt einstellen? Drei? Vier? Sechs? Sechs plus einen Haufen Weihnachtsmänner, die »Ho-ho!« rufen? Das ist zweifellos eine Frage der bezahlten Löhne. Ein vierter Mitarbeiter wird dann eingestellt, wenn sein Gehalt weniger kostet (oder maximal genau so viel), wie der Verdienstausfall durch den geringeren Umsatz ohne ihn. Das ist natürlich abhängig von der Produktivität der Angestellten, aber auch von der Höhe ihres Lohnes. Mit anderen Worten: Ob der Supermarkt drei, vier oder fünf Angestellte beschäftigt, ist davon abhängig, wie viel diese verdienen.

Der Supermarkt wird jetzt auf die gesamte Volkswirtschaft übertragen: In einem neoklassisch-liberalen Ansatz ist jede Arbeitslosigkeit damit zu erklären, dass die Löhne zu hoch sind. Es liegen irgendwelche »Rigiditäten« auf dem Arbeitsmarkt vor, die verhindern, dass die Löhne ausreichend fallen, um Vollbeschäftigung herzustellen. Das könnten staatliche Mindestlöhne sein, Gewerkschaften, die auf der Einhaltung eines Kollektivvertrages bestehen, oder langfristige Arbeitsverträge plus Kündigungsschutz.

Wirtschaftsliberale Vorstellungen zum Bekämpfen der Arbeitslosigkeit kreisen daher bis heute immer um den »flexiblen Arbeitsmarkt«, der darauf abzielt, diese »Rigiditäten« zu verhindern. Das bedeutet oft Sozialabbau, etwa das Senken von Lohnersatzleistungen bei Arbeitslosigkeit, um die Beschäftigungslosen zu zwingen, rasch neue Arbeit zu suchen. Das kann aber auch durchaus mit Überlegungen verbunden sein, die Armut verhindern sollen, etwa wenn sehr geringe Löhne staatlich gestützt werden, um die Leute über der Armutsgrenze zu halten, oder vorgeschlagene Varianten eines Armut verhindernden staatlichen Grundeinkommens, das bei der Annahme von schlecht bezahlter Arbeit nicht wegfällt. Sehr konsequent ist übrigens beides nicht, denn im Grunde stellt so etwas eine staatliche Subvention für die Unternehmen dar.

Die Vorschläge des Wirtschaftsliberalismus bedeuten auch nicht, dass alle weniger verdienen sollen – zumeist werden etwa extrem hohe Managementgehälter verteidigt –, wenn das ein Ergebnis der Marktkräfte ist. Wer hoch qualifiziert und sehr produktiv ist, bringt hohe zusätzliche Wertschöpfung für den Betrieb und kann deswegen mehr verdienen.

Eine einheitliche Regelung von Löhnen, quer über Branchen, innerhalb einer Branche oder auch innerhalb eines Betriebes wird aber skeptisch gesehen. Grundsätzlich wird so wenig staatliche oder gewerkschaftliche Regulierung wie möglich gefordert. Dann können sich die Löhne ungehindert nach unten bewegen, sollte das im Fall von Arbeitslosigkeit notwendig sein.

Dazu ein paar Überlegungen: Grundsätzlich ist wohl festzustellen, dass bei ausreichender Dosierung die Rezepte des Wirtschaftsliberalismus funktionieren, um Arbeitslosigkeit verschwinden zu lassen. Ein extremes Beispiel (das dem Wirtschaftsliberalismus gegenüber ein wenig unfair ist, aber dennoch treffend): Mangels staatlicher Hilfen sind in einem Slum in Nairobi alle gezwungen, sich irgendeine Beschäftigung zu suchen, auch wenn das Einkommen unter einem Niveau liegt, bei dem die Betroffenen genug zu essen haben. Nach offizieller Definition gibt es daher eigentlich keine Arbeitslosen.

Das funktioniert natürlich auch in Österreich oder Deutschland. Wir nehmen an, es werden alle Formen von Sozialhilfe oder Lohnersatzleistung gestrichen: Jetzt werden die Arbeitslosen gezwungen sein, irgendwo Schuhe zu putzen, als fliegende Händler selbstgemachte Hühnersuppe zu verkaufen, den Müll nach Altmetall zu durchsuchen oder sich als Prostituierte zu verdingen. Von denjenigen, die nicht bereit sind, zu solchen Bedingungen zu arbeiten, weil sie etwa von Familienmitgliedern versorgt werden, kann behauptet werden, dass sie »freiwillig« arbeitslos sind. Zu (sehr niedrigen) Marktlöhnen gibt es genug Jobs.

Mission accomplished – Arbeitslosigkeit beseitigt. Die Frage ist, ob eine solche Vorgangsweise gesellschaftlich akzeptabel oder wünschenswert ist. In jedem Fall ist es schwierig, zu behaupten, dass Wirtschaft und Arbeitsmarkt in Kenia nicht von tiefen Problemen gekennzeichnet sind – auch wenn es wenige gibt (zumindest bei den ganz Armen), die wirklich gar keiner Beschäftigung nachgehen.

Der Wirtschaftsliberalismus leitet also aus der Neoklassik eine Marktwirtschaft ab, die sich im Gleichgewicht von Gesamtangebot und Gesamtnachfrage befindet. Voraussetzung für dieses Gleichgewicht sind dabei Preise, die sich nach oben und unten anpassen können, vor allem aber flexible Löhne. Probleme gibt es, wenn diese Voraussetzungen nicht eingehalten werden, die Märkte zu wenig flexibel sind. Anhaltende Arbeitslosigkeit wird auf starke Gewerkschaften oder staatliche Eingriffe zurückgeführt, welche die Löhne nicht ausreichend sinken lassen.

Plötzliche wirtschaftliche Einbrüche brauchen einen Schock von außen. Wirtschaftliche Probleme werden daher nie aus der inneren Funktionsweise marktwirtschaftlicher Systeme erklärt, sondern durch einen störenden marktfremden Einfluss – seien das jetzt Gewerkschaften, PolitikerInnen, Notenbanken oder Einflüsse aus dem Ausland (»externe Schocks«, etwa höhere Ölpreise) oder gar Naturkatastrophen.

Wirtschaftskrisen sind dadurch immer ein Problem zu geringer Anreize für die Produktion: zu hohe Löhne, zu hohe Steuern oder eine zu hohe Inflation durch verantwortungslose Geldpolitik.

Krise als Strafe für das Abweichen vom freien Markt

Aus diesen Überlegungen lässt sich eine ganz einfache Konjunkturtheorie zimmern, die bis heute gerne an Schulen unterrichtet wird: Läuft die Wirtschaft gut (eine »Hochkonjunktur«), dann sinkt die Arbeitslosigkeit. Dadurch steigt die Verhandlungsmacht der Gewerkschaften und sie setzen ordentliche Lohnerhöhungen durch, die aber irgendwann zu viel des Guten betragen. In der Folge sind die Löhne zu hoch, der Anreiz zur Produktion sinkt, MitarbeiterInnen werden entlassen – ein Abschwung des Wirtschaftswachstums folgt. Durch die steigende Arbeitslosigkeit sinkt aber die Macht der Gewerkschaften, die Löhne fallen (oder bleiben hinter der Steigerung der Produktivität zurück, wodurch die Angestellten ebenfalls billiger werden), die Anreize zur Produktion steigen und damit werden wieder mehr Menschen eingestellt. Ein neuer Konjunkturaufschwung.

Das lässt sich noch ein bisschen ergänzen: Wenn es in der Hochkonjunktur deutliche Lohnsteigerungen gibt, dann wird das ab einem bestimmten Zeitpunkt auch andere Preise in die Höhe treiben. Die Notenbank bekommt Angst vor einer Inflation und erhöht die Zinsen, was Kreditaufnahme und Investitionen erschwert. Das Wachstum wird gedämpft. Im Abschwung gibt es aber keine Inflationsgefahr, jetzt können die Zinsen wieder gesenkt werden, Kredite werden billiger und es geht wieder aufwärts.

Die »Schuld« für den Abschwung liegt in diesem Szenario bei einem zu wenig flexiblen Arbeitsmarkt, wo die Löhne erst zu stark steigen und dann nicht schnell genug fallen. Würden diese Märkte besser funktionieren, weniger Rigiditäten aufweisen, gäbe es auch keinen Abschwung.

Dieser Gedanke lässt sich noch ein wenig ausweiten. Allgemein wird in diesem Szenario eine Rezession oder Krise zu einer Strafe für Fehlverhalten, für das Abweichen vom freien Markt und seinen Marktpreisen. Das müssen nicht nur die Gewerkschaften sein, die zu hohe Löhne durchsetzen, da gibt es auch andere Möglichkeiten: Staatliche Subventionen könnten Unternehmen schützen, die eigentlich nicht wettbewerbsfähig sind, was zu Überkapazitäten in einigen Sektoren führt. Staatliche Garantien für das Bankensystem könnten eine zu hohe Kreditvergabe auslösen.

Wie auch immer: Die Krise wird andauern, bis diese Situation bereinigt ist. Die Löhne müssen fallen, nicht konkurrenzfähige Betriebe schließen, zu riskant veranlagte Banken Pleite machen. Diese Situation ist natürlich unangenehm, aber es gibt hier keine Abkürzung. Wenn etwa der Staat seine Ausgaben erhöht, um die Folgen einer Krise zu mildern, führt das nicht nur zu steigender Staatsverschuldung, es verzögert auch die Korrektur der Fehlentwicklungen. Wenn das Steigen der Arbeitslosigkeit verhindert wird, werden auch die Löhne nicht fallen und die Schwierigkeiten ewig fortdauern. Wenn die Notenbank die Zinsen zu drastisch senkt oder auf andere Art für sehr billige Kredite sorgt, könnten Firmen überleben, die das eigentlich nicht verdienen. Aus einer sehr bekannten Rede des amerikanischen Finanzministers Andrew Mellon am Beginn der Weltwirtschaftskrise der 1930er Jahre: »*Liquidate labour, liquidate stocks, liquidate the farmers, liquidate real estate ... purge all the rottenness out of the system.«* Die Wirtschaftskrise bringt eine notwendige Säuberung; wenn die Verrottung einmal gewichen ist, kommt ein neuer Aufschwung, und dieser steht dann auf sicheren Beinen, weil in der Krise die Unternehmen mit der führenden Technologie und jene, die am effizientesten produzieren können, die unprofitablen Betriebe verdrängt haben.

Eine solche Theorie wirtschaftlicher Krisen wird mit dem klassischen Wirtschaftsliberalismus bis zur Krise der 1930er Jahre verbunden, danach mit Friedrich Hayek und der *Business-cycle*-Schule der Universität Chicago. Auch heute werden solche Vorstellungen noch vertreten, etwa von Teilen der US-Republikaner oder im Wirtschaftsteil der Wiener *Presse* und der *Frankfurter Allgemeinen* Zeitung. Versatzstücke davon sind viel weiter verbreitet, und nicht alles ist einfach Blödsinn. Gerade in einer schweren Wirtschaftskrise werden solche Theorien allerdings etwas leiser vertreten; zuletzt geschehen im Jahr 2008, als Josef Ackermann, Vorstandsvorsitzender der Deutschen Bank und gewohnheitsmäßiger Wirtschaftsliberaler, seinen Glauben an die Märkte verlor und den Staat aufforderte, das Finanzsystem zu retten.

In große Schwierigkeiten geriet der alte Wirtschaftsliberalismus dann auch in den 1930er Jahren, als es ihm sehr schwer fiel, die große Weltwirtschaftskrise zu erklären. Aber auch die Erklärung der letzten Weltwirtschaftskrise seit 2007 gestaltet sich mit einem derartigen Werkzeugkasten schwierig. Schließlich sind ihr ein paar Jahrzehnte der sehr marktfreundlichen Politik und der Deregulierung vorangegangen – das hätte das Risiko eines solchen Einbruchs eigentlich verringern sollen. Eine Rezession, weil die ArbeiterInnen zu viel verdienen, passt heute überhaupt nicht. In ganz Europa ist der Anteil der Löhne an der Wirtschaftsleistung seit etwa 1980 gesunken, in Deutschland sind seit 1990 auch die Reallöhne vieler Berufsgruppen gefallen und die Arbeitsmärkte werden seit Jahrzehnten immer flexibler. Im Gegensatz dazu war die Arbeitslosigkeit Mitte der 1960er Jahre nahe null, bei deutlich steigenden Löhnen, starken Gewerkschaften und wenig flexiblen Arbeitsmärkten.

Es gab natürlich auch in den letzten Jahren einige echte Erfolgsgeschichten liberaler Wirtschaftspolitik, etwa der Aufstieg Irlands seit den 1980er Jahren (Irland hat allerdings die Finanzkrise sehr schlecht verdaut), oder der Aufstieg Hongkongs seit den 1960ern (wo allerdings ebenfalls Sonderfaktoren ins Spiel gebracht werden können).

Wir versuchen, in der Folge aufzuzeigen, was die Selbstregulierung des Marktes in einer Wirtschaftskrise schwierig macht. Das ist zuerst einmal mit

Keynes und den Überlegungen zur Gesamtnachfrage verbunden, die seit den 1930er Jahren vor dem Hintergrund der Weltwirtschaftskrise angestellt werden.

Keynes und die Gesamtnachfrage

Die zentrale Bedeutung von John Maynard Keynes ist seine Kritik am sayschen Gesetz: Die Gesamtnachfrage muss nicht automatisch ausreichend sein, um den so genannten *Output* der Wirtschaft (die gesamte Produktion und damit das Gesamtangebot) auf Vollbeschäftigungsniveau zu halten.

Kehren wir dazu noch einmal zu dem Beispiel mit dem Supermarkt zurück: Die Bezahlung der Angestellten unseres Supermarktes stellt für die einzelne Firma Kosten dar. Volkswirtschaftlich gehört sie aber zu den verfügbaren Einkommen und damit zur möglichen Gesamtnachfrage. Eine allgemeine Lohnkürzung könnte also dazu führen, dass die Leute weniger Geld in der Tasche haben und daher weniger einkaufen können. Der Supermarkt könnte also in Schwierigkeiten kommen, nicht weil die ArbeiterInnen zu teuer sind, sondern weil die Nachfrage sinkt. Wir bekommen also ein Problem der Gesamtnachfrage – die allgemeine Überproduktion, die Say ausgeschlossen hatte.

Der Wirtschaftsliberalismus hat aber darauf eine einfache Antwort: Sollten die Angestellten weniger verdienen, steigen die Gewinne des Supermarkts. Dieser kann die zusätzlichen Gewinne jetzt an die EigentümerInnen ausschütten, die sich damit Konsumgüter kaufen können. Das Geld fließt also letztlich wieder an einen Haushalt, nur eben nicht als Lohn, sondern als Kapitaleinkommen. Oder der Gewinn wird in den Ausbau des Supermarktes investiert, etwa in neue Registrierkassen oder in die bauliche Erweiterung des Geschäfts. Das schafft unmittelbar Nachfrage für die Hersteller von Registrierkassen oder die Bauwirtschaft. In jedem Fall wird das zusätzliche Einkommen wieder ausgegeben – entweder für den Konsum der SupermarktbesitzerInnen oder für Investitionen. Die Gesamtnachfrage bleibt also gleich und entspricht genau der geleisteten Wertschöpfung.

In einer Geldwirtschaft hat der Eigentümer des Supermarktes (aber genauso seine Angestellten mit ihrem Lohn) aber natürlich die Möglichkeit, Barmittel nicht sofort zu konsumieren. Er kann einen Teil davon sparen; im einfachsten Fall bringt er sein Geld auf die Bank und eröffnet ein Sparbuch. Die Bank wird die gesammelten Sparguthaben dann als Kredite weiterreichen, die dann andere für Investitionen oder Konsum verwenden können.

Wenn ein Teil der Wirtschaft spart, muss an anderer Stelle also gleichzeitig und im selben Ausmaß investiert werden.

Das bedeutet aber auch, dass es ein Problem geben kann, wenn alle sparen wollen, niemand investiert und nur ein Minimum konsumiert wird. Dann reicht tatsächlich die Gesamtnachfrage nicht mehr aus, um das Angebot aufzunehmen. In einer funktionierenden Wirtschaft müssen Sparen und Investieren daher im Gleichgewicht sein. Üblicherweise wird das über den Kapitalmarkt hergestellt: Hier treffen die Bereitschaft zu sparen und die Bereitschaft, Kredite aufzunehmen (und in der Regel zu investieren), aufeinander. Der Preis des Geldes ist dabei der Zins, den die SparerInnen erhalten und die KreditnehmerInnen bezahlen.

Nun wird folgender Zusammenhang angenommen: Gibt es hohe Bereitschaft, zu sparen, aber geringe Bereitschaft, Kredite aufzunehmen, dann sinkt der Preis des Geldes und die Zinsen gehen zurück. Sinkende Zinsen erleichtern die Kreditaufnahme, dadurch wird die Nachfrage nach Krediten steigen, so lange, bis alle Sparguthaben wieder verliehen werden können. Bei hoher Kreditaufnahme und geringer Sparneigung hätten wir es mit steigenden Zinsen zu tun; Kredite werden teurer und daher weniger oft vergeben.

Über den Zinssatz erreichen wir daher ein Gleichgewicht in der Bereitschaft, Spareinlagen zu tätigen und Kredite aufzunehmen. Allgemeiner gesprochen folgt daraus ein Gleichgewicht aus Sparen und Investieren. Damit hätten wir auch die gesamte Wirtschaft immer im Gleichgewicht von Gesamtnachfrage und Gesamtangebot, weil alle Einkommen entweder für Konsumgüter oder für Investitionen ausgegeben werden.

Zusammengefasst: Im Rahmen der neoklassischen Theorie ist es unangebracht, sich Sorgen zu machen, wenn es in unserem Supermarkt Lohnverluste gibt, um eine mögliche Arbeitslosigkeit abzubauen. Im Gegenteil: Die zusätzlich Beschäftigten erhalten Lohn und werden daher die Kaufkraft stärken. Der Supermarkt macht mehr Gewinn. Falls dieser weder von den EigentümerInnen verfrühstückt noch direkt in den Ausbau des Marktes investiert wird, steigt die Sparleistung. Das verschiebt den durchschnittlichen Zinssatz in der Volkswirtschaft ein bisschen nach unten. Daher werden andere UnternehmerInnen, die Möglichkeiten für profitable Investitionen sehen, aber nicht über genügend Kapital verfügen, zusätzliche Kredite aufnehmen und mehr investieren. Wird viel investiert, steigt die Produktivität der Erwerbstätigen, es entstehen neue Arbeitsplätze und die zusätzliche Nachfrage nach Arbeitskräften wird die Löhne wieder steigen lassen. Höhere Sparleistungen bedeuten höhere Investitionen, höhere Investitionen bis zu einem bestimmten Grad höheres Wachstum.

Soweit die Annahme des Modells der Neoklassik, auf die sich der traditionelle Wirtschaftsliberalismus gestützt hat, um eine grundsätzliche Krisenfestigkeit der kapitalistischen Wirtschaft zu begründen. In den 1930er Jahren hat Keynes aber gezeigt, dass es Situationen geben kann, in denen der Zinssatz eben nicht ausreicht, um Angebot und Nachfrage auszugleichen; dass es Situationen gibt, in denen tatsächlich zu viel gespart wird oder die Einkommen der Beschäftigten tatsächlich zu niedrig sind.

Zu viel gespart: Die Wirtschaft aus dem Gleichgewicht

Sparen und Investieren werden in der Neoklassik vom Zinssatz abhängig gemacht. Ein Blick in den Wirtschaftsalltag zeigt, dass das so nicht ganz stimmen kann: Um ein Kernkraftwerk zu bauen, werden etwa acht Jahre echte Bauzeit benötigt, davor noch eine Phase der Projektplanung. Die Zeit, die vergeht, um ein Ölfeld zu erschließen – vom ersten Ölfund über die Errichtung der Bohranlagen und der Transportinfrastruktur –, liegt bei etwa zehn Jahren.

Es ist unmittelbar einsichtig, dass der augenblickliche Zinssatz sowie der augenblickliche Strom- oder Ölpreis (der augenblickliche Preis der produzierten Güter) nicht die einzigen Faktoren für eine Investitionsentscheidung sind. Hier spielen langfristige Erwartungen eine wichtige, wahrscheinlich die entscheidende Rolle. Es stellt sich nicht die Frage »Was verdiene ich mit einem Kernkraftwerk und wie viel kostet mich der Kredit im Augenblick?«, sondern vielmehr: »Was verdiene ich mit einem Kernkraftwerk wahrscheinlich in acht Jahren?«

Wenn es an das Aufnehmen von Krediten geht: In einer Wirtschaftskrise können sich kurzfristige Zinssätze gegen Null bewegen – aber wer leiht schon den ErbauerInnen eines Kernkraftwerks Geld auf acht oder mehr Jahre für null Prozent? Wenn auch nur die geringste Wahrscheinlichkeit besteht, dass die Zinsen in den nächsten Jahren steigen könnten oder das Projekt scheitern könnte, weil ein bestimmtes Risiko damit verbunden ist, wäre das nicht sehr vernünftig.

Investitionen sind daher stark von Zukunftserwartungen abhängig. Bei Sparentscheidungen verhält es sich ebenso: Wenn ich Arbeitslosigkeit im nächsten Jahr befürchte, dann kann ich (wenn ich heute noch genug Einkommen erziele) sofort die Sparleistung erhöhen, um für schlechte Zeiten vorzusorgen. Wird eine stabile Einkommensentwicklung erwartet, werden im Gegenteil oft Kredite aufgenommen, etwa um eine Wohnung zu kaufen.

Warum ist das wichtig? Es bedeutet, dass aktuelle Preise auf dem Kapitalmarkt (also aktuelle Zinsen) nicht allein von Bedeutung sind und deswegen möglicherweise nicht ausreichen, um ein Gleichgewicht von Sparen und Investieren herzustellen. Bei schlechten Zukunftserwartungen wird nicht investiert, seien die Zinsen auch noch so niedrig. Auch bei einem Zinssatz von null ist es also möglich, dass niemand investieren will. Aktuelle Marktpreise und Zinsen sind gegeben. Preise in der Zukunft sind unbekannt. Je wichtiger unbekannte Größen für Spar- und Investitionsentscheidungen, umso wichtiger die angestellten Erwartungen.

Viele Volkswirte (etwa George A. Akerlof und Robert J. Shiller, die in letzter Zeit zu einiger Bekanntheit gekommen sind) lassen in diesem Moment den *Homo œconomicus* der Neoklassik die Bühne verlassen. Er hatte alle gegebenen Marktpreise mit kühlem Kopf analysiert und dann die Entscheidung getroffen, deren Nutzen für ihn am größten war. Der neue Hauptdarsteller verlässt sich auf seine Instinkte oder er tut, was alle anderen auch machen. Er kann in Panik verfallen oder in Euphorie. Aber auch rationale AkteurInnen, die Panik und Euphorie vermeiden und dem Herdenverhalten abgeneigt sind, haben keine sichere Entscheidungsgrundlage, wenn es nicht um aktuelle Marktpreise, sondern um Marktpreise in zehn Jahren geht. Auf dieser Grundlage kann es durchaus rational sein, mit der Herde in die gleiche Richtung zu laufen. Die neuen Strömungen der Verhaltensökonomie, die mittlerweile im Grunde schon zum Mainstream gehören, bezeichnen ein derartiges Verhalten dann als »rationales Herdenverhalten« *(rational herding).*

Was geschieht, wenn sich bei einer größeren Zahl von wirtschaftlichen AkteurInnen die Erwartungen verdüstern? Sie wollen weniger investieren und gleichzeitig mehr sparen. Das mag die Zinsen auf dem Kapitalmarkt senken, aber wer niedrigere Profite für die nächsten Jahre erwartet, für den können aktuell geringe Zinsen kein ausreichendes Argument für Investitionen sein. Sparen können aber nur Einzelne, die gesamte Volkswirtschaft kann nicht sparen – was gespart wird, muss von jemand anderem investiert werden. Wollen alle (oder zu viele) sparen, dann kann dies nicht gelingen. Es sinkt einfach die Nachfrage, sodass die Beschäftigung zurückgeht und letztlich wieder weniger gespart werden kann.

Das bedeutet aber nicht, dass für Einzelne die Sparentscheidung falsch war. Wer vor oder während eines Einbruchs der Gesamtnachfrage riskant investiert, wird feststellen, dass sich die Investitionen mit hoher Wahrscheinlichkeit nicht lohnen. Die SparerInnen aber haben ein Polster, um schlechte Zeiten durchzutauchen. Was für Einzelne richtig ist, kann für die Volkswirtschaft schlecht sein – und umgekehrt. Aus solchen Anreizen kann eine Spirale nach unten entstehen, die möglicherweise Jahre dauert – eine Depression.

Menschliche Instinkte, Panik, Euphorie und das plötzliche Bedürfnis, mehr zu sparen, als die Volkswirtschaft aufnehmen kann: Wir hätten jetzt eine neue Begründung für den Konjunkturzyklus. Solche Stimmungsschwankungen sind auch durchaus real und in jeder Rezession zu beobachten. Wird aber alles von menschlichen Launen abhängig gemacht, dann wird der Konjunkturzyklus ein wenig zufällig.

Hyman P. Minsky hat in den 1970er Jahren darauf hingewiesen, dass es gerade Phasen der Expansion und Stabilität sind, in denen neue Instabilität angelegt ist. Menschliche Erwartungen an eine unbestimmte Zukunft funktionieren häufig so, dass die Trends der letzten Jahre einfach fortgeschrieben werden. Die Erwartung der Zukunft ist oftmals eine Fortsetzung der eher jüngeren Vergangenheit. Das wirkt sich auf die Art und Weise aus, wie investiert wird. Am Ende mehrjähriger Perioden der Stabilität ist die Versuchung relativ groß, ein höheres Risiko einzugehen, während sich auf der anderen Seite Kredit gebende Banken und andere Investoren keine Sorgen um Ausfälle machen.

Stabilität schafft Risiko: Ein Bürohaus in Warschau

Ein Beispiel: Ein Immobilienunternehmen möchte Bürogebäude in Warschau errichten, um es anschließend zu vermieten. Gesamtkosten für ein Haus 100 Millionen, Bauzeit zwei Jahre, erwartete langfristige Rendite (Verzinsung des Kapitals) von 9 Prozent – also 9 Millionen Profit pro Jahr. Jetzt gibt es verschiedene Möglichkeiten, wie finanziert werden kann. Das Unternehmen kann an die Börse gehen oder in einer anderen Form 100 Millionen Euro von InvestorInnen einsammeln, oder die BesitzerInnen des Unternehmens verfügen einfach über hundert Millionen, dann wird das Haus gebaut. Wenn alles funktioniert wie geplant, können nach Fertigstellung des Gebäudes die neun Millionen jährlicher Profit an die EignerInnen des Unternehmens verteilt werden oder der Gewinn wird wieder investiert.

Zweite Möglichkeit: Das Unternehmen hat wieder 100 Millionen Eigenkapital. Die EigentümerInnen leihen sich aber noch einmal 100 Millionen aus. Sie könnten etwa eine zehn Jahre laufende Anleihe ausgeben, für die 5 Prozent Zinsen bezahlt werden. Eine solche Anleihe ähnelt einem längerfristigen Kredit mit fixem Zinssatz. Jetzt müssen pro Jahr 5 Millionen Euro Zinsen bezahlt werden. Dem stehen auf der anderen Seite aber 18 Millionen Miet-einnahmen gegenüber, da jetzt zwei Häuser mit jeweils 9 Millionen Rendite pro Jahr gebaut wurden. Nach Abzug der Zinsen für das Fremdkapital bleiben 13 Millionen übrig, die als Unternehmensgewinn an die AnteilseignerInnen verteilt werden oder neu investiert werden können. Die Verzinsung für das eingesetzte Eigenkapital ist damit auf 13 Prozent gestiegen, statt 9 Prozent im ersten Beispiel.

Der Fremdkapitalhebel lässt sich dabei noch weiter steigern. Sehr riskant finanzierte Immobilienunternehmen arbeiten unter Umständen mit einer Eigenkapitalquote von nur 20 Prozent – da könnten mit einem Eigenkapital von 100 Millionen gleich fünf Häuser gebaut werden. Fremdkapitalzinsen von immer noch nur 5 Prozent vorausgesetzt, kommen wir dann auf eine Eigenka-pitalrendite von 25 Prozent. 25 Prozent hat es im Immobiliengeschäft in den letzten Jahren zwar nicht gegeben, im Investmentbanking aber schon. Dort wird mit den größten Fremdkapitalhebeln gearbeitet (bis zu 30 Euro Fremd-kapital für 1 Euro eigenes Kapital).

Dritte Möglichkeit: Das Immobilienunternehmen arbeitet wieder mit einem mehr oder weniger großen Fremdkapitalanteil – sagen wir 200 Milli-onen Fremdkapital, zu eigenen 100 Millionen –, aber statt langfristige Anlei-hen auszugeben, könnten Kredite mit flexiblen Zinsen aufgenommen werden, oder überhaupt nur (oder vermehrt) kurzfristige Schulden, die dann immer wieder »refinanziert« werden müssen: Kurzfristige Kredite kosten weniger Zin-sen. Das Unternehmen leiht sich also beispielsweise 100 Millionen für ein Jahr. Wenn das Jahr vergangen ist, hat das Unternehmen aber natürlich keine 100 Millionen Cash, um den Kredit zurückzuzahlen. Es muss daher einen neuen Kredit von 100 Millionen aufnehmen, um den alten tilgen zu können. So wird eine noch höhere Rendite für das Eigenkapital erreicht. Aber man trägt auch ein höheres Risiko, diesmal nicht durch den Anteil des Fremdkapitals, sondern durch seine Zusammensetzung.

Je mehr Risiko, desto besser wird also verdient – wenn alles gut geht. Was aber, wenn die erhofften 9 Prozent Rendite ausbleiben, vielleicht nur 4 Pro-zent verdient werden? Im ersten Fall (nur Eigenkapital), muss die Eigentü-merin oder der Eigentümer in Zukunft von 4 Millionen im Jahr leben und in eine kleinere Villa umziehen. Je höher der Fremdkapitalhebel, desto höher die Wahrscheinlichkeit, dass immer neue Schulden gemacht werden müssen, allein um die Zinsen der alten zu bezahlen. Bei kurzfristiger Verschuldung gibt es zusätzliches Risiko, weil die Zinsen deutlich steigen könnten oder das

Unternehmen niemanden findet, der das Fremdkapital refinanziert. In solch einem Fall kann dann das Unternehmen nicht mehr bezahlen – es kommt zu Notverkäufen der Gebäude.

Das Beispiel der Bürogebäude in Warschau erklärt eine wichtige Quelle der Instabilität. Höheres Risiko bedeutet höhere Gewinnmöglichkeiten, bringt aber auch – mit höherer Wahrscheinlichkeit – einen Ausfall. Sind die Risikoprofile aller Wirtschaftsteilnehmerinnen unterschiedlich, gibt es kein echtes Problem. So sich unser Immobilienunternehmen in Warschau überhebt, geht es in Konkurs, besser aufgestellte InvestorInnen kaufen die Gebäude, die Schulden werden gezahlt. Die Unternehmerin oder der Unternehmer muss vielleicht auch die kleinere Villa verlassen, aber der Volkswirtschaft kann das egal sein. Ändern sich die Risikoerwartungen aller aber im Gleichklang, sieht die ganze Sache anders aus. Wenn eine Phase der Stabilität den Risikoappetit steigen lässt (weil schon lange nichts mehr schief gegangen ist), dann wird mit großen Fremdkapitalhebeln investiert. Die Banken sind bereit, immer riskantere Deals zu finanzieren – und werden in ihren Entscheidungen immer wieder bestätigt: Wenn viele Kredite zur Verfügung stehen, dann sinken die dafür zu bezahlenden Zinsen; je niedriger die Zinsen, um so höher die Wahrscheinlichkeit, dass die SchuldnerInnen auch zahlen können. Und sollte doch einmal der eine oder andere Immobilienunternehmer in Bankrott gehen, dann stehen andere InvestorInnen Schlange, um das halb fertige Bürohaus zu übernehmen.

In der Folge entstehen in Warschau zahlreiche Bürogebäude; die Bautätigkeit schafft natürlich Arbeitsplätze auf den Baustellen selbst, in der Zulieferindustrie, bei Immobiliendienstleistern und bei den finanzierenden Banken. Und die BauarbeiterInnen, die Leiterin oder der Leiter des Immobilienbüros und die Angestellten der Logistikabteilung des Ziegelkonzerns gehen in den Supermarkt und ins Wirtshaus, wodurch wieder neue Arbeitsplätze entstehen. Wenn wir nicht über Warschau, sondern über die USA oder China reden, dann wird der Nachfrageanstieg für Stahlträger und die damit verbunden höheren Stahlpreise bis hin zur südkoreanischen Stahlindustrie und den brasilianischen Eisenerzminen zu bemerken sein.

Aber je riskanter die Struktur der Finanzierung wird, desto anfälliger wird sie für Störungen. Mag sein, es wurden zu viele Bürogebäude gebaut – bei einer Bauzeit von zwei Jahren kann es durchaus vorkommen, dass die Nachfrage nach Büroraum falsch eingeschätzt wird. Kann auch sein, dass die reale Nachfrage nach Büroraum keine Rolle mehr spielt und die Hochhäuser als

Spekulationsobjekte errichtet werden, um sie sofort wieder zu verkaufen. Von solchen Immobilienblasen können Tokio Ende der 1980er, Bangkok Mitte der 1990er, Frankfurt zur Jahrtausendwende, Dubai, oder der gesamte US-Immobilienmarkt 2007 ein Lied singen. In der Folge sinken die Mietrenditen.

Kann auch sein, dass ein ganz anderes Ereignis der Weltwirtschaft zu einer anderen Risikoeinschätzung führt. Bürohäuser in Warschau erscheinen auf einmal riskanter. Das setzt eine Spirale in die andere Richtung in Gang: Wenn die Finanzierung schwieriger wird, steigen die Zinsen. Wenn mehrere Immobilienunternehmen pleitegehen und sich die Notverkäufe häufen, sinken die Immobilienpreise. Banken bekommen einen Teil ihrer Kredite nicht mehr zurück und sehen sich darin bestätigt, den Kredithahn zuzudrehen – was weitere Unternehmen in Schwierigkeiten bringt, die sich kurzfristig finanziert haben und daher Refinanzierungen benötigen. Die Bauarbeiten werden eingestellt, die BauarbeiterInnen entlassen, das Ziegelwerk hat Absatzeinbußen und in der Folge gehen auch weniger Leute ins Wirtshaus – eine Rezession.

Um den Anschluss an unsere vorherigen Überlegungen zur Gesamtnachfrage zu finden: Zuerst wollen alle investieren, und die Haushalte konsumieren, dann werden die Investitionen zusammengestrichen, aber die Haushalte wollen dennoch sparen. Die innere Ursache der Verwerfungen ist dabei eine immer höhere Risikoneigung in Zeiten der Stabilität, die die Struktur der Finanzierung der Volkswirtschaft immer störungsanfälliger macht. Besonders interessant ist dabei, dass die Zinsen (vor allem die langfristigen) gar nicht fallen müssen, nur weil die Wirtschaft in die Rezession dreht. Genau das hatte der klassische Liberalismus angenommen: Wenn viele sparen wollen, fallen die Zinsen, die Finanzierung von Investitionen fällt leichter. Tatsächlich passiert oft das Gegenteil: Weil die Geschäfte der Unternehmen plötzlich als viel riskanter eingeschätzt werden, steigen die Risikoaufschläge für die Zinsen langfristiger Schulden und die Finanzierung wird schwerer statt leichter. Durch den Rückgang der Gesamtnachfrage, werden wiederum weitere Unternehmen als gefährdet eingestuft und bekommen keine Kredite mehr. Damit hat der Kapitalmarkt, der eigentlich stabilisierend wirken sollte, genau den gegenteiligen Effekt: In dem Moment, da niedrige Zinsen notwendig wären, steigen sie; nicht überall, meist auch nicht auf den Sparbüchern der Bankkunden, aber dort, wo es wirklich zählt: bei der langfristigen Finanzierung des Unternehmenssektors.

Die Wall Street hat den Punkt, an dem die Risikoerwartungen der Investoren plötzlich drehen, »Minsky-Moment« getauft.

Konjunkturpolitik

Aus dem Konjunkturzyklus wird die Konjunkturpolitik abgeleitet, der Versuch des Staates, den Konjunkturzyklus zu glätten, ein insgesamt höheres Wachstum zu erreichen, und vor allem, das Abgleiten einer Rezession in eine Depression oder Krise zu verhindern.

Der klassische Liberalismus sah keine Notwendigkeit für Konjunkturpolitik; der Zinsmechanismus auf dem Kapitalmarkt sei ausreichend. Heute gibt es kaum noch WirtschaftswissenschaftlerInnen, die den Notenbanken keine bedeutende Rolle im Konjunkturzyklus zuweisen. Außerhalb Deutschlands gibt es im Mainstream der Volkswirtschaftslehre auch kaum jemanden, der nicht auf das staatliche Budget bei der Verhinderung tiefer Krisen setzt. Damit ist eine sich auf Keynes berufende Konjunkturpolitik praktisch Allgemeingut geworden. Wir wollen deshalb zuerst diese behandeln, um dann auf verbleibende Kritikpunkte zu verweisen.

Fassen wir vorerst ganz knapp zusammen: Der Staat sorgt in einer Rezession für zusätzliche Nachfrage, zumeist, indem er die Staatsausgaben erhöht oder Steuern kürzt. Diese Maßnahmen sind als »Konjunkturpakete« bekannt. Die zentrale Aufgabe ist es dabei nicht, jede Arbeitslosigkeit zu verhindern oder konjunkturelle Einbrüche ganz zu vermeiden. So etwas funktioniert nicht. Was staatliche Konjunkturpolitik aber versuchen kann, ist die Verselbstständigung einer Rezession zu verhindern und einen neuen Aufschwung einzuleiten.

Sehen wir uns das genauer an. Wir haben schon gesehen, dass Sparen und Investieren gleich sein müssen. Damit gilt gleichzeitig, dass Überschüsse und Defizite aller WirtschaftsteilnehmerInnen sich insgesamt ausgleichen müssen. Wenn einer spart, muss ein anderer diese Spareinlagen aufnehmen und Schulden machen. Das Gleiche gilt natürlich auch, wenn wir die WirtschaftsteilnehmerInnen zu Sektoren zusammenfassen – etwa Unternehmen, private Haushalte und den Staat. Das Ausland wollen wir jetzt nur am Rande berücksichtigen.

Private Haushalte weisen im Allgemeinen Überschüsse auf. Sie sparen, um sich für das Alter abzusichern oder für größere Anschaffungen oder einfach als Notgroschen. Im Schnitt haben die Haushalte der Industriestaaten immer etwa zehn Prozent ihres verfügbaren Einkommens gespart; verschuldet haben sie sich, wenn überhaupt, zum Kauf von Immobilien. Erst in den letzten Jahren ist in einigen Industriestaaten (etwa den USA oder Großbritannien) die Sparquote von zehn Prozent auf deutlich niedrigere Werte gefallen.

Um Missverständnissen vorzubeugen: Natürlich gibt es viele Haushalte, die Schulden machen. Aber alle privaten Haushalte insgesamt weisen üblicherweise Überschüsse aus.

Diese Überschüsse werden historisch vor allem vom Sektor der Unternehmen aufgenommen, der daher üblicherweise ein Defizit aufweist. Teilweise werden sie auch zur Finanzierung staatlicher Defizite verwendet. Wenn wir uns erst den Sektor der Unternehmen ansehen, dann bedeutet ein Finanzierungsdefizit, dass mehr investiert wird, als nicht ausgeschüttete Gewinne vorhanden sind. Das entspricht der Beobachtung, dass Unternehmen Investitionen (wie das Bürohaus in Warschau) eben nicht nur mit Einnahmen aus Verkauf oder Vermietung – also aus dem »*Cashflow*« – durchführen, sondern Kredite aufnehmen, um ihr Eigenkapital zusätzlich zu hebeln.

Dazu erst einmal eine Bemerkung: Die Idee, dass alle »sparsam« sein müssen, »damit es der Wirtschaft gut geht« ist weit verbreitet, aber falsch. Wenn die überschüssigen Sparguthaben nicht ins Ausland geschafft werden (was andere Probleme macht), dann können die Sparsamen nur sparsam sein, weil sich jemand anderes verschuldet, wobei es wohl tatsächlich am günstigsten ist, wenn der Unternehmenssektor dieses Defizit aufweist, weil dann die Sparguthaben im Allgemeinen Investitionen finanzieren, die hoffentlich das Wachstum beschleunigen und dazu genug verdienen, um die Schulden bezahlen zu können.

Was passiert in einer Rezession? Aufgrund der unsicheren Zukunftsperspektiven werden die privaten Haushalte nicht auf schuldenfinanzierte Einkaufstour gehen, sondern eher mehr sparen. Vor allem aber werden die Unternehmen ihr Verhalten ändern: Anstelle von Investitionen mit neuen Krediten wird versucht, mehr Bargeld zu halten oder Schulden zurückzuzahlen, um angesichts der schlechten Verkaufsmöglichkeiten eine Pleite zu verhindern. Damit sparen die Haushalte und die Unternehmen wollen diese Überschüsse nicht mehr aufnehmen (oder nur mehr zum Teil).

Wenn wir vom Ausland wieder absehen, dann muss der staatliche Sektor laut Keynes sein Defizit ausweiten. Wenn er dies nicht will oder nicht kann – etwa wegen der Verankerung von »Schuldenbremsen« in der Verfassung oder weil eine Finanzierung des Defizits aus verschiedenen Gründen nicht möglich oder zu teuer ist –, dann wollen alle sparen und keiner investieren. Die Gesamtnachfrage sinkt ein erstes Mal, das Gesamtangebot kann nicht verkauft werden, die Arbeitslosigkeit steigt und die Einkommen sinken. Aber es ist gut möglich, dass die Haushalte und Unternehmen versuchen, auch von den jetzt niedrigeren Einkommen noch zu sparen und ihren Konsum weiter einschränken. Dann sinkt die Nachfrage weiter.

Das geht solange, bis die WirtschaftsteilnehmerInnen ihre Sparentscheidungen nicht mehr umsetzen können und Defizite akzeptieren, weil der Staat durch wegbrechende Steuern doch Schulden macht; weil die Unternehmen durch langfristige Arbeitsverträge Löhne nicht zu weit kürzen können, nicht alle Angestellten entlassen wollen und schließlich zwar immer noch wenig Investitionen tätigen, aber doch Verluste akzeptieren müssen; weil die neuen Arbeitslosen ihre Sparguthaben aufbrauchen, um den Lebensstandard zu halten.

Beim Vorliegen großer Schuldenberge und einer komplizierten Struktur dieser Verschuldung – alles ein Resultat der vorherigen Boomphase – wird die Sache noch komplizierter. Wenn der Unternehmenssektor hoch oder riskant verschuldet ist (oder sich dafür hält) und auch die Haushalte etwa auf größeren Immobilienkrediten sitzen, kann ein teilweiser Abbau dieser Schulden die Bedingung für eine neue Expansion sein. So hat der japanische Unternehmenssektor etwa zwanzig Jahre damit verbracht, seine Fremdkapitalhebel vom Ende der 1980er Jahre langsam zurückzufahren.

Für verringerte Schulden gibt es zwei Möglichkeiten. Sie können ganz oder teilweise gestrichen werden, dann bekommen die Gläubiger ihr Geld nicht mehr zurück. Das war etwa der Fall, als General Motors im Jahr 2009 in die Insolvenz gegangen ist. Oder es wird versucht, die Schulden zurückzuzahlen. Dafür wird der Unternehmenssektor (oder auch die Haushalte) in der Regel versuchen, Überschüsse zu produzieren. Per Definition muss sich dafür aber jemand anderer verschulden und da bleibt nur mehr der Staat übrig (wenn wir wieder vom Ausland absehen).

Damit haben steigende Staatsschulden in einer Rezession eine doppelte Aufgabe: Sie stabilisieren die Nachfrage und sie erlauben eine Entschuldung des privaten Sektors. Wenn Schulden zu hoch sind, kann es natürlich vernünftiger sein, sie zu streichen, statt sie dem Staat umzuhängen. Das ist allerdings eine Operation, die nicht ohne Turbulenzen abgeht, da irgendjemand sein verliehenes Kapital nicht mehr zurückbekommt.

Höhere Staatsausgaben können dabei unterschiedliche Formen annehmen. Manchmal geht es dabei um höhere Sozialleistungen oder andere Transfers – etwa höheres Kindergeld. Manchmal werden Steuern gesenkt, wobei es sein kann, dass die dann steigenden Einkommen einfach zusätzlich gespart werden. Manchmal geht es um Ausgaben für Infrastruktur, etwa Eisenbahntunnel oder

Autobahnen, oder um höhere Ausgaben für Bildung. Und manchmal sterben Menschen: Die große Weltwirtschaftskrise wurde durch den Ausbruch des Zweiten Weltkriegs beendet, wegen der gewaltigen staatlichen Nachfrage nach Panzern und Kriegsschiffen. Die zwanzigjährige hochkonjunkturelle Phase der Nachkriegszeit wurde durch den Koreakrieg eingeleitet. Die amerikanische Rezession Anfang der 1980er Jahre wurde durch ein gewaltiges Staatsdefizit beendet, das aus massiv erhöhten Rüstungsausgaben stammte. Kurz: Staatliche Nachfrage und hohe Defizite können die Wirtschaft beleben. Ob die getätigten Ausgaben und Investitionen deswegen automatisch gut und langfristig sinnvoll sind, ist eine andere Frage.

Der keynesianische Multiplikator

Eine Besonderheit der keynesianischen Nachfragetheorie ist dabei der »Multiplikator«. In einer Rezession herrscht Unterbeschäftigung, und auch andere Kapazitäten der Wirtschaft (etwa Werkzeugmaschinen, Flugzeuge oder Containerhäfen) sind nicht voll ausgelastet. In einer solchen Situation kann ein Euro zusätzliche Staatsausgaben das BIP durchaus um mehr als einen Euro steigern: Nehmen wir an, eine U-Bahn-Linie um eine Milliarde wird gebaut. Das BIP wird steigen, aber nicht unbedingt um eine Milliarde. Vielleicht wird ein Teil der Baumaterialien aus dem Ausland importiert, die staatliche Nachfrage hilft also den Nachbarn. Auf der anderen Seite erhalten die BauarbeiterInnen Lohn und das Tiefbauunternehmen macht Gewinne. Das BIP steigt ein erstes Mal, im Wesentlichen um den Umfang der staatlichen Investition, minus den aus dem Ausland importierten Vorleistungen und den Kosten für die Finanzierung der Milliarde. Aber die höheren Einkommen der BauarbeiterInnen werden wieder zusätzliche Nachfrage schaffen, weil ins Wirtshaus gegangen oder ein Plasmafernseher gekauft wird oder ein altes Rückenleiden durch Massage behandelt wird. Der Masseur oder die Masseurin kann dann ebenfalls mehr arbeiten und einen relativ aufwändigeren Lebensstil finanzieren.

Der ursprüngliche Nachfrageimpuls des U-Bahnbaus bringt also Zweit- und Drittrundeneffekte, wie Wellen, die sich in einem Teich ausbreiten, in den ein Stein geworfen wird. Tatsächlich fallen bei höherer wirtschaftlicher Aktivität, mehr Nachfrage und höheren Einkommen auch höhere Steuern an. Eine staatliche Stimulierung der Nachfrage finanziert sich dadurch teilweise selbst.

Wie groß die Effekte von zusätzlicher staatlicher Nachfrage sind – die Größe des »Multiplikators« –, hängt davon ab, wie viel des zusätzlichen Einkommens gespart und wie viel tatsächlich ausgegeben wird. Von vielen WirtschaftswissenschaftlerInnen werden daher Steuersenkungen zur Konjunkturbelebung als wenig effektiv bezeichnet, da gerade in Zeiten einer Wirtschaftskrise der so genannte »Mittelstand« plötzlich anfallende zusätzliche Einkommen eher spart. Bevorzugt werden daher oft staatliche Infrastrukturprojekte, Bildungsausgaben oder Transferleistungen für die Ärmeren. Die sind weniger sparsam, weil sie zusätzliches Einkommen für ihren ohnehin eingeschränkten Konsum gut gebrauchen können.

Die Effektivität des Multiplikators hängt auch davon ab, wie viel des Nachfrageimpulses über die Grenze verpufft. Wenn sich die Bauarbeiterin oder der Bauarbeiter einen Flachbildfernseher aus Südkorea kauft und seine Masseurin oder sein Masseur einen Sportwagen aus Italien, dann hilft das der einheimischen Konjunktur nicht mehr unmittelbar. Je nach getroffener Maßnahme und je nach Höhe des Abflusses von Kaufkraft über die Grenze ist daher der Multiplikator höher oder niedriger und kann durchaus auch unter eins liegen.

Die zunehmende Internationalisierung der Weltwirtschaft hat daher die Effektivität der staatlichen Nachfragesteuerung spätestens seit den 1970er Jahren beeinträchtigt. Wenn alle Staaten gemeinsam eine expansive Politik verfolgen, heben sich die Abflüsse von Kaufkraft natürlich gegenseitig auf. Gerade für ein kleines Land mit kleinem Binnenmarkt gibt es aber eine große Versuchung, die Nachfrage der Nachbarn zu nützen und durch eine Stärkung des Exports einen Weg aus der Krise zu finden – eine Strategie, die natürlich nur dann aufgehen kann, wenn sie nicht von allzu vielen verfolgt wird.

Die Höhe des Multiplikators hängt aber auch von der Größe des staatlichen Sektors ab. Bei relativ hohen Steuerquoten, wie sie heute in Industriestaaten üblich sind, bekommt der Bauarbeiter zwar sein Gehalt, aber Sozialversicherung, Lohn- und Mehrwertsteuer lassen knapp die Hälfte wieder in das staatliche Budget fließen. Staatsausgaben zur Nachfragestärkung finanzieren sich teilweise selbst, aber diese Selbstfinanzierung führt natürlich auch dazu, dass den BauarbeiterInnen weniger Geld für Massagen und Fernseher übrig bleibt. Steuern erheben kostet zudem auch Geld, denn irgendwelche StaatsbeamtInnen müssen sie schließlich eintreiben und administrieren und selbst die PolitikerInnen, die sie beschließen, müssen dafür bezahlt werden.

Selbstverständlich funktioniert der Multiplikator auch in die andere Richtung: Staatliche Sparmaßnahmen beeinträchtigen die Gesamtnachfrage und lassen daher die Wirtschaft tendenziell schrumpfen (oder weniger schnell

wachsen) – immer vorausgesetzt, wir befinden uns in einer Situation der Unterbeschäftigung und der nicht genutzten Kapazitäten. Wenn in wirtschaftlichen
Krisenzeiten bestimmte Budget- und Einsparungsziele unbedingt erreicht werden müssen, sind daher oft recht umfangreiche Maßnahmen nötig. Da sich
eine expansive Budgetpolitik teilweise selbst finanziert, gilt umgekehrt auch,
dass staatliche Sparmaßnahmen die Steuerbasis untergraben. Wenn ein Budgetdefizit um fünf Milliarden sinken soll, müssten die Ausgaben um vielleicht
acht Milliarden gekürzt werden, weil aufgrund des Sparpakets auch weniger
Steuern eingenommen werden.

»Crowding out« und »ricardianische Äquivalenz« – liberale Kritik

Die zentrale wirtschaftsliberale Argumentationslinie gegen staatliche Defizite
ist das *»crowding out«*: Staatsdefizite werden auf Kapitalmärkten finanziert;
dort konkurrieren sie um die Sparguthaben mit dem privaten Sektor – etwa
Unternehmensanleihen. Die zusätzliche Nachfrage treibt den Preis nach oben
– die Zinsen – und damit verhindern staatliche Defizite private Investitionen.
Mit anderen Worten: Die Überschüsse des privaten Sektors können entweder
private Investitionen finanzieren oder staatliche Defizite, aber nicht beides.

In einer schweren Rezession, da alle sparen möchten und die meisten
Unternehmen ohnehin nicht investieren wollen, geht dieser Vorwurf ins Leere.
Wenn die wenigen Unternehmen, die noch investieren, hohe Risikoaufschläge
(hohe Zinsen) zahlen, weil die Bank sich aufgrund der geringen Nachfrage
Sorge um die Zahlungsfähigkeit macht, ist den Unternehmen mit höherer
staatlicher Nachfrage wohl mehr geholfen. Falls diese dazu führt, die Risikoeinschätzung im Bankensystem wieder zu verbessern, werden die Zinsen sogar
sinken – nichts mit *crowding out*.

Was aber bei ausgelasteten Kapazitäten, bei gut laufender Konjunktur?
In solch einem Fall können staatliche Defizite private Investitionen wirklich
verdrängen. Tatsächlich könnten genauso Sparguthaben aus dem Ausland zur
Finanzierung ins Land fließen, aber auch das kann Probleme bereiten – mehr
dazu später. Das ist der Hintergrund, wenn Schuldenabbau und öffentliche
Sparpakete als »Strategie für mehr Wachstum« verkauft werden. Defizitabbau
kann höheres Wachstum ermöglichen – oder die Konjunktur abstürzen lassen.
Es kommt auf den Zeitpunkt an.

Tatsächlich hat es immer wieder Gesellschaften gegeben, die eine hohe
Sparquote in hohe Investitionen umgesetzt haben, was rasches Wachstum zur
Folge hat, etwa China in der Zeit seines rapiden Aufstiegs seit dem Ende der

1970er Jahre. Genauso hat es immer wieder Länder gegeben, wo die geringen Spareinlagen sowie beständige Staatsdefizite Investitionen erschwert und die Inflation angeheizt haben, zum Beispiel in Lateinamerika, in Südeuropa oder etwa im Frankreich der 1920er Jahre. Daraus zu folgern, dass hohe Sparquoten der Privathaushalte und ausgeglichene Staatsbudgets automatisch hohe Investitionen auslösen (statt einer ungenügenden Gesamtnachfrage), scheint allerdings nicht stichhaltig.

Das zweite Hauptargument gegen öffentliche Konjunkturprogramme kommt über die »ricardianische Äquivalenz«. Danach ist eine schuldenfinanzierte Konjunkturpolitik gänzlich unmöglich: Die Haushalte bemerken, dass das Geld, das sie über die Konjunkturprogramme zusätzlich bekommen, aus einer erhöhten Staatsverschuldung kommt – und nehmen deshalb an, dass der Staat in ein paar Jahren die Steuern erhöhen wird, um seine Schulden wieder abzubauen. Deswegen sparen sie jeden Euro, den sie zusätzlich bekommen, um in der Zukunft ihre höheren Steuern besser bezahlen zu können. Das klingt relativ verworren und ist kaum nachvollziehbar. Kaum jemand kennt die genaue Höhe der Staatsschulden. Außerdem wissen alle, dass die Geschwindigkeit, mit der diese abgebaut werden (oder auch bestehen bleiben), keineswegs unmittelbar vorhersehbar, sondern die Konsequenz politischer Entscheidungen ist. Schließlich ist die ricardianische Äquivalenz auch empirisch nicht nachweisbar.

Uns scheint die Kritik an der Staatsverschuldung nur in jenem Moment für den Konjunkturzyklus relevant, in dem tatsächlich eine Zahlungsunfähigkeit des Staates möglich erscheint. Ob diese Gefahr dann real ist oder nicht – wenn viele Leute einen Zusammenbruch der öffentlichen Finanzen erwägen, dann steigt die Unsicherheit für Investitionen, denn in so einem Fall könnten die Steuern tatsächlich schnell erhöht werden. Sind die Zukunftserwartungen ein wichtiger Teil des Konjunkturzyklus, dann ist eine Verdüsterung derselben natürlich ungünstig. Dazu müssen wir uns mit Staatsschulden im Allgemeinen beschäftigen.

Staatsschulden und Überschuldung

Zu Staatsschulden gibt es zwei Legenden. Die eine ist eher in der politischen Linken beheimatet und behauptet, dass eine dauerhaft erhöhte Staatsverschuldung grundsätzlich kein Problem darstellt. Die zweite (und aktuell wichtigere) entspricht einem populistischen Liberalismus, der behauptet, jedes Budgetdefizit gehe »auf Kosten künftiger Generationen« und bedeute, dass »wir über unsere Verhältnisse leben«.

Wir beschäftigen uns zunächst mit der zweiten Legende. Wenn wir davon ausgehen, dass das Geld nicht aus dem Ausland geliehen wird (was bei hohen Schulden allerdings oft der Fall ist), dann kann eine Volkswirtschaft als Ganzes nicht über ihre Verhältnisse leben. Da sich Sparen und Investieren die Waage halten, sind die Defizite einzelner Sektoren das Spiegelbild der Überschüsse von anderen. Wenn tatsächlich Geld aus dem Ausland geliehen wird, kann das im privaten ebenso wie im staatlichen Sektor geschehen, mit ähnlichen Risiken. Das haben etwa Spanien und Irland während der Finanzkrise bewiesen, die trotz langjähriger Budgetüberschüsse wegen der Verschuldung privater Haushalte in Schwierigkeiten gekommen sind. Die Konzentration auf staatliche Defizite erscheint nicht gerechtfertigt.

Wirklich falsch ist die Behauptung, dass jeder Euro Schulden von künftigen Generationen bezahlt werden muss, und zwar deswegen, weil ein Staat jedes Jahr neue Schulden machen kann, ohne jemals überschuldet zu sein. Warum? Staatsschulden werden in Prozent des BIP gemessen, wenn festgestellt werden soll, ob sie langsam zu hoch werden.

Gehen wir davon aus, dass ein Staat Gesamtschulden im Wert von 100 Prozent des BIP hat – ein relativ hoher Wert, aber bei moderaten Zinsen durchaus zu finanzieren. Nun behaupten wir, die jährliche Wirtschaftsleistung wächst jedes Jahr im Durchschnitt um 2 Prozent. Das ist eine realistische Annahme für ein Industrieland. Gehen wir weiter davon aus, dass die Preise jedes Jahr um 2 Prozent steigen. Das würde dem Inflationsziel etwa der EZB entsprechen. Gemeinsam bedeutet das, dass das »nominale BIP«, die Wirtschaftsleistung zu aktuellen Preisen, jedes Jahr um 4 Prozent zulegt. Und das bedeutet, dass der Staat jedes Jahr ein Budgetdefizit von 4 Prozent des BIP aufweisen könnte, ohne dass seine Schuldenlast steigt. Sollte er eine jährliche Neuverschuldung von beispielsweise 2 Prozent des BIP aufweisen, würde trotz immer neuer Schulden die Last dieser Schulden sogar sinken (auf langfristig 50 Prozent des BIP).

Das bedeutet jetzt übrigens nicht, dass ein jährliches Defizit von 2 oder 4 Prozent unbedingt anzustreben ist. Aber es bedeutet, dass es keine Notwendigkeit gibt, jedes Jahr ein ausgeglichenes Budget auszuweisen, »um die Zukunft zu sichern« oder »kommende Generationen« zu schützen, zumal diese Staatsausgaben auch künftigen Generationen zugutekommen können, etwa durch Investitionen in Bildung oder Eisenbahntunnels.

Auf der anderen Seite können staatliche Schulden, vor allem wenn sie ein gewisses Maß überschreiten, durchaus ein Problem werden. Ganz grundsätzlich bedeuten sie eine Umverteilung von Reichtum und Einkommen zu den HalterInnen der Staatspapiere. Das sind viele PrivatpensionsvorsorgerInnen und EinzahlerInnen in Lebensversicherungen, deren Fonds Staatsanleihen kaufen. In der übergroßen Mehrheit gehören die Schuldpapiere aber den wirklich reichen BesitzerInnen von Geldvermögen. Staatsschulden bedeuten also eine Umverteilung von der Mehrwertsteuer zahlenden Allgemeinheit zur Oberschicht. Die sozialistische Regierung des »Roten Wien« in der Zwischenkriegszeit etwa lehnte öffentliche Defizite grundsätzlich ab und bezahlte die Sozialreformen der Stadtverwaltung mit Sondersteuern.

Ein unmittelbares Problem entsteht, wenn die Staatsschulden zu hoch werden. Staatsschulden – vor allem jene der Industriestaaten – werden im Allgemeinen als sehr sichere Investition angesehen. Besonders in Krisensituationen steigt die Nachfrage nach den Anleihen. Staaten können sich daher üblicherweise sehr günstig finanzieren, und bei niedrigen Zinsen ist auch eine ganz erhebliche Schuldenlast ohne große Schwierigkeiten zu bewältigen. Werden aber die Schulden irgendwann als zu hoch angesehen, kann das eine Spirale in die Pleite auslösen. Wenn das erste Mal die Idee entsteht, der Staat könnte möglicherweise nicht zahlen, steigen die Risikoaufschläge. Das bedeutet hohe Zinsen, und hohe Zinsen sind eine zusätzliche Belastung für das Budget.

Die höheren Zinsen für Staatsanleihen lassen aber auch in der übrigen Volkswirtschaft Risikoaufschläge und Zinsen steigen, was das Wachstum beeinträchtigt und wieder zu niedrigeren Steuereinnahmen führt. Insgesamt eine *self-fulfilling prophecy*: Je stärker die Finanzmärkte die Zahlungsfähigkeit in Zweifel ziehen, desto teurer werden die Schulden und desto wahrscheinlicher ein tatsächlicher Bankrott. Dabei ist der Zeitpunkt, zu dem die staatlich kaum regulierten und internationalisierten Finanzmärkte plötzlich in Panik verfallen und weitere Verschuldung nicht mehr finanzieren wollen, kaum vorhersehbar.

Für den Staat gibt es in diesem Fall dann zwei Möglichkeiten: Entweder es wird eine brutale Konsolidierung versucht, die Neuverschuldung auf Biegen und Brechen gesenkt, und versucht, alle Schulden zu bedienen und die Interessen der GläubigerInnen zu achten. Falls es keine Überbrückungsfinanzierungen vom Internationalen Währungsfonds (oder von anderen Gläubigern, wie der EU) gibt, dann muss die Konsolidierung so scharf sein, dass die Finanzmärkte ihr »Vertrauen« zurückgewinnen und Geld wieder zu niedrigeren Zinsen leihen. Abgesehen von den gewaltigen sozialen Verwerfungen und verständlichen politischen Spannungen kann das auch ökonomisch schief gehen: Die Sparpolitik würgt die Wirtschaft ab, lässt die Arbeitslosigkeit steigen und in der Folge auch die Steuereinnahmen sinken. Ab einer bestimmten Schuldenhöhe ist eine Konsolidierung schlicht nicht mehr möglich, weil die Einschnitte so scharf sein müssten, dass eine ruinierte Wirtschaft die Zinsen erst recht nicht bezahlen kann.

Die andere Möglichkeit (die natürlich mit der Konsolidierung kombinierbar ist) ist der Weg in den Staatsbankrott und die »Schuldenrestrukturierung«: Der Staat zahlt seine Schulden ganz oder teilweise nicht mehr. Das macht verschiedene Probleme; in jedem Fall bedeutet es, dass ein laufendes Budgetdefizit nicht mehr auf den Kapitalmärkten zu finanzieren ist. Wenn nichts mehr zurückbezahlt wird, leiht einem auch keiner neues Geld. Nur: Falls die Schulden so hoch sind, dass die Finanzmärkte mit der bevorstehenden Zahlungsunfähigkeit spekulieren, gibt es sowieso kein neues Geld mehr, und in Fällen, da der Schuldendienst ohnehin den Löwenanteil des Budgetdefizits verursacht (also die laufenden Ausgaben durch Einnahmen gedeckt sind und die Zinsen das große Problem darstellen), wird der Anreiz, den Schuldendienst einfach sein zu lassen, relativ groß.

Die Auswirkungen einer tatsächlichen Staatspleite sind unangenehm: Da Staatsschulden üblicherweise die Grundlage für die Liquidität des Bankensystems darstellen und staatliche Garantien das Vertrauen in die Banken stützen, ist im Rahmen einer Staatspleite auch mit einer umfassenden Krise der Finanz- und Kapitalmärkte zu rechnen. In der Regel bedeutet das auch eine unkontrollierbare Flucht aus der Währung des betroffenen Landes, und schließlich verlieren ziemlich viele Leute einen Haufen Geld. Zuerst die großen HalterInnen der Staatsschulden, und falls das Bankensystem zusammenbricht, fallen auch die kleinen SparerInnen um ihre Guthaben um. Das bedeutet aber nicht, dass ein braver Schuldenabbau unbedingt angenehmer sein muss.

Die Zentralbank: Konjunktur und Geldpolitik

Bis jetzt haben wir in diesem Kapitel ein paar Vereinfachungen getroffen, die alle die Rolle des Geldes und der Notenbank betreffen. Wir haben bisher so getan, als würden Zinsen ausschließlich spontan, durch Angebot und Nachfrage auf Geld- und Kapitalmärkten, entstehen. Das stimmt so nicht. Die Zentralbank kann Zinssätze und Geldmenge beeinflussen. Wir sind kaum auf Änderungen des Preisniveaus und der Geldmenge in verschiedenen Phasen des Konjunkturzyklus eingegangen – das werden wir jetzt nachholen. Und wir haben so getan, als wäre der Wirtschaftsliberalismus gegen jede Form der Beeinflussung des Konjunkturzyklus durch staatliche Stellen – auch das stimmt nicht. Bis auf eine Minderheit von Ultraliberalen setzen die meisten auf eine Beeinflussung der Konjunktur über die Zentralbank. Nur größere staatliche Defizite werden in der Regel abgelehnt (und in der letzten Wirtschaftskrise ist auch diese Überzeugung ein wenig ins Wanken geraten).

Diesen letzten Punkt klären wir sofort; anschließend werfen wir einen Blick auf die Dynamik des Preisniveaus in Hochkonjunktur und Wachstumseinbruch und schließlich erläutern wir die Möglichkeiten der Notenbank im Konjunkturzyklus.

1971 veröffentlichte Milton Friedman seine *Monetary History of the United States*. Das entscheidende Kapitel wurde dabei schon Mitte der 1960er Jahre veröffentlicht und behandelte die große Weltwirtschaftskrise der 1930er Jahre. Nach Friedman war für diese weniger der Staat verantwortlich, der sich weigerte, die Gesamtnachfrage per Defizit zu stabilisieren, sondern die Zentralbanken. Diesen wurde ein doppeltes Versagen unterstellt: Einmal hätten sie sich geweigert, dem Banken- und Finanzsystem zu helfen, das von einer Panik erfasst wurde. Es gab einen *bank run* in mehreren Wellen, bei dem die Sparer ihre Bankguthaben alle gleichzeitig auflösen wollten und dadurch viele Institute in die Pleite trieben (vgl. Kapitel 2). Zusätzlich hätten laut Friedman die Zentralbanken das Sinken der Preise – eine Deflation – verhindern müssen.

Der Kern der Theorien Friedmans war dabei eigentlich nicht die Forderung nach einer aktivistischen Zentralbank in Krisenzeiten. Die zentrale Aussage des »Monetarismus« genannten Theoriegebäudes war ein unmittelbarer Zusammenhang zwischen der im Umlauf befindlichen Geldmenge und der Inflation, der Entwicklung des Preisniveaus. Daran glaubt fast niemand mehr, mit Ausnahme von Wirtschaftskunde-Schulbüchern. Insofern ist der Monetarismus Anfang der 1980er Jahre gescheitert, aber praktisch als Nebenprodukt hat Friedman den Wirtschaftsliberalismus (oder einen großen Teil davon) mit der Konjunkturpolitik ausgesöhnt. Konjunkturpolitik ja, solange sie von der Zentralbank über die Geldpolitik gemacht wird und andere Märkte möglichst ungestört bleiben.

Tatsächlich hat die Zentralbank eine ganze Reihe von Möglichkeiten. Dazu sehen wir uns die »monetäre« Seite des Konjunkturzyklus ein bisschen genauer an. Was passiert mit dem Geld, der Geldmenge und den vergebenen Krediten?

Wir erinnern uns an die Geldschöpfung durch Kreditvergabe, dazu zurück zu der Geschichte über Bürohäuser in Warschau. Wir nehmen wieder unsere Immobilienfirma: Diese besitzt zwei Bürohäuser, aus denen 18 Millionen Euro Mieteinnahmen fließen (Reparaturen und Instandhaltung schon abgezogen), und die mit 200 Millionen bewertet werden. Die Hälfte der 200 Millionen hat die Firma selbst finanziert, 100 Millionen sind ein langfristiger Kredit, für den jährlich 5 Millionen Euro Zinsen fällig werden. Ohne Schuldentilgung ergibt das einen *Cashflow* von 13 Millionen. Das heißt: Sollte die Firma gar nichts tun – weder investieren noch Schulden zurückzahlen noch Geld an die EigentümerInnen ausschütten –, finden sich am Ende des Geschäftsjahres 13 Millionen Euro Guthaben (Liquidität) auf den Konten der Firma. Gar nichts tun ist selten; wir sehen uns jetzt zwei Möglichkeiten an, einmal in einer Situation raschen Wachstums, einmal in einer Rezession.

In einer guten wirtschaftlichen Situation mit steigender Nachfrage nach Bürogebäuden wird die Firma wahrscheinlich investieren. Die 13 Millionen werden also ausgegeben, um weitere Häuser zu bauen, für Baugrund, Zement, Stahlträger und Arbeitskräfte.

Sind die Aussichten gut, wird wohl mit einem zusätzlichen Kredit gearbeitet und neue Schulden werden gemacht, sagen wir 20 Millionen. Bis jetzt haben wir in diesem Kapitel behauptet, dass Sparen und Investieren gleich sein müssen. Wenn die Immobilienfirma also einen Kredit aufnimmt, um zu investieren, muss jemand anderer gespart haben. Wir stellen uns eine Reihe Großeltern vor, die für das Auto des Enkelkindes ein wenig Geld auf ein Sparbuch legen. Die Bank verleiht die Einlage weiter und das Gebäude wird errichtet.

Die Bank reicht also die 20 Millionen Einlagen der Sparer an die Immobilienfirma weiter. Die Immobilienfirma hat kurzfristig 33 Millionen auf ihrem Konto, gibt diese dann aber für den Bürohaus-Neubau aus. Aber dabei verschwindet das Geld natürlich nicht. Das hat jetzt nur ein anderer, die Erzeuger der Stahlträger vielleicht, oder das Architekturbüros. Auf deren Konten tauchen die 33 Millionen wieder auf.

Jetzt sehen wir uns die Veränderung der Menge der Einlagen (des Geldes) im Bankensystem an: Da hätten wir einmal die 20 Millionen der kleinen SparerInnen; diese haben zwar einen Kredit finanziert, aber das Guthaben steht natürlich nach wie vor auf den Konten. Damit könnte jederzeit die Miete überwiesen oder im Supermarkt an der Kassa mit Karte bezahlt werden. Und die Guthaben auf den anderen Konten sind um 20 Millionen gewachsen aufgrund der Vergabe des 20-Millionen-Euro-Kredites. Wir haben schon beim Geld besprochen: Geld sind meist die Schulden eines anderen, Kreditvergabe bedeutet Geldschöpfung.

Die Kreditvergabe schafft sich damit ihre eigene Liquidität. Sollte die Baufirma noch einmal 20 Millionen benötigen, wäre das ohne Weiteres möglich, denn aus dem neuen Kredit werden wieder 20 Millionen Einlagen.

Soweit ist das eine kleine Wiederholung. Aber warum dann die Gleichheit von Sparen und Investieren? Warum kann das Geld für Investitionen nicht einfach per Kreditschöpfung geschaffen werden oder – noch einfacher – gedruckt werden? Geld lässt sich unbegrenzt vermehren, aber Güter und Dienstleistungen nicht. Wenn unbegrenzt Kredite vergeben werden, um Hochhäuser zu bauen, werden nach einer Zeit die Kapazitäten der Stahlproduktion, der Zementfabriken und der Arbeitskräfte im Hochbau vollständig ausgelastet und können sich auch nicht über Nacht erhöhen. Sollte dann die Nachfrage weiter steigen, wird nicht mehr die Zahl der gebauten Häuser zunehmen, sondern nur noch deren Preis.

Weist ein Sektor der Wirtschaft Defizite auf (etwa die Unternehmen), muss ein anderer Sektor Überschüsse aufweisen (etwa die Haushalte). Aber nicht nur, weil deren Bankeinlagen zur Vergabe von Krediten benötigt werden, sondern auch, weil diese auf reale Nachfrage verzichten müssen.

In unserem Beispiel: Eine Reihe von kleinen SparerInnen (die Großeltern mit den Enkelkindern) verzichten darauf, einen Teil ihres Einkommens für Konsum auszugeben; sie fragen deswegen weniger Kleidung, Schuhe oder Urlaube in Tirol nach. Die Kapazitäten, die dabei frei werden – weil weniger Menschen benötigt werden, um Hotels zu betreuen oder Schuhe zu nähen – können dann für die Produktion von Stahlträgern und das Errichten von Hochhäusern eingesetzt werden und damit die Investitionstätigkeit ermöglichen. Es versteht sich dabei von selbst, dass wir hier über mittel- und langfristige wirtschaftliche Strukturen sprechen, die nicht von heute auf morgen geändert werden können. Weil die Haushalte über längere Perioden Überschüsse aufweisen, die Investitionen finanzieren, kann sich auch die notwendige Investitionsgüterindustrie entwickeln.

In einer Situation der Hochkonjunktur ist es die Aufgabe der Notenbank, ein unkontrolliertes Ansteigen der Kreditschöpfung zu verhindern und damit die Inflation unter Kontrolle zu halten. Das Interesse der Immobilienfirma, neue Häuser zu bauen, hängt auch vom Zinssatz ab, zu dem sie sich Fremdkapital beschaffen kann. Je niedriger die Zinsen, desto lukrativer das Investment. So kommen über niedrigere Zinssätze steigendes Kreditwachstum und steigendes Geldmengenwachstum zustande.

Ein weiteres Moment treibt in diesem Fall die Preissteigerung an: In einer Phase fieberhafter wirtschaftlicher Aktivität wird die gleiche Menge Geldes auch häufig ausgegeben. Weil überall Investitionsgelegenheiten vermutet werden und die Risiken als gering eingeschätzt werden, werden Barmittel sofort wieder investiert. Niemand denkt an sofort verfügbare Liquidität als Sicherheitspuffer, denn sollte es einmal dringenden kurzfristigen Finanzierungsbedarf geben, werden einfach neue Schulden aufgenommen.

Das bedeutet, dass die gleiche Menge Geldes mehr Waren, Dienstleistungen und Vermögensgüter (Häuser oder Aktien) kaufen kann, weil sie von allen neuen BesitzerInnen schnell wieder ausgegeben wird. Da aber Waren, Dienstleistungen und Aktien nicht beliebig vermehrbar sind – gerade wenn die Wirtschaft an ihrer Kapazitätsgrenze arbeitet – steigen in diesem Fall wieder die Preise. Das ist übrigens selbstverstärkend: Je höher die Inflation, desto teurer wird es, Bargeld zu halten, und desto schneller wird versucht, dieses wieder auszugeben.

Unterschiedliche Volkswirtschaften können dabei mit unterschiedlicher Geschwindigkeit wachsen, bevor die Inflation zu steigen beginnt. Das ist davon abhängig, wie stark die Produktionskapazitäten zu Beginn der hochkonjunkturellen Wachstumsphase ausgelastet waren, und es ist davon abhängig, wie schnell diese erweitert werden können. Die Erweiterung von Kapazitäten hängt an Innovationen (dem technischen Fortschritt) und Investitionen, die daher die langfristigen Wachstumsmöglichkeiten bestimmen. Die vorhandene Gesamtnachfrage gibt dann das tatsächliche Wirtschaftswachstum an. Tatsächlich beeinflusst die Nachfrage aber auch die Möglichkeiten von Investitionen und Innovationen.

In einer schweren Rezession können Kapazitäten verloren gehen (etwa weil Langzeitarbeitslose Qualifikationen verlieren). Bei einer Fortschreibung des Wachstumstrends wird dann oft der Preisdruck unterschätzt, weil zu viel an Spielraum bis zur vollen Ausschöpfung des Produktionspotenzials angenommen wird.

Genauso sorgt eine dynamische Entwicklung der Nachfrage für höhere Investitionen und höhere Investitionen lösen Innovationen aus. Niemand gibt Geld aus, um bessere Computer zu entwickeln, wenn kaum Nachfrage für Computer vorhanden ist.

Das tatsächliche Wachstum wirtschaftlicher Kapazitäten (manchmal wird vom »Potenzialwachstum« gesprochen) ist daher nicht vollständig vorhersehbar und selbst nachträglich eigentlich nicht bestimmbar oder messbar, sondern bleibt ein theoretisches Konzept.

Damit gibt es auch keinen mathematisch bestimmbaren und unumstrittenen Zeitpunkt, ab dem die Zentralbank die Liquiditätszufuhr drosseln sollte, um die Wirtschaft zu bremsen und ein Überhitzen zu verhindern. Jede Änderung der Geldpolitik ist daher mit intensiven Debatten verbunden.

Rezession und Deflationsgefahr

Wir nehmen wieder den Immobilieninvestor in Warschau, dieses Mal in einer schwierigen wirtschaftlichen Situation. Plötzlich scheint eine neue Investition nicht mehr interessant, weil fraglich ist, ob ein neues Gebäude auch vermietet werden kann. Was geschieht mit den Mieteinnahmen? Im Wesentlichen hat das Unternehmen zwei Möglichkeiten: Es könnte versuchen, die Liquidität zu erhöhen, Bargeldreserven anzulegen. Wenn es schwierig wird, Kredite zu bekommen, wird so etwas wichtig, weil alle kurzfristigen Zahlungen (etwa für Löhne oder Zinsen) aus dem eigenen *Cashflow* gedeckt werden müssen und auf keine Bank im Hintergrund mehr Verlass ist. Auf der anderen Seite könnte Fremdkapital reduziert und Schulden abgebaut werden.

Bisher haben wir beide Vorgehensweisen als »Sparen« bezeichnet, mit den bekannten Folgen für die Gesamtnachfrage, denn nicht alle können gleichzeitig sparen.

Jetzt nehmen wir die Ebene des Geldes dazu: Was passiert, wenn das Immobilienunternehmen Schulden abbaut? Im Detail: Auf dem Konto des Unternehmens lagern die 13 Millionen Euro Liquidität aus dem letzten Beispiel. Dieses Geld kommt von den MieterInnen. Auf der anderen Seite hat das Unternehmen Schulden in Höhe von 100 Millionen. Die 13 Millionen sind aber nicht nur flüssige Mittel des Unternehmens, sie stellen auch eine Einlage im Bankensystem dar und dienen diesem als Liquidität – können also etwa als Kredit vergeben werden. Wenn jetzt das Unternehmen die 13 Millionen nimmt und damit Schulden tilgt, verringert das die Menge der vergebenen Kredite in der Bilanz des Bankensystems, aber nicht nur: Gleichzeitig schrumpfen die Einlagen um 13 Millionen – es gibt weniger Geld.

Geld entsteht durch die Aufnahme von Schulden und verschwindet, wenn diese wieder getilgt werden. So wie die Aufnahme von Krediten dem Bankensystem Liquidität zuführt, so verringert ihre Rückzahlung diese wieder. Das Tilgen von Krediten bedeutet in der Folge nicht, dass das Bankensystem im Geld schwimmt.

Und was geschieht, wenn unser Immobilienunternehmen einfach aus

Sicherheitsgründen dreizehn Millionen Liquidität halten möchte? Wenn viele versuchen, Geld möglichst bald wieder auszugeben, dann kann eine kleine Menge Geld viel Ware kaufen. Im umgekehrten Fall braucht es eine große Menge Geld, um das Sicherheitsbedürfnis der Unternehmen und Haushalte zu decken, und dieses verschwindet aus dem Umlauf.

Es lässt sich hier eine Wirkungskette basteln: Schrumpft die Geldmenge und verringert sich gleichzeitig die Geschwindigkeit, mit der jeder Euro seine Besitzerin oder seinen Besitzer wechselt, dann gibt es zu wenig Geld, um alle Waren kaufen zu können. Die Preise müssen fallen, damit sich das wieder ausgeht – eine Deflation. Auch eine andere Wirkungskette zur Deflation ist natürlich möglich: Sinkt die Gesamtnachfrage, können die Unternehmen ihre Produkte nicht mehr absetzen und müssen die Preise senken. Wieder eine Deflation.

Während aus der zweiten Wirkungskette die notwendige Stärkung der Gesamtnachfrage abgelesen werden kann (etwa über staatliche Defizite), ergibt sich aus der ersten Wirkungskette eine geldpolitische Schlussfolgerung: Wenn die Preise fallen, muss Geld gedruckt werden.

Deflation und Schuldendeflation

Aber was ist überhaupt das Problem einer Deflation? Im Rahmen der Neoklassik ist das gar nicht so leicht zu beantworten: Sinkt die Gesamtnachfrage – oder die Menge des Geldes und seine Umlaufgeschwindigkeit – fallen eben die Preise. Macht nichts. Die Preise werden so weit fallen, bis die Gesamtnachfrage wieder ausreichend ist oder die Geldmenge wieder hoch genug, um den gesamten *Output* der Wirtschaft zu kaufen. Dann sind die Einkommen der Wirtschaftsteilnehmer in Euro (oder Dollar oder Rubel) zwar geringer als zuvor (weil zu geringeren Preisen verkauft werden muss), aber es kann auch billiger eingekauft werden. Real, nämlich in Schuhen, Schinken und Therapiestunden ausgedrückt, verdienen alle so viel wie vorher und es wird auch niemand arbeitslos.

Wenn es zu einer Krise kommt, dann nur deswegen, weil sich einige Preise (etwa die Löhne) nicht schnell genug nach unten anpassen. Das ist das bekannte Krisenmodell der Neoklassik. Die Deflation an sich ist daher eigentlich kein Problem; sie ist einfach Ausdruck der allgemeinen Wirtschaftskrise. Das ist der erste wichtige Punkt: Eine Deflation ist unangenehm, weil sie ein Krisensymptom darstellt.

Auf der anderen Seite gibt es Überlegungen darüber, dass die fallenden

Preise als solche ein Problem darstellen. Auch in den Medien ist die Ansicht beliebt, dass fallende Preise zu einer weiteren Konsum- und Investitionszurückhaltung führen: Weil alle darauf warten, dass es noch billiger wird, verschieben sie Anschaffungen in die Zukunft. So eine Sache ist allerdings schwer zu quantifizieren. Wie viele kaufen nicht, weil sie in der Wirtschaftskrise Angst vor Arbeitslosigkeit haben oder Schulden abbauen wollen – und wie viele warten tatsächlich auf weiter fallende Preise? Gerade beim privaten Konsum sind Zweifel angebracht.

Ausgaben für Miete, Energie und Lebensmittel sind kaum in die Zukunft zu verschieben – solange es leistbar ist, wird die Stromrechnung bezahlt, wenn sie fällig ist. Oft fällt der Urlaub oder der Kinobesuch aus, um zusätzlich zu sparen – aber wohl kaum, um diese Konsumgüter im nächsten Jahr billiger zu bekommen. Und bei langlebigeren Konsumgütern, über Computer und Unterhaltungselektronik, zu Waschmaschinen und Stabmixern ist auch in normalen Zeiten ein Trend zu fallenden Preisen zu beobachten oder zu höherer Leistung zum selben Preis. Wenn fallende Preise den Privatkonsum ausbremsen würden, würde sich niemand je einen Computer kaufen. Kurz: Fallende Preise mögen die Nachfrage weiter dämpfen, ein großer Effekt ist aber unsicher.

In der Regel würden wir aber das Gegenteil vermuten: Die Firmen senken die Preise, um mehr verkaufen zu können (nicht weniger). Das Problem ist nicht, dass die Konsumenten auf noch niedrigere Preise hoffen, sondern dass sie insgesamt weniger ausgeben wollen und einen größeren Teil ihres Einkommens sparen möchten.

Interessanter wird die Beurteilung einer Deflation bei Betrachtung der Zinsen. Zu den Möglichkeiten der Zentralbanken kommen wir noch, aber wir haben bereits festgestellt, dass in einer Rezession niedrigere Zinsen für Kredite notwendig sind. Teilweise wird ein Rückgang der Zinssätze auch automatisch unterstellt. (Wenn mehr gespart wird, wird das Geld billiger.) Nominale Zinsen können jedoch nicht unter null sinken, sodass ein Schuldner jedes Jahr weniger zurückzahlen müsste, als er ausgeliehen hat. Zu negativen Nominalzinsen würde niemand Geld verleihen. Es wäre immer besser, das Geld zu halten.

Allerdings reden wir hier über Nominalzinsen, den Zinssatz, der im Sparbuch abgedruckt ist. Wichtiger sind aber die Realzinsen, die Preisänderungen mit berücksichtigen. Wenn ein Sparbuch 2 Prozent Zinsen abwirft, die Inflationsrate aber 4 Prozent beträgt, sind die »Realzinsen« tatsächlich negativ, weil die Kaufkraft des gesparten Geldes inklusive Zinsen jedes Jahr um 2 Prozent sinkt.

Bei einer Deflation tritt natürlich der umgekehrte Fall ein: Die Nominalzinsen mögen bis auf null fallen, aber da die Preise sinken, sind die Realzinsen dennoch positiv. In der großen Depression der 1930er Jahre verbilligten sich viele Konsumgüter im Laufe von wenigen Jahren um bis zu einem Drittel. Das ergibt in der Folge hohe Realzinsen, unabhängig vom nominalen Zinssatz.

Tatsächlich sinkende Preise über einen längeren Zeitraum sind seit der Großen Depression vor allem in Japan seit den 1990er Jahren aufgetreten: Gezeichnet durch schwere wirtschaftliche Verwerfungen drückte die japanische Zentralbank kurzfristige Nominalzinsen tatsächlich auf nahe null Prozent (die so genannte »Nullzinspolitik«). Aber angesichts einer Deflation von bis zu 2 Prozent pro Jahr gab es gerade im neuen Jahrtausend etliche Jahre, in denen die japanischen Realzinsen unter den höchsten der entwickelten Industrienationen lagen. Der wirtschaftliche Einbruch ließ also die Zinsen tatsächlich sinken – nur hat die Deflation diesen Effekt wieder zunichtegemacht.

Abgesehen von dieser japanischen Ausnahme sind Episoden echter Deflation seit dem Zweiten Weltkrieg und der Weltwirtschaftskrise Mangelware. Nicht, dass es an schweren Krisen gemangelt hätte, aber ein deflationärer Schock ist eher rar. Der erste Eindruck täuscht jedoch ein bisschen. Inflation und Deflation werden in der Regel am Verbraucherpreisindex gemessen, und Verbraucherpreise sind relativ stabil. In anderen Bereichen gibt es durchaus größere Preisschwankungen in beide Richtungen, etwa bei landwirtschaftlichen Produkten oder anderen Rohstoffen. Besonders anfällig für Preisschwankungen sind Vermögenspreise, etwa für Aktien, Immobilien oder Kreditinstrumente wie Anleihen oder Kreditverbriefungen. Ein Preisverfall in diesem Bereich zieht eine »Schuldendeflation« nach sich – ein Begriff, den Irving Fisher in den 1930er Jahren geprägt hat.

Ob im Finanzsektor, bei anderen Unternehmen oder bei Haushalten: Oft wird der Erwerb von Vermögenswerten über Kredite (teil)finanziert. Im Sektor der Privathaushalte trifft das auf den überwiegenden Teil des Kreditvolumens zu, das für den Kauf von Eigentumswohnungen oder Häusern verwendet wird. In den letzten Jahren war es in vielen Ländern möglich, nur mehr einen geringen Teil des Kaufpreises per Eigenkapital zu finanzieren und den Rest der Mittel als Darlehen aufzunehmen (in den USA auch bis zur gesamten Summe). Der Finanzsektor ist noch höher mit Krediten »gehebelt«.

Das Problem dabei? Was, wenn der Wert des auf Kredit gekauften Vermögens zu sinken beginnt, etwa weil die Wirtschaft in eine Rezession rutscht oder einfach weil die Vermögenspreise in der Periode zuvor zu hoch gestiegen sind? Das kann unangenehm werden, und zwar umso unangenehmer, je riskanter finanziert wurde und je überzogener die Vermögensbewertungen ursprünglich waren.

Ein Beispiel aus dem Finanzsektor: Wir nehmen einen *Hedgefonds*, der in Aktien oder strukturierte Kreditpapiere investiert. (Letztlich ist die Anlageklasse für unser Beispiel egal.) Der *Hedgefonds* investiert aber nicht nur eigenes Geld. Aktienkäufe könnte er etwa zweifach hebeln, für jeden Euro Eigenkapital 2 Euro Kredit. Vermeintlich risikoarme Kreditinstrumente könnten noch gewagter finanziert sein: 5 Prozent Eigenkapital, 95 Prozent Geld von der Bank (vor der Finanzkrise durchaus üblich). Was passiert, wenn die Aktien um 10 Prozent nachgeben? Zuerst einmal gibt es durch den Hebel einen ordentlichen Verlust für den *Hedgefonds*. Der Höhe der Schulden ist es egal, ob eine Investition funktioniert; Verluste müssen über eigenes Kapital gedeckt werden (falls der Fond nicht zusammenbricht.) Weil das Eigenkapital den gesamten Wertverlust von 10 Prozent schlucken muss, gibt das einen Verlust von 33 Prozent.

Aber damit ist die Geschichte noch nicht zu Ende: Banken geben Kredit nicht ins Blaue, die gekauften Aktien oder Kreditpapiere dienen der Bank als Sicherheit, genauso wie sie sich bei einer privaten Wohnungskäuferin bzw. -käufer in das Grundbuch eintragen lässt und die Wohnung versteigern lässt, wenn die Schuldnerin oder der Schuldner nicht zahlt. Und wenn die Aktien oder Kreditpapiere jetzt weniger wert sind, kann es sein, dass die Bank zusätzliches Eigenkapital von dem *Hedgefonds* verlangt. Oder, falls dieser kein Geld mehr aufstellen kann, einen Teilverkauf verlangt. Wenn sich ein Fond (oder auch zehn) verspekuliert, dann macht das kein Problem. Die Aktien werden verkauft, der Fond muss den Verlust realisieren, und die Schulden werden verringert. Aber wenn sehr viele solche Vermögenswerte verkauft werden müssen, dann kommt es zur »Schuldendeflation«. Alle verkaufen, um Schulden zu reduzieren, aber keinem gelingt das.

Warum? Wohnungen, Aktien oder Kreditpapiere haben keinen fixen Preis. Sie sind wert, was dafür auf dem Markt zu erzielen ist. Wenn alle verkaufen wollen oder müssen, aber nur wenige kaufen, fällt der Preis. Wenn alle ihre Wohnung verkaufen wollen, um Schulden zu tilgen, aber niemand kauft, dann fällt einfach der Wohnungspreis, theoretisch auch auf null. Es mag sein, dass durch Verkäufe ein Teil der Schulden getilgt werden kann, aber im Endeffekt wiegen diese dennoch immer schwerer, weil der Wert der Vermögen (Aktien, Häuser und Kreditpapiere) noch schneller sinkt. Daraus kann sich eine immer schwerwiegendere Überschuldung ergeben.

Möglichkeiten der Notenbank – kurzfristige Zinssätze und die Notenbank als »Kreditgeber letzter Instanz«

Bis in die 1930er Jahre hat die Notenbank das Beeinflussen des Konjunkturzyklus nicht als ihre primäre Aufgabe gesehen. Die meisten Währungen waren damals fix an das Gold gebunden (der so genannte »Goldstandard«), die Notenbank konnte daher nicht mehr Liquidität zur Verfügung stellen, als sie Goldreserven zur Verfügung hatte. Heute ist praktisch allgemein anerkannt, dass der Goldstandard wesentlich Mitschuld an der Tiefe der damaligen Krise trug. Wollen in einer Rezession viele WirtschaftsteilnehmerInnen Bargeld halten, sinkt die Gesamtnachfrage und droht eine Deflation, muss die Notenbank zusätzliche Liquidität zur Verfügung stellen. Auf der anderen Seite muss sie bei einer überhitzenden Wirtschaft und einer explodierenden Kreditmenge den Geldhahn zudrehen.

Die einfachste Form der Geldpolitik ist das Beeinflussen kurzfristiger Zinsen. Die Notenbank tut dies, indem sie die Bedingungen festlegt, zu denen das Bankensystem Geld von der Notenbank erhält (oft als »Leitzinsen« beschrieben, aber das ist eine gewisse Vereinfachung). Dieses Geld wird dann meist für recht kurze Zeiträume verliehen. Sind diese Zinsen niedrig, wird für die Geschäftsbanken die Refinanzierung billiger. Dann wird auf den Wettbewerb gehofft, der die Geschäftsbanken dazu zwingt, diese Vorteile an ihre Kunden weiterzugeben. Die kurzfristigen Zinsen sollten also in der gesamten Wirtschaft sinken. Und weil das Geld jetzt billiger ist, steigt der Anreiz, höher verzinste längerfristige Schuldtitel zu kaufen (etwa zehnjährige Staatsanleihen, lang laufende Schuldtitel privater Firmen oder längerfristige Kredite). Damit sinken auch die längerfristigen Zinsen und der Notenbank ist es gelungen, das gesamte Zinsniveau nach unten zu bringen.

Wenn Überhitzung und Inflation gefürchtet werden, geschieht das Gegenteil: Die Notenbank verteuert die Refinanzierung und kann damit das gesamte Zinsniveau nach oben treiben.

Abgesehen von der direkten Versorgung der Geschäftsbanken mit Notenbankgeld kann die Notenbank auch über den An- und Verkauf von kurzfristigen Staatsanleihen (in den USA *treasury bills* oder *T-bills* genannt) die kurzfristigen Zinsen beeinflussen. Wenn sie solche Schuldtitel kauft, dann gerät

Zentralbankgeld in Umlauf und die Zinsen werden gedrückt.

Der Zinssatz reagiert auf Angebot und Nachfrage: Wenn viele Leute jemandem Geld leihen wollen, dann muss dieser weniger Zinsen bezahlen. Und wenn die Zentralbank für zusätzliche Nachfrage nach Schuldtiteln sorgt, senkt das die Zinsen genauso.

Üblicherweise – das heißt bis zur großen Finanzkrise von 2007 – geht die Notenbank bei diesen Operationen kein Risiko ein: Wenn sie kurz laufende Staatsanleihen kauft, handelt sie mit den sichersten Papieren, die in einem Wirtschaftsraum zu finden sind. Nicht, weil Staaten nicht pleitegehen könnten, aber doch, weil alle anderen Schulden in solch einem Fall wohl auch entwertet werden. (In einer Währungsunion gilt das natürlich nur bedingt: Die irischen Staatsanleihen im Besitz der EZB könnten durchaus ausfallen.) Und wenn die Notenbank Geschäftsbanken Liquidität zur Verfügung stellt, verlangt sie dafür Sicherheiten, nämlich üblicherweise wiederum Staatsanleihen. Damit kann die Notenbank die Liquidität des Bankensystems und die Höhe der kurzfristigen Zinsen steuern, ohne dabei das Risiko eines Verlustes einzugehen. Sollte eine der Banken pleitegehen, werden eben die Sicherheiten eingezogen. Das billige Geld, das in der Krise in die Wirtschaft gepumpt wird, kann beim nächsten Aufschwung wieder abgeschöpft werden; entweder, weil die Liquiditätslinien für die Banken nicht verlängert werden (oder in reduziertem Volumen verlängert werden), oder weil kurz laufende Staatsanleihen problemlos verkauft werden können.

Bei schweren wirtschaftlichen Einbrüchen kann hier nachgelegt werden. Zentralbankgeld kann Banken in unbegrenzter Höhe und über längere Laufzeiten geliehen werden. Die Notenbank kann beginnen, Geld nicht nur an Banken, sondern auch an andere Finanzmarktakteure in Liquiditätsengpässen zu verleihen; 2008 waren etwa eine Reihe von *Hedgefonds* Empfänger von Krediten der US-Notenbank. Die dafür hinterlegten Sicherheiten können auch mal schlechter ausfallen. So können etwa gebündelte Hypothekarkredite akzeptiert werden, was praktisch einen ähnlichen Effekt hat wie der Aufkauf solcher Kreditinstrumente. Gerade in den USA hat die Federal Reserve dabei praktisch ihr Mandat ausgeweitet. Sie ist nicht nur zum großen Spieler auf den Hypothekarmärkten geworden, unter Ausschaltung der Geschäftsbanken sie hat auch direkt Geld an Unternehmen verliehen.

Die Notenbank erfüllt dabei eine Rolle als Kreditgeber letzter Instanz. Im Prinzip haben die Notenbanken 2008 einen gigantischen *bank run* abgewehrt (weil der Geldmarkt ausgetrocknet war und keiner mehr Kredite geben wollte) und die Liquidität des Bankensystems gesichert. Teilweise waren die Notenbanken nicht nur Kreditgeber letzter Instanz, sondern überhaupt die einzige Instanz, die noch Kredite vergeben hat. All das ist natürlich mit Risiken und Problemen behaftet.

Und wenn das nicht reicht?
Langfristige Zinsen und »Quantitative Easing«

Das Beeinflussen kurzfristiger Zinssätze ist manchmal nicht ausreichend. In einer schlechten wirtschaftlichen Situation, oder auch wenn die Geschäftsbanken durch angefallene Verluste angeschlagen sind, bedeuten niedrige kurzfristige Zinsen und hohe Liquidität der Geschäftsbanken nicht automatisch Investitionen des Privatsektors oder niedrige längerfristige Zinsen. Letztere sind für eine wirtschaftliche Erholung entscheidend.

Angeschlagene Banken können auf der Liquidität sitzen und sie eben nicht als Kredite weiterreichen, aus Angst, noch höhere Verluste einzufahren. In sehr unsicheren Zeiten wird oft jede längerfristige Investition vermieden – sei es in Sachanlagen, wie eine neue Fabrik, oder auch in Finanzanlagen. Eine »Flucht ins Geld« kann bedeuten, dass auch eine große Menge an Zentralbankgeld aufgenommen wird, ohne deutliche Effekte zu erzielen.

Gerade in der Rezession nach 2007 haben die Zentralbanken daher ihr Arsenal beträchtlich ausgeweitet: Langfristige Staatsanleihen wurden gekauft, um die langfristigen Zinssätze zu beeinflussen und um an den Geschäftsbanken vorbei unmittelbar Geld in die Wirtschaft zu pumpen – *»Quantitative Easing«*.

Grundsätzlich muss daher festgehalten werden: Keine Deflation ist wirklich notwendig. Geld kann lastwagenweise gedruckt (oder per Mausklick geschaffen) und an das Bankensystem weitergereicht werden. Geld kann direkt in die Wirtschaft gepumpt werden, per Kredit an Unternehmen. Im Notfall können gewaltige staatliche Defizite über die Notenpresse finanziert werden.

Und keine dieser Maßnahmen bedeutet automatisch unkontrollierte Inflation: Wenn die Geldmenge durch die Tilgung von Schulden ohnehin geringer wird und die geringe Nachfrage die Preise dämpft, dann löst ein wenig Gelddrucken durch die Zentralbank keine Hyperinflation aus. Richtig dosiert wirkt es einfach dem deflationären Effekt der wirtschaftlichen Krisensituation entgegen.

Auf der anderen Seite stehen natürlich auch Risiken: Je weiter sich die Notenbank von der konventionellen Geldpolitik entfernt (vom Beeinflussen der kurzfristigen Zinssätze und dem Leihen von Geld nur gegen entsprechende

Sicherheiten), desto größer sind diese. Risiken bestehen einmal für die Bilanz der Notenbank selbst: Finden eine ganze Reihe von Hypothekarkrediten und Unternehmensanleihen ihren Weg in die Bücher der Notenbank, dann besteht für diese natürlich ein Ausfallrisiko, genauso wie für griechische und irische Staatsanleihen.

Für lange laufende Staatsanleihen besteht auch ein Kursrisiko. Die Bank of England hat in der letzten Rezession bis Februar 2010 zweihundert Milliarden Pfund vor allem in den Aufkauf von Staatsanleihen gesteckt. Damit war sie tatsächlich in der Lage, die Zinsen für diese Papiere zu drücken (wobei die Angaben über die Effektivität etwas schwanken). Das hatte Auswirkungen auf den gesamten Kreditmarkt, da die Verzinsung der Staatsanleihen den *Benchmark* für andere Zinssätze darstellt. Aber in ihren Büchern findet sich jetzt ein erhebliches Kursrisiko.

Ein Beispiel: Frau Maier kauft im Jahr 2000 eine Staatsanleihe mit zwanzigjähriger Laufzeit und einem Fixzins von 6 Prozent pro Jahr. Im Jahr 2010 sind noch zehn Jahre Laufzeit übrig, Frau Maier besitzt also eine zehnjährige Anleihe. Angenommen, der Zinssatz für eine frische zehnjährige Staatsanleihe liegt bei nur mehr 3, 4 oder 5 Prozent. Was würde geschehen, wenn Frau Maier ihre Anleihe auf dem Markt verkaufen wollte? Frau Maier würde einen Aufschlag auf den Nennwert der Anleihe erhalten, sodass nach zehn Jahren die gleiche Rendite erreicht würde, wie mit einer frischen, niedriger verzinsten Anleihe. Aber falls der Zinssatz nicht gefallen, sondern gestiegen wäre? Dann hätte Frau Maier zwei Möglichkeiten: Entweder sie hält die Anleihe bis zum Ende ihrer Laufzeit und würde weiterhin ihre 6 Prozent erhalten. Wenn sie aber verkaufen müsste, dann gäbe es einen Abschlag auf den Nennwert und Frau Maier macht Verlust.

Die Staatsanleihen in den Büchern der Bank of England sind nicht dazu gedacht, bis zum Ende der Laufzeit gehalten zu werden. Im Gegenteil: Die Zentralbank muss verkaufen, um im Fall eines neuen Wirtschaftsaufschwungs (und einer damit verbundenen Inflationsgefahr) das Zentralbankgeld wieder aus dem Wirtschaftskreislauf herauszuholen. Und damit entsteht auch das Risiko eines Kursverlustes: Allein die Ankündigung der Bank of England, mit Verkäufen zu beginnen, würde die Zinsen steigen und die Kurse nachgeben lassen und ein Verlust müsste vom Steuerzahler ausgeglichen werden. Allerdings sind die Staatsanleihen nicht das große Problem. Möglicherweise macht die Zentralbank Verluste, aber dafür musste der Staat zuvor geringere Zinsen zahlen.

Schwieriger wird die Sache, wenn sich etwa die amerikanische Federal Reserve aus dem Hypothekarmarkt zurückziehen möchte. Dort kann es ein Problem geben, überhaupt Käufer zu finden, ganz zu schweigen davon, größere Verluste zu vermeiden. Das bedeutet: Mit der Ausweitung ihrer Tätigkeiten setzt sich die Notenbank einem Verlustrisiko aus. Teilweise verschwimmt dann auch die Grenze zwischen Geldpolitik (der Notenbank) und Budgetpolitik (durch Regierung und Parlament).

Das ist das zweite Problem einer so weit gehenden Notenbankintervention. Denn ein massiver Eingriff in den Markt für hypothekarische Kreditverbriefungen bedeutet eine Subvention für Hauskäufer und das Bankensystem. Eine solche Intervention bedeutet auch, dass Kapital und Investitionen in eine bestimmte Richtung gelenkt werden, in diesem Fall in Richtung Kauf und Bau neuer Einfamilienhäuser. Es ist keine ausgemachte Sache, dass öffentliche Gelder für Erziehung oder Infrastruktur nicht wirksamer wären.

Das Problem lässt sich auch noch weiter fassen: Werden alle mit Liquidität gestützt und über staatliche Garantien abgesichert (siehe Kapitel zum Geld), bricht auch niemand zusammen. Der Finanzsektor überlebt wie in einem Sauerstoffzelt. Jetzt ist ein unkontrollierter Zusammenbruch, ausgelöst von einer Finanzmarktpanik und einem versagenden Geldmarkt, sicher keine Alternative. Wenn aber die Schulden insgesamt zu hoch geworden sind, bräuchte es Möglichkeiten, diese zu streichen, ohne dass sie deswegen der Notenbank oder dem staatlichen Budget umgehängt werden.

Wir haben gezeigt, wie die Notenbank den kurzfristigen Zinssatz senken kann und damit das Bankensystem mit Liquidität versorgt. Wir haben ebenso illustriert, wie sie am Bankensystem vorbei unmittelbar Geld in die Wirtschaft pumpen und auch langfristige Zinsen senken kann.

Und wenn das auch nicht reicht?
Die Grenzen der Geldpolitik in einer Wirtschaftskrise

Seit den 1970er Jahren läuft die Debatte über die Effizienz von Budget- und Geldpolitik. Wir haben einige Argumente dieser Debatte bereits erwähnt: die keynesianische Verteidigung der Budgetpolitik sowie die wirtschaftsliberalen Angriffe darauf, etwa den ricardianischen Effekt. Und wir haben die grundlegende Funktionsweise der Geldpolitik erklärt. Letzten Endes hat beides Beschränkungen. Die Budgetpolitik wird durch die Höhe der Staatsschulden begrenzt, aber auch eine reine Geldpolitik läuft irgendwann in Schwierigkeiten. Im Endeffekt kann Geldpolitik Zinssätze verändern und damit Anreize für Investitionen und Konsum schaffen – oder Investitionen und Konsum bremsen. Aber in schweren Wirtschaftskrisen kann auch bei einem Zinssatz von null Prozent die Investitionsbereitschaft nicht gegeben sein. Wenn in einer Rezession alle sparen wollen, dann bedeutet das, dass sie einen Teil ihres Einkommens nicht ausgeben. Und wenn alle gemeinsam mehr sparen als investieren wollen, dann kann die Refinanzierung des Bankwesens noch so günstig gestaltet werden, der *Output* der Wirtschaft wird trotzdem sinken.

Natürlich lässt sich Geldpolitik grundsätzlich mit Budgetpolitik verbinden: Der Staat kann mit einem gewaltigen Defizit für Nachfrage sorgen und die Notenbank kann einfach per Druckerpresse (oder per Mausklick) die notwendigen Mittel zur Verfügung stellen, damit die Staatsverschuldung kein Problem wird. Wenn allerdings das neu geschaffene Zentralbankgeld nicht irgendwann wieder aus dem Wirtschaftskreislauf herausgenommen wird, ist eine hohe Inflation unvermeidlich. Das Decken staatlicher Defizite über die Notenpresse war das Rezept für die Hyperinflation nach dem Ersten Weltkrieg, die Hyperinflation in Jugoslawien ab dem Ende der 1980er Jahre oder jene in Simbabwe im ersten Jahrzehnt des neuen Jahrtausends.

Nicht nur der Zinssatz zählt: Geldpolitik und staatliche Regulierung

Die Steuerung kurzfristiger Zinssätze ist die geldpolitische Orthodoxie – zumindest seit den 1980er Jahren. Bis in der großen Rezession ab 2007 das »*Quantitative Easing*« ausgepackt wurde, galten andere Instrumente als nicht praktikabel. Das ist aber kein Naturgesetz.

In den 1950er Jahren teilte die Deutsche Bundesbank den Geschäftsbanken genaue Kreditvolumina zu, die nicht überschritten werden durften – eine ganz unmittelbare Steuerung der Geldmenge. In China wird von Zeit zu Zeit die Kreditvergabe für ein paar Tage unterbunden, um die Menge der vergebenen Darlehen zu beschränken.

Genauso kann an anderen Schrauben gedreht werden: Eine Erhöhung von Mindestreservesätzen verringert die Möglichkeit, Kredite zu vergeben. Es können aber auch einzelne Sektoren der Wirtschaft begünstigt und andere benachteiligt werden: In Frankreich wurden bis in die 1980er Jahre Banken zur Kreditvergabe an bestimmte, von der Regierung als strategisch ausgewiesene Sektoren angewiesen. In China wurde 2010 die Vergabe von Hypothekarkrediten daran gebunden, dass die HauskäuferInnen zumindest fünfzig Prozent Eigenkapital einbringen konnten – die Bank durfte also nur die Hälfte des Kaufs per Kredit finanzieren.

Seit den 1980er Jahren werden solche Auflagen in der Geldpolitik im Allgemeinen als zu marktfeindlich abgelehnt. Die Notenbank soll Zinssätze kontrollieren, aber wohin vergebene Kredite fließen und welches Risiko genommen wird, soll dem freien Markt überlassen werden. Seit der Finanzkrise sind an einer solchen Haltung natürlich Zweifel angebracht. Der »freie Markt« hat gewaltige Summen in den US-Immobilienmarkt und in reine Finanzanlagen geschleust und die Banken sind dabei gewaltige Risiken eingegangen. Rückblickend war das keine optimale Entwicklung. Inwieweit Geldpolitik und Regulierung getrennt sein sollen beziehungsweise können, wird Notenbanken und Regierungen wohl noch länger beschäftigen.

Jenseits des Konjunkturzyklus – Wachstumsschwäche seit den 1970er Jahren

Wir haben wiederkehrende Rezessionen im Konjunkturzyklus oder auch tiefere Einbrüche erklärt. Auf der anderen Seite sehen wir aber auch – gerade in den entwickelten Industriestaaten – eine Wachstumsabschwächung, die bis in die 1970er Jahre zurückreicht. Seit den 1980er Jahren wird dagegen in wechselnden Dosen die gleiche Medizin verabreicht: Die alten Rezepte des Wirtschaftsliberalismus, Deregulierung der Märkte und sinkende Reallöhne; das sollte das Wachstum ankurbeln und die Arbeitslosigkeit senken. Abgesehen von einigen Ausnahmen hat diese Medizin allerdings keinen besonderen Erfolg aufzuweisen.

In rezessiven Phasen wird nach keynesianischem Rezept staatliche Nachfrage in die Wirtschaft gepumpt; allerdings gelingt es nur selten, die staatlichen Defizite in der folgenden Hochkonjunktur zu reduzieren. Und dort, wo die »Budgetsanierung« versucht wird, scheitert sie im Allgemeinen: 1999 schaffte die amerikanische Regierung Clinton zum ersten Mal seit Langem einen Budgetüberschuss, doch im Jahr darauf folgte eine Rezession, möglicherweise, weil der staatliche Überschuss zu viel Nachfrage aus dem Kreislauf gezogen hatte. In den Jahren 2003, 2004 und 2005 versuchte die deutsche Bundesregierung fast verzweifelt, ihr Budgetdefizit zurückzufahren, schwächte damit aber in erster Linie die Binnennachfrage – neben einer verfallenden Infrastruktur und zunehmender Armut. Erst 2006 kam es zu einem kurzen Aufschwung, der allerdings über den Export von ausländischer Nachfrage getragen wurde.

Parallel zur staatlichen Nachfrage wurde auch die Geldpolitik zur Konjunkturbelebung genutzt – vielleicht in noch größerem Ausmaß. Vor allem die Zeit nach der Jahrtausendwende war von sehr geringen Leitzinsen gekennzeichnet. In der Rezession von 2001 senkte die US-Notenbank ihre Leitzinsen sehr aggressiv (2003 auf nur mehr 1 Prozent), um sie dann nur langsam zu erhöhen.

In der gesamten Periode hat das international niedrige Zinsumfeld eigentlich kaum höhere Investitionen und neue Jobs ausgelöst. In den USA wird von einer »*jobless recovery*« gesprochen. Die hohe Liquidität führte in erster Linie zur Bildung von Vermögenspreisblasen und ermöglichte eine höhere Privatverschuldung. Das etwas höhere Zinsniveau der Folgezeit beseitigte aber nicht einfach diese Fehlentwicklungen, sondern löste einen allgemeinen Absturz aus. 2006 kam der Immobilienmarkt bei einem immer noch überschaubaren Leitzinsniveau von 5¼ Prozent so unter Druck, dass die Hauspreise zu fallen begannen – der Beginn der großen Finanzkrise. (US-Leitzinsen: http://www.newyorkfed.org; US-Hauspreise: *Standard & Poor's; Case/Shiller Home Price Index*)

In der Regel funktionierten jene Wirtschaften mit mehr Keynesianismus besser (etwa Frankreich), allerdings um den Preis einer Staatsverschuldung, die langsam ungemütlich wird. Die Könige des Wachstums waren Volkswirtschaften, in denen es zu einer völlig unkontrollierten Verschuldung der privaten Haushalte gekommen ist (Irland, Spanien, Großbritannien oder die USA), eine Art »Privatkeynesianismus«, der freilich recht kurze Beine hat, denn die Verschuldung privater Haushalte geht in der Regel weniger lang gut als die Verschuldung des Staates. Das hat die Finanzkrise hinreichend gezeigt.

Ebenfalls gut haben relativ kleine Volkswirtschaften abgeschnitten, die Nischen besetzt haben: Finnland oder Schweden in der Hochtechnologie, Österreich im Export nach Osteuropa, Luxemburg oder die Schweiz als Bankenplätze und Steueroasen. Allerdings kann nicht jeder eine Nische besetzen. Nicht in jeder mittelgroßen europäischen Stadt kann eine Nokia-Zentrale untergebracht werden, und wenn alle zu Steueroasen werden, dann zahlt niemand mehr Steuern. Eine kleine Volkswirtschaft braucht im Übrigen relativ wenig Rücksicht auf die Gesamtnachfrage nehmen: Durch die Bedeutung des Außenhandels verpuffen staatliche Nachfrageimpulse über die Grenzen, während auf der anderen Seite auch in schwierigen Situationen staatliche Sparmaßnahmen durch zusätzliche Exporte ausgeglichen werden können und daher nicht unbedingt die Konjunktur abwürgen müssen. Eine kleine Volkswirtschaft lässt sich daher ein bisschen wie ein Unternehmen führen: Entscheidend ist die Konkurrenzfähigkeit zu anderen Ländern, die Nachfragebelebung kann anderen überlassen werden.

Die meisten Staatsschulden wurden in Japan angehäuft. Seit Anfang der 1990er Jahre stemmt sich der Staat mit hohen Budgetdefiziten gegen eine hartnäckige Stagnation der Wirtschaft. Mittlerweile ist dadurch die Staatsschuld auf über 200 Prozent des BIP angewachsen. Die Stagnation ist immer noch nicht überwunden. Auf der anderen Seite muss aber auch festgehalten werden, dass Japan eine apokalyptische Wirtschaftskrise verhindert hat, auf die der völlige Zusammenbruch des Immobilien- und Finanzmarktes Ende der 1980er hingedeutet hätte.

Von einigen Sonderfällen absehen ist ein großer Teil der Nachfrage in den letzten Jahren entweder aus langfristig unhaltbarer Privatverschuldung gekommen oder aus Staatsdefiziten, die ebenfalls langsam zu hoch werden. Wo der Volkswirtschaft die zusätzliche kreditgestützte Nachfrage entzogen wird, gibt es schnell große Probleme. Seit 2010 wird versucht, die in der Finanzkrise entstandenen staatlichen Defizite zurückzufahren, aber wenn die Erfahrung der letzten dreißig Jahre ein Anhaltspunkt sein soll, dann wird das mehr schlecht als recht funktionieren.

Den tieferen Grund für die strukturelle Nachfrageschwäche vermuten wir in einer immer ungleicheren Einkommens- und Vermögensverteilung. Die als Anteil des BIP weltweit gesunkenen Lohneinkommen sorgen für eine verhaltene Endnachfrage, die in der Folge auch wenig Interesse an Unternehmensinvestitionen aufkommen lässt, weil nicht investiert wird, wenn zu wenige kaufen. Die höhere Staatsverschuldung hilft dabei kurzfristig, löst aber zu wenig selbst tragenden Aufschwung aus (in dem sie dann wieder reduziert werden könnte). Und das von den Zentralbanken gelieferte billige Geld wandert aufgrund zu weniger Investitionsgelegenheiten in den Aufbau spekulativer Blasen auf Finanz und Immobilienmärkten; die helfen ebenfalls kurzfristig, sind aber unangenehm, wenn sie früher oder später platzen. Diese These werden wir auch in den folgenden Kapiteln weiterentwickeln.

Warum kann ein Boom nicht einfach weitergehen?

Gerade am Anfang der letzten Weltwirtschaftskrise, vielleicht im Jahr 2008, wurde die Schwere der Verwerfungen sehr oft ungläubig betrachtet. »Bis jetzt hat es doch auch funktioniert – was ist denn Schlimmes passiert, dass plötzlich alles zerfällt?« Es lässt sich darüber streiten, ob im Jahr 2006 wirklich noch »alles funktioniert« hat; mehr als eine Milliarde Unterernährte waren wohl anderer Meinung. Aber ein plötzlicher wirtschaftlicher Einbruch ist tatsächlich etwas schwer zu verstehen: Bis dahin wurden haufenweise Dinge hergestellt, die andere Leute brauchten, und die auch bereit waren, dafür zu bezahlen. Und auf einmal wird das alles unverkäuflich? Im Endeffekt scheinen zwei Faktoren für eine Rezession wirklich ausschlaggebend:

Der eine ist ein Stimmungswandel, ein Drehen der Risikobereitschaft, wo viele Unternehmen auf einmal weniger investieren, aber viele Haushalte auf einmal mehr sparen wollen. In diesem Kapitel haben wir ausreichend klargemacht, dass nicht alle gleichzeitig sparen können. Aber dahinter liegt noch etwas anderes – denn warum ein solch plötzlicher Stimmungswandel?

Entscheidend ist, dass die Leute, die sparen, jene, die investieren, und manchmal auch jene, die konsumieren, nicht dieselben sind. Oft leben sie in unterschiedlichen Ländern und kommen aus unterschiedlichen Einkommensgruppen. Verbunden werden diese Personen dann über eine riesige Zahl von Schuldverschreibungen, Kredite und Kreditinstrumente. Vor der Finanzkrise hatten wir das Phänomen, dass viele viel sparten (darunter ganze Volkswirtschaften, wie China), andere viel konsumierten und wieder andere sehr riskant investierten; und die Schuldverschreibungen, Kredite und Kreditinstrumente zwischen diesen Gruppen wurden immer höher. An einem bestimmten Punkt konnten die ersten SchuldnerInnen nicht mehr zahlen und die SparerInnen waren nicht ohne Weiteres bereit, den Pleitegegangenen neues Geld zu leihen.

Kommen wir also zur ursprünglichen Frage zurück: »Bisher hat es doch auch funktioniert.« Es könnte auch so weitergehen, aber nur unter der Voraussetzung, dass die Sparer einen Teil ihrer Forderungen streichen und neues Einkommen sofort wieder zur Verfügung stellen, und das ist nicht so einfach.

6. Warum internationaler Handel notwendig ist und welche Gefahren damit verbunden sind

Über die Probleme der Außenwirtschaft wurde tonnenweise Literatur verfasst und wir werden uns bemühen, die wichtigsten Diskussionen nachzuzeichnen. Wir sehen uns die Ideen von Freihandel und Protektionismus an und überprüfen, inwieweit Handel und Unterentwicklung zusammenhängen können. Wir versuchen zu erklären, wie ein Wechselkurs entsteht und welche Folgen er hat, und wie die plötzliche internationale Kapitalströme zu Zahlungsbilanzkrisen und wirtschaftlichen Zusammenbrüchen führen können. Als Einleitung dazu ein kleines Beispiel:

Ein Tal in Tirol

Wir versuchen, uns die grundlegenden Mechanismen des Außenhandels am Beispiel eines Tals in Tirol vorzustellen. Gerade aus österreichischer Perspektive ist das eigentlich kein Außenhandel, aber die Mechanismen sind ganz ähnlich und es hilft, viele komplizierte Dinge aus dem Hinterkopf zu bekommen, die mit internationalem Handel verbunden werden.

Jetzt gehen wir noch ein wenig in der Zeit zurück, vielleicht in das Jahr 1850. Die Wirtschaft des Tiroler Tals ist arbeitsteilig organisiert, wenn auch weniger arbeitsteilig als eine moderne Ökonomie. Gerade die bäuerlichen Haushalte versorgen sich noch selbst mit Lebensmitteln, können ihre Werkzeuge teilweise selbst reparieren und bauen ihre Häuser in Nachbarschaftshilfe. Markt und Arbeitsteilung spielen also eine geringere Rolle. Nicht alle sind Bauern, aber auch ihre Tätigkeit ist oft auf den lokalen Markt ausgerichtet – HandwerkerInnen zum Beispiel, etwa ein Hufschmied oder Schneider, oder Dienstleister, wie der Pfarrer, der für das Seelenheil aller zuständig ist und dafür von der Gemeinde erhalten wird.

Aber schon 1850 ist das Tal kein geschlossener Wirtschaftsraum: Waren von außerhalb werden benötigt. Kleidung wird im Tal selbst geschneidert, aber das Tuch dafür wird nicht hier hergestellt. Die Werkzeuge der Bäuerinnen und Bauern sind bereits teilweise industriell gefertigt und müssen ebenfalls hereingebracht werden – zumindest der Werkzeugstahl kommt aus Hochöfen in der

Steiermark oder im Ruhrgebiet. Bezahlen können das die TirolerInnen, weil das Tal seinerseits Produkte nach Außen verkauft: die Überschüsse der Landwirtschaft. Die Arbeitsteilung umfasst also mehr als die BewohnerInnen des Tiroler Tals, sie ist auch 1850 im Wesentlichen europäisch.

Was würde passieren, wenn das Tal von der Außenwelt abgetrennt wird, sagen wir durch eine Naturkatastrophe, die den Zugang für Jahre unmöglich macht? Zuerst gibt es eine Anpassungskrise und nach ein paar Jahren hätten wir eine neue Struktur der Wirtschaft. Wie sieht die aus? Zum einen muss festgestellt werden, dass die zuvor importierten Güter nicht ersetzt werden können.

Vielleicht gibt es Eisenerz, möglicherweise auch Steinkohle für einen Hochofen. Vielleicht ist auch die technische Expertise für die Stahlerzeugung vorhanden, aber ein Stahlwerk braucht eine große Zahl Arbeitskräfte und dann auch einen großen Absatzmarkt, um rentabel zu arbeiten. Vielleicht ist es theoretisch möglich, Stahl in dem Tiroler Tal zu erzeugen, aber sicher nicht zum gleichen Preis.

Das Gleiche gilt für industriell gefertigte landwirtschaftliche Maschinen (etwa Pflüge) und das importierte Tuch. Die Bauern und Bäuerinnen müssten im Wesentlichen mit deutlich schlechterer Technik arbeiten, das lässt die Erträge und folglich auch die Überschüsse der Landwirtschaft sinken, und dadurch werden die Produkte der Landwirtschaft gegenüber den Produkten der nicht landwirtschaftlich Beschäftigten (etwa den HandwerkerInnen oder den DienstleisterInnen) teurer. Dadurch sinkt auch deren Lebensstandard; möglicherweise müssten einige von ihnen zur bäuerlichen Selbstversorgung wechseln, weil nicht mehr alle von den jetzt niedrigeren landwirtschaftlichen Überschüssen ernährt werden können.

Kurz: Ohne überregionalen Handel könnte das Tiroler Tal wahrscheinlich überleben, aber bei einem niedrigeren Lebensstandard. Möglicherweise gibt es angesichts niedrigerer landwirtschaftlicher Hektarproduktivität allerdings zu wenig Ackerland für die BewohnerInnen. Dann käme es zu einer Hungerkrise.

Tatsächlich gab es in den letzten zweihundert Jahren keine Naturkatastrophen, die ganze Alpentäler aus der regionalen oder internationalen Arbeitsteilung herausnahmen, aber eine Schlussfolgerung können wir ziehen, ob für einzelne Alpentäler oder ganze Länder: Handel ist notwendig. Und: Der Verkauf von Gütern in andere Länder und Regionen dient dazu, andere Güter von dort wieder einzukaufen. Das bedeutet aber nicht, dass Handel keine

Probleme machen kann.

Unser Beispiel lässt sich weiterführen, etwas realistischer noch als eine plötzliche Naturkatastrophe. Mit der Herausbildung eines Weltmarktes für Agrargüter (das war etwa Ende des 19. Jahrhunderts der Fall) kamen die Alpentäler mit den Anbauregionen in Australien, den USA oder Kanada in Konkurrenz. Dort ist die Produktion deutlich billiger. Noch wichtiger: Die steigende landwirtschaftliche Produktivität (durch den Einsatz von Maschinen und Kunstdünger), drückte die Preise für landwirtschaftliche Produkte weiter. Während ein bäuerlicher Betrieb deutlich mehr herstellen konnte, fiel der Preis pro Kilogramm Weizen (oder pro Liter Milch) und die Anzahl dieser Betriebe nahm ab. Die Beschäftigung in der Landwirtschaft ging zurück.

Dieser Rückgang fand in Europa überall statt, und die Arbeitskräfte wurden in der Regel von expandierender Beschäftigung in der Industrie und vor allem dem Bereich der Dienstleistungen aufgenommen. Was passierte in unserem Alpental? Tatsächlich hatte der Dienstleistungssektor einige Möglichkeiten zur Expansion, von FriseurInnen bis EinzelhändlerInnen, dem Baugewerbe und Bankangestellten. Aber es gab ein anderes Problem: Weil industrielle Entwicklung in einem abgelegenen Tal schwierig ist (die Logistikkosten sind zu hoch), bleibt die Landwirtschaft der einzige traditionelle Wirtschaftszweig, der Güter nach außerhalb des Tals verkaufen kann.

Ohne zusätzliche industrielle Ausfuhren kann der Fall der Erlöse aus dem Verkauf landwirtschaftlicher Produkte nicht aufgefangen werden. Die Bäuerinnen und Bauern (oder deren Kinder) könnten theoretisch in den Bereich der expandierenden Dienstleistungen wechseln, aber wie sollen jene Güter finanziert werden, die im Tal selbst nicht hergestellt werden – von Traktoren, über Fernseher und Kühlschränke zu Tiefkühlpizzas und Telefonkabeln?

Dafür gab es in den letzten Jahrzehnten zwei Lösungen: Entweder es gelingt die Entwicklung des Tourismus, dann bringen die TouristInnen das Einkommen, das die Fernseher und Kühlschränke bezahlt. Das ist in Tirol tatsächlich passiert. Die zweite Möglichkeit ist die Evakuierung eines wirtschaftlichen Ungunstraumes. In den italienischen Südalpen, die für eine touristische Nutzung schlechter geeignet sind, sind zahlreiche Dörfer mittlerweile ausgestorben.

Daneben gibt es natürlich noch andere Möglichkeiten: Es kann etwa Geld ausgeliehen werden, oder es wird Sozialhilfe oder Regionalförderung von außerhalb des Tales überwiesen. Eines ist aber in jedem Fall festzustellen: Wenn der Sektor der Wirtschaft, der handelbare Güter erzeugt, in Schwierigkeiten gerät (in unserem Fall die Landwirtschaft), dann kann auch der Sektor, der keine handelbaren Güter erzeugt, nicht weitermachen wie bisher (in unserem Fall die FriseurInnen, die WirtInnen und der Pfarrer).

Nehmen wir kurz den Fall an, dass in unserem Tal die industrielle Entwicklung scheitert, keine Möglichkeiten im Tourismus gefunden werden und die Massenauswanderung auch keine Option darstellt. Für die europäischen Alpen ist das hypothetisch, für viele Entwicklungsländer aber nicht. Was würde passieren? Es können letzten Endes nur jene Güter eingeführt werden, die auch durch Exporte bezahlt werden können; wird wertmäßig weniger exportiert, kann auch weniger importiert werden. Daher werden die Importgüter relativ teurer und der Lebensstandard der Menschen quer durch alle Branchen fällt.

In diesem Beispiel sind jetzt einige Elemente vorgekommen: warum Handel benötigt wird und welche Vorteile er bietet, und dass Probleme der Außenwirtschaft sich nicht auf einige exportorientierte Branchen beschränken, sondern die gesamte Volkswirtschaft betreffen.

Freihandel und Protektionismus

Bevor wir uns genauer mit den Vorteilen und Problemen des Handels beschäftigen, müssen wir zwei Begriffe klären, die in der gesamten Debatte immer wieder vorkommen: Freihandel und Protektionismus. Der Begriff des Freihandels kommt aus dem Wirtschaftsliberalismus und bedeutet, dass internationaler Handel ohne staatlichen Eingriff und staatliche Regulierung ablaufen soll. Er ist im Wesentlichen die Verlängerung des Wirtschaftsliberalismus über eine einzelne Volkswirtschaft hinaus: Staatliche Eingriffe verzerrten Anreize und dienten nur bestimmten Interessengruppen; optimale Ergebnisse bringe auch im internationalen Handel nur der freie Markt.

Der »Protektionismus« wird als Gegenmodell gesehen und bedeutet eben solche staatlichen Eingriffe, üblicherweise zum Schutz der eigenen Volkswirtschaft vor ausländischer Konkurrenz. Protektionismus heißt in der Regel keine völlige Abkehr vom Handel. Das will im Augenblick tatsächlich niemand und nur Nordkorea hat es eine Zeit lang versucht. Protektionismus ist der Versuch, Handelsströme staatlich zu lenken und ist grundsätzlich in jedem Wirtschaftsraum der Erde zu bemerken. Und weil das mit ganz unterschiedlichen Methoden und auch ganz unterschiedlichen Zielsetzungen gemacht werden kann, ist es ein bisschen schwierig, über *den* Protektionismus zu schreiben und ihn dann dem Freihandel gegenüberzustellen.

Daher unsere Vorgehensweise: Wir analysieren, welche wirtschaftlichen

Strukturen in einem Regime des Freihandels entstehen könnten (auch hier ist einiges umstritten) und gehen dann auf mögliche staatliche Eingriffe ein.

Handel und die Vorteile der Massenproduktion

Bereits bei der Erklärung von Märkten stellten wir fest, dass viele Produktionsvorgänge Vorteile der Massenproduktion aufweisen. Dies bedeutet: Bei steigender Produktionsmenge sinken die Stückkosten, die Kosten pro produzierte Einheit. Streng genommen gibt es solche Vorteile der Massenproduktion bei praktisch jeder wirtschaftlichen Tätigkeit – auch ein Friseursalon arbeitet effizienter, wenn nicht 5 Haarschnitte pro Tag verkauft werden, sondern vielleicht 150. Allerdings werden in diesem Fall relativ bald Grenzen erreicht, bei denen nicht mehr von sinkenden Stückkosten ausgegangen werden kann. 100 000 Haarschnitte pro Tag würden wohl ein ziemliches logistisches Problem darstellen. Folgerichtig sind die Eintrittsbarrieren in den Haarschneidemarkt relativ gering und die Friseure sind sämtlich auf lokale Märkte ausgerichtet.

In der Industrie (und auch bei zahlreichen Dienstleistungen) sieht diese Situation anders aus: In einigen Branchen fallen die Stückkosten tatsächlich mit jeder verkauften Einheit, etwa bei der Produktion von Softwareprogrammen, deren Entwicklung oft sehr teuer ist (oft tausende Programmierer über einen längeren Zeitraum), wo dann aber keine weiteren Kosten anfallen, sollte das Programm hunderttausendmal, statt zehnmal, von der Internetseite des Unternehmens heruntergeladen werden. Für die Pharmaindustrie kann ein ähnliches Verhältnis angenommen werden: Die meisten Kosten fallen in der Entwicklung von Medikamenten an, die eigentliche Produktion ist im Normalfall wenig aufwändig.

In anderen industriellen Bereichen gibt es durchaus so etwas wie eine optimale Größe einer Produktionseinheit. Automontage- oder Stahlwerke lassen sich nicht zu jeder beliebigen Größe aufblasen, zumindest nicht ohne explodierende Logistik- und Managementkosten. Auf der anderen Seite verfügt ein Autokonzern über mehrere Werke, genauso wie ein typischer Stahlkonzern, weil die Kosten der für einzelne Produkte getätigten Forschung und Entwicklung durchaus weiter abnehmen, je mehr produziert wird. Die Liste ließe sich fortsetzen. Interessant ist dabei auch, dass aktuelle Stückkosten nicht nur von aktuellen Stückzahlen abhängen, sondern auch von vergangener Produktion. Konzerne sind soziale Organisationen, die lernen. Weil ArcelorMittal weiß, wie Stahl produziert wird, ist es für ihn einfacher und billiger, ein neues Stahlwerk zu bauen, als für einen Konkurrenten, der in den Markt einsteigen möchte.

Infolge der Vorteile der Massenproduktion profitieren viele Wirtschaftszweige und die meisten industriellen Branchen von größeren Märkten; je größer der Markt, um so höher ist die verkaufbare Stückzahl. Softwareproduzenten, Flugzeugbauer oder Pharmaunternehmen orientieren sich daher notwendigerweise auf einen Weltmarkt. Für die österreichische Industrie wird für 2008 etwa ein Exportanteil von 71 Prozent ausgewiesen – spezialisierten Unternehmen ist der österreichische Markt also offensichtlich zu klein. Auf der anderen Seite sind natürlich auch die meisten in Österreich verkauften Industrieprodukte nicht im Land selbst hergestellt.

Die Vorteile der Massenproduktion können sich dabei mit den Vorteilen höherer Konkurrenz verbinden. Als Beispiel dienen etwa kommerzielle Großraumflugzeuge für den Passagierverkehr, die aufgrund der Vorteile der Massenproduktion international nur von zwei Konzernen hergestellt werden. Angenommen, wir würden auf einen österreichischen Flugzeugbauer bestehen, der vor ausländischer Konkurrenz geschützt wird und den inländischen Markt bedient. Das erste Problem ist der sehr kleine Markt: Die ehemalige staatliche Fluglinie Austrian Airlines fliegt etwa mit 42 größeren und 43 kleinen Maschinen. Bei einem Durchschnittsalter von zehn Jahren werden pro Jahr also 8 Maschinen benötigt. Dem steht die Schätzung gegenüber, dass Airbus (bei einem Preis jenseits der 300 Millionen Dollar) 420 Maschinen seines A-380 Reiseflugzeugs verkaufen muss, ehe das Unternehmen mit dem Modell Gewinn macht.

Ein Flugzeugbauer, der allein auf den österreichischen Markt angewiesen ist, steht also vor Problemen. Durch die sehr niedrigen Stückzahlen wäre der Produktionspreis eines einzelnen Flugzeuges extrem hoch, wahrscheinlich so hoch, dass damit gar kein Passagierverkehr im heutigen Sinn möglich wäre. Wenn ein Ticket zehnmal mehr kostet, dann fliegen wohl auch sehr wenige, was die Nachfrage nach Flugzeugen weiter senkt und die Kosten noch einmal steigert. Es gibt durchaus einen Preisbereich, in dem die ganze Luftfahrt zu teuer wird und alle wieder mit dem Zug fahren. Sollte (etwa durch staatliche Subventionen) der Flugzeugbau doch möglich sein, dann ist aber eines ganz sicher: Eine zweite solche Firma wäre in jedem Fall zu teuer. Müsste der winzige österreichische Markt noch einmal halbiert werden, dann verursachte die Produktion noch höhere Kosten. Der einzige Flugzeugbauer müsste also ein Monopolist sein, was seine Bereitschaft zu technologischer Entwicklung oder Preissenkungen gering werden ließe.

Agglomerationseffekte

Zusätzlich zu den Vorteilen der Massenproduktion in einem einzelnen Betrieb oder Konzern hat der amerikanische Wirtschaftswissenschaftler Paul Krugman 1991 über »Agglomerationsvorteile« gesprochen und dafür übrigens 2008 einen Nobelpreis erhalten. Der Ausdruck »Agglomeration« wird üblicherweise bei städtischen Ballungsräumen verwendet. Krugman zeigte, dass Industrien dazu neigen, sich »zusammenzuballen«. Es kommt nicht nur darauf an, welche Stückzahlen ein einzelner Betrieb erzeugt, um Vorteile der Massenproduktion festzustellen, es ist auch wesentlich, was daneben geschieht.

Silicon Valley bietet einen Vorteil für sich ansiedelnde Softwareunternehmen: Es gibt einen Pool von spezialisierten Arbeitskräften und auch entsprechende Ausbildungs- und Forschungszentren. Es gibt eine ganze Reihe von Zulieferern und spezialisierten Dienstleistern für die Softwareindustrie. Im Silicon Valley finden sich Finanzdienstleister, die Risikokapital für die Vermarktung neuer Ideen zur Verfügung stellen. Möglicherweise ist es nicht ganz unwichtig, dass Angestellte verschiedener Firmen in dieselben Lokale gehen und sich dort austauschen. Und schließlich ist auch eine entsprechende Infrastruktur vorhanden.

Diese Agglomerationsvorteile gelten dabei nicht nur für die Industrie und erklären die wirtschaftliche Spezialisierung einzelner Regionen: Filmindustrie in Hollywood und Mumbai, Maschinenbau in Südwestdeutschland, Spezialchemie in Basel, Investmentbanking in London oder Manhattan, Pharmaindustrie in Südostengland oder Lohnfertigungsindustrie im chinesischen Perlfluss-Delta.

Für die Herausbildung solcher Regionen sind oft die Pionierleistungen einzelner Unternehmen entscheidend, teilweise sind es auch Zufälle. Es gibt beispielsweise keinen besonderen Grund dafür, warum es in Japan keine nennenswerte Flugzeugindustrie gibt – außer den einen, dass die Spezialisierung eben in andere Richtungen verlaufen ist, etwa Richtung Automobilsektor oder Maschinenbau. Agglomerationsvorteile gelten natürlich auch für die Industrie als Ganzes. Wenn in einer Region der Textilindustrie ein Containerhafen entsteht, dann hilft das auch einer später entstehenden Elektronikindustrie.

Die Agglomerationsvorteile helfen bei der Erklärung des spezifischen Industrialisierungsmusters der Globalisierung. Heute ist es tatsächlich so, dass sich Unternehmen in praktisch der gesamten Welt ansiedeln können. Dennoch gibt es trotz abgrundtief niedriger Löhne viele Regionen, die auf einer internationalen Landkarte der Industrialisierung einfach nicht vorkommen.

Das hat natürlich unterschiedliche Gründe, aber einen der wichtigsten liefern uns Krugmans Agglomerationsvorteile: Wo noch nichts ist, dort sind die ersten PionierInnen mit viel höheren Kosten konfrontiert; Kosten, die von den niedrigen Löhnen offensichtlich nicht wettgemacht werden; offensichtlich, weil eine Industrialisierung schließlich nicht stattfindet.

Zu diesem Industrialisierungsmuster gehört aber auch das explosionsartige Wachstum von Exportindustrien in einigen asiatischen Schwellenländern, vor allem in China, aber die Liste ist länger. Jährliche Wachstumsraten des BIP von über zehn Prozent und Wachstumsraten der Industrieproduktion oft jenseits der zwanzig Prozent sind tatsächlich außergewöhnlich.

Wie lässt sich so etwas erklären – wenn auch nur in Ansätzen? Stellen wir uns ein asiatisches Schwellenland mit extrem niedrigen Löhnen vor, viel niedriger als in westlichen Industriestaaten. In einer reichlich hypothetischen ersten Phase gibt es überhaupt keine Industrie (was in der Realität natürlich nirgends der Fall war oder ist). Offensichtlich können die niedrigen Löhne die fehlenden Agglomerationsvorteile (und die fehlenden Vorteile der Massenproduktion) nicht kompensieren. Falls Betriebe gegründet werden, dann sind sie auf dem Weltmarkt nicht wettbewerbsfähig und schließen wieder.

Durch irgendeine Veränderung überlebt aber plötzlich einer – der erste. Er wird keine gewaltigen Gewinne erzielen, sondern aufgrund der niedrigen Löhne nur irgendwie überleben können. Aber wie sieht es mit dem zweiten aus? Auch dieser ist noch in einer schwierigen Situation, aber die Anwesenheit des ersten Betriebes verschafft ganz kleine Agglomerationsvorteile; und weil die Löhne immer noch niedrig sind, steigen seine Chancen, nicht gleich wieder pleitezugehen. Mit jedem zusätzlichen Industriebetrieb steigen die Agglomerationseffekte, und wenn die niedrigen Löhne bestehen bleiben, dann nimmt die Konkurrenzfähigkeit der Industrie immer weiter zu. Eine explosionsartige Industrialisierung kann der Fall sein.

Wird auf die Vorteile der Massenproduktion sowie auf die Agglomerationseffekte geachtet, dann sehen wir, welche Bedeutung Handel für die wirtschaftliche und industrielle Entwicklung haben kann. Eine Begründung für totalen Freihandel kann aber nicht erkannt werden: Warum sollte der Staat die ersten Pionierbetriebe nicht unterstützen? Wenn die zu überwindende Hürde der fehlenden Vorteile von Massenproduktion und Agglomeration so hoch ist, aber das Überwinden dieser Hürde so überaus nützlich – warum soll hier nicht ein wenig nachgeholfen werden?

Eine solche Politik hätte durchaus eine lange Traditionslinie. Im 19. Jahrhundert stützten praktisch alle heutigen Industriestaaten ihre entstehenden Industrien mit Schutzzöllen, die ausländische Produkte verteuerten. Im 20. Jahrhundert wird das »infant industry protection« genannt, der Schutz entstehender Industrien. Gerade von den erfolgreichen asiatischen Schwellenländern wurde dies intensiv angewendet. Südkorea entwickelte in der Phase seines Aufstiegs (in den 1960er und 70er Jahren) immer wieder strategische Industriezweige durch staatliche Hilfe. Das chinesische Industrialisierungs- und Exportmodell funktioniert ähnlich – nur dass der Staat noch etwas mehr mitredet. Das ist alles mit Problemen verbunden, aber man kann kaum behaupten, dass diese staatlichen Interventionen gar nicht funktioniert hätten.

Noch eine weitere Sache ist interessant: Vorteile der Agglomeration und der Massenproduktion gibt es in vielen Branchen, aber nicht in allen. Wir haben bereits über FriseurInnen und Wirtshäuser gesprochen, die keine besonderen Vorteile der Massenproduktion haben. Das gleiche Argument lässt sich für TherapeutInnen, RechtsanwältInnen oder ÄrztInnen vorbringen. Im Wesentlichen kommen diese aber alle aus Branchen, die nicht handelbare Güter herstellen. Einem Friseur oder einer Friseurin fehlen nicht nur die Vorteile der Massenproduktion, seine KundInnen kommen in aller Regel aus der Nachbarschaft. Es können natürlich grenznahe Friseure und Zahnarztpraxen in Ungarn angeführt werden, aber das sind doch eher Ausnahmen.

Aber es gibt durchaus handelbare Güter, bei denen Vorteile der Massenproduktion ebenfalls eher gering sind, etwa die Landwirtschaft oder der Tourismus. Wir haben festgestellt, dass in einigen Schwellenländern erste industrielle Exporterfolge der Initialzünder für eine rasante Entwicklung waren. Aus relativ einfacher Textilindustrie und der Lohnfertigung von Elektronikartikeln lassen sich doch Fertigkeiten und spezialisierte Infrastruktur entwickeln, die einen Aufstieg in Branchen mit höherem Technologieanteil (und damit auch höheren Einkommen) zulassen. In der Elfenbeinküste hat die Exportproduktion von Kaffee und Kakao keine vergleichbaren Effekte gehabt und ebenso wenig liefert der Tourismus für Kenia oder die Karibik langfristige Perspektiven. Es ist also nicht unbedingt davon auszugehen, dass eine Zunahme des Handels mit Agrarprodukten besondere Wohlstandseffekte bringen würde.

Kostenvorteile und Entwicklungssackgassen

Ein wesentlicher Eckpunkt der Freihandelstheorie sind die absoluten und relativen Kostenvorteile. Die Theorie des absoluten Kostenvorteils prägte Adam Smith am Ende des 18. Jahrhunderts; David Ricardo lieferte im 19.

Jahrhundert die relativen Kostenvorteile. Die moderne Version der Theorie ist das »Faktorkosten-Proportionen-Modell« von Bertil Ohlin und Eli Heckscher, entstanden nach dem Zweiten Weltkrieg. Etwas vereinfacht bedeutet die Theorie des Kostenvorteils, dass sich jedes Land durch den internationalen Handel auf jene Dinge spezialisiert, die es relativ am günstigsten herstellen kann. Die Spezialisierung erfolgt dabei gemäß natürlicher (z. B. Klima, Rohstoffe) und erworbener Kostenvorteile (z. B. Ausbildung). Bis zu einem gewissen Grad widersprechen alle diese Modelle der zuvor behandelten Theorie über die Vorteile von Massenproduktion und Agglomeration, denn es werden »konstante Skalenerträge« angenommen: Jede neue Einheit kostet so viel wie die vorhergehende.

Manchmal ist ein Kostenvorteil offensichtlich: Natürlich ist es einfacher, Bananen in Ekuador herzustellen als in Norwegen. Zweifellos kann auch bei Trondheim ein Gewächshaus ausreichend erwärmt werden, wenn nur genug Nordseegas verbrannt wird, aber die Produktion in Ekuador ist weniger mühsam. Ebenso lässt sich Kohle in Australien leichter abbauen als im Ruhrgebiet, weil die geologischen Gegebenheiten dort günstiger sind.

Kostenvorteile der Textilindustrie in Bangladesch gegenüber entwickelten Industriestaaten lassen sich herstellen, weil die ArbeiterInnen sehr schlecht verdienen.

Auf der anderen Seite ist die Produktion von komplizierten Kapitalgütern (Werkzeugmaschinen, Flugzeugen) und sehr wissensintensiven Produkten (Software, Medikamente) in vielen Entwicklungsländern zu teuer. Teilweise fehlt Zugang zu Technologie, teilweise auch die gut ausgebildeten Arbeitskräfte, sodass es billiger kommt, solche Produkte einzukaufen, etwa aus Deutschland oder Japan.

In einer solchen Situation führt Freihandel dazu, dass sich bestimmte Wirtschafts- und Industriezweige in bestimmten Ländern ansiedeln und in anderen Ländern pleitegehen. In Deutschland gibt es keine Textilindustrie mehr, in Bangladesch werden keine Werkzeugmaschinen produziert.

Nach der Theorie sind alle dadurch besser dran: Die Güter sind überall billiger geworden. Schließlich sinken die Produktionskosten insgesamt. Und die arbeitslos gewordenen werden in jenen Sektoren neue Beschäftigung finden, deren Exportproduktion gerade boomt. Das bedeutet übrigens nicht, dass die Menschen in Bangladesch nicht nach wie vor ärmer sind als jene in Deutschland oder Japan – aber es geht ihnen besser als ohne Handel, denn ohne Handel müsste sehr viel Arbeitszeit und Mühe auf die Herstellung extrem teurer

Werkzeugmaschinen verschwendet werden, die in Industriestaaten relativ billig gegen die selbst produzierten T-Shirts getauscht werden können.

Ein völlig freier Handel spezialisiert Länder entlang ihrer Kostenvorteile. Das führt zu kurzfristig höheren Einkommen.

Die Frage ist allerdings, ob wir dies freudig begrüßen und zur langfristigen Entwicklungsstrategie machen sollen oder ob das eher als Warnung zu verstehen ist. Die Elfenbeinküste wurde in die Kakao-Produktion hineinspezialisiert – ein großes Problem. Einerseits bietet der Kakao wenig langfristiges Entwicklungspotenzial, außerdem ergibt sich eine Abhängigkeit von den Schwankungen des Weltmarktpreises. Die Karibik wurde in der ersten Hälfte der Neuzeit durch die Produktion von Rohrzucker reich (wenn auch die afrikanischen SklavInnen, die in den Plantagen arbeiten mussten, wenig profitierten). Im 19. Jahrhundert wurde jedoch die Rübenzuckerproduktion entdeckt, der Weltmarktpreis verfiel und Haiti gehört bis heute zu den ärmsten Ländern der Erde. Ähnliches gilt für die Produktion von Rohstoffen. Besonders riskant ist es, von einem einzigen Rohstoff und seinem oft stark schwankenden Preis als Exportgut abhängig zu sein, was etwa bei Erdöl exportierenden Ländern oft der Fall ist.

Zugegeben: Eine relativ kleine Bevölkerung und sehr viel Öl schaffen genügend Einnahmen, um Preisschwankungen abfedern zu können (etwa in Kuwait oder Saudi-Arabien). Aber wenn es ein bisschen weniger Öl gibt (wie in Venezuela oder Nigeria), bringt jede Tiefpreisphase eine wirtschaftliche Katastrophe. Etwas weniger problematisch ist eine ausschließliche Spezialisierung auf arbeitsintensive Industrieprodukte wie Textilien, aber die damit verbundenen sehr niedrigen Löhne machen das als Dauerzustand für die betroffenen ArbeiterInnen unangenehm. Es besteht immer die Gefahr, dass vor allem ärmere Volkswirtschaften in Tätigkeiten mit geringen Zukunftsperspektiven spezialisiert werden. Kurz: Kostenvorteile können sich als Falle erweisen.

Als Entwicklungsstrategie taugt eher die Diversifizierung von Produktion und Exporten, die Industrialisierung und dabei der Versuch, langsam ein höheres Technologieniveau zu erreichen. Das gilt für relativ arme Staaten genauso wie für ärmere Regionen, etwa in Europa. Das Gleiche gilt auch für die Entwicklung von Wirtschaftszweigen, die noch keine preisliche Wettbewerbsfähigkeit erreicht haben, aber aus verschiedenen Gründen für entscheidend gehalten werden: Ohne staatliche Stützung der Preise gäbe es in Europa keine Solarindustrie – und wahrscheinlich auch keine Atomkraftwerke. Solche Schlussfolgerungen sind dabei interessanterweise praktisch unumstritten; uns scheint es aber, dass sie im Widerspruch zu einer Doktrin des totalen Freihandels stehen. Es muss festgestellt werden, dass Exportdiversifizierung und Industrialisierung eben nicht immer logische Folge des freien Marktes und des freien Handels sind.

Aus dieser Perspektive muss auch angemerkt werden, dass völlig freier Handel zwischen Regionen mit relativ ähnlicher wirtschaftlicher Entwicklung weniger Probleme macht als in solchen mit größeren Entwicklungsunterschieden. (Wobei umstritten ist, ab wann ein Entwicklungsniveau als »ähnlich« angesehen werden kann.) In solch einem Fall ist es unwahrscheinlich, dass einige Länder die höherwertige und technologieintensive Produktion monopolisieren und ärmere Länder ausschließlich auf arbeitsintensive und schlecht bezahlte Industrieproduktion sowie den Rohmaterialexport spezialisiert werden.

Wie Handelsströme lenken? Methoden des Protektionismus

Es gibt unzählige Methoden des Protektionismus; wir geben einen kleinen Überblick, aber ohne Anspruch auf Vollständigkeit. Die wichtigste und bekannteste Form des Protektionismus ist der Zoll, eine Abgabe auf den Warenwert bei der Ein- oder Ausfuhr. Bekannt ist er seit dem französischen Merkantilismus im 17. Jahrhundert: Zölle auf die Ausfuhr von Rohmaterialien (wie Wolle), um ihre Verarbeitung im Land zu erzwingen, Zölle auf die Einfuhr von Fertigprodukten (wie Tuch), um die heimische verarbeitende Industrie zu schützen.

England verhinderte mit Ausfuhrzöllen schon im 14. und 15. Jahrhundert die Ausfuhr von Wolle in die Niederlande und bis 1846 schützten Schutzzölle die britische Industrie. Während der industriellen Revolution war der Export von Dampfmaschinen ganz verboten, um den technologischen Vorsprung nicht zu verlieren.

Einfuhrverbote gibt es auch heute noch zahlreiche, üblicherweise wird mit mangelnder Sicherheit der importierten Waren argumentiert. Häufig kommt das im Lebensmittelbereich vor, wobei umstritten ist, inwiefern es tatsächlich um die Sicherheit der KonsumentInnen geht oder um die Interessen der Lebensmittelindustrie. Ähnlich gelagert sind so genannte »Kontingente«, die eine mengenmäßige Begrenzung der Einfuhr bestimmter Produktgruppen verordnen.

Als protektionistisches Instrument kann auch die Entwicklung von Normen und Sicherheitsrichtlinien verwendet werden. Allgemein: Es gilt festzulegen, welche Qualitätsmerkmale eine Waschmaschine zu erfüllen hat, damit sich BenutzerInnen nicht per Stromschlag umbringen. Das gilt auch für das Bremssystem eines Autos. Aber natürlich können Sicherheitsrichtlinien so formuliert werden, dass damit WettbewerberInnen vom Markt ferngehalten werden können.

So steht beispielsweise in den Sicherheitsvorschriften des Ärmelkanal-Tunnels, dass die durchfahrenden Züge den Antrieb vorne und hinten im Zug haben müssen, und dass dieser nicht über die gesamte Zuglänge verteilt sein darf. Das entspricht zufällig der Bauweise der TGV-Baureihe des französischen Konzerns Alstom, schließt aber den ICE von Siemens aus.

Sicherheitsrichtlinien müssen gar nicht dazu dienen, Produkte vom heimischen Markt für immer auszusperren: In Japan war es der 1970er Jahre üblich, dass ImporteurInnen oft Jahre auf die Marktzulassung warten mussten – eine Zeitspanne, in der jeder mögliche technologische Vorsprung natürlich weg ist.

Auf der anderen Seite können bestimmte Industriebranchen besonders gefördert werden. Deutsche und spanische Steinkohle wird mittels direkter Subventionen gegen ihre billigeren WettbewerberInnen aus Australien auf dem Markt gehalten. Und die chinesische Regierung weist wahrscheinlich staatliche Banken an, der Solarindustrie Kredite zu bevorzugten Konditionen zukommen zu lassen – wahrscheinlich, denn solche Dinge sind laut Welthandelsorganisation mittlerweile illegal (weil wettbewerbsverzerrend) und müssen daher recht vorsichtig durchgeführt werden.

Ebenfalls in Verwendung sind so genannte *local-content*-Regeln, die den Marktzugang in einem Land nur dann erlauben, wenn die Produkte zu einem bestimmten Mindestanteil im Land selbst hergestellt werden. Damit kann Technologietransfer erreicht werden, und es wird eine heimische Zulieferindustrie aufgebaut. Für staatlich gestützte Investitionen im Bereich erneuerbarer Energieträger gilt in China etwa eine 80-Prozent-*local-content*-Klausel.

Insgesamt ist der Protektionismus durch das Reglement der Welthandelsorganisation (WTO) schwieriger geworden. Zölle für Industrieprodukte sind beispielsweise mittlerweile sehr niedrig und betragen durchschnittlich nur mehr 3,9 Prozent.

Als wesentliches Werkzeug für die Verteidigung oder den Ausbau von Marktanteilen bleibt bis heute der Wechselkurs. Eine gegenüber den Handelspartnern schwache Währung macht eigene Exporte auf den Weltmärkten billiger. Viele Länder intervenieren daher auf den Devisenmärkten, um ihre eigene Währung schwach zu halten oder einen zu starken Anstieg des Wechselkurses zu bremsen. Zu größter Prominenz ist dabei die Debatte über den Wechselkurs des chinesischen Yuan gekommen, dessen Kurs in den 2000er Jahren von der chinesischen Notenbank sehr niedrig gehalten wurde.

Probleme beim Eingreifen des Staates

Wir sehen einige Gründe dafür, dass planende Eingriffe eines Staates, auch im Außenhandel, bessere Resultate bringen als der völlig freie Markt. Der völlig freie Handel hilft in der Regel den Stärksten.

Das bedeutet nicht, dass alle Staatseingriffe automatisch funktionieren. Manche gehen einfach schief. Auch brauchen wir uns keinen Illusionen hinzugeben, dass der Staat beständig das Allgemeinwohl verfolgt. Seine Politik ist in der Regel Resultat einer Koalition aus bestimmten Interessengruppen und erfolgt zulasten anderer. Das bringt manchmal langfristige Entwicklung, manchmal auch Stagnation.

In Indien wurde nach dem Zweiten Weltkrieg versucht, die industriellen Importe durch eigene Produktion zu ersetzen. Diese so genannte Importsubstitution war das zentrale Entwicklungsmodell der Dritten Welt bis in die 1980er Jahre. Die heimische Industrie wurde dabei hinter Zollschranken geschützt und einzelnen (indischen) Privatunternehmen eine Monopolstellung eingeräumt. Der Befund dieser Importsubstitution ist geteilt: Einerseits konnte Indien tatsächlich eine Basisindustrialisierung erzielen, auf der anderen Seite erreichte die Industrie, dauerhaft abgeschirmt vor jedem Wettbewerb, auch keine international konkurrenzfähige Position.

Die Importsubstitution zerbrach daran, dass letztlich für die Bezahlung der weiter notwendigen Importgüter (Öl, Maschinen, Waffen …) keine eigenen Exporte vorhanden waren. Dieser Politikansatz kann daher durchaus als gescheitert betrachtet werden. Anfang der 90er erfolgte dann eine langsame Öffnung zum Weltmarkt, die tatsächlich höheres Wachstum brachte (aber auch nicht vom totalen Freihandel geprägt war).

Die vorsichtige Öffnung hat wohl besser funktioniert als die Importsubstitution, aber entscheidend ist, dass beide Entwicklungsmodelle nicht im politisch leeren Raum entstanden, sie sind nicht Ausdruck einer »reinen Volkswirtschaftslehre«, sondern von gesellschaftlichen Kräfteverhältnissen. Die Importsubstitution war von einer Koalition der indischen Industrie mit den Gewerkschaften und dem modernisierenden Staat getragen. Die arme Landbevölkerung, welche die Mehrheit der Bevölkerung stellt, hatte wenig davon.

Bei der späteren Exportorientierung wurden die Gewerkschaften weniger berücksichtigt und dafür die neuen städtischen Mittelschichten eingebunden; die Landbevölkerung, sowie die wachsende städtische Armut, bekamen vom Wirtschaftswachstum wieder wenig ab. Ähnliches ließe sich über den Wechsel von Importsubstitution zur Exportorientierung in Mexiko erzählen.

Was sind die Schlussfolgerungen aus dieser Geschichte? Staatliche Interventionen können schlecht funktionieren, wenn das Schicksal Indiens auch weit günstiger war als jenes der Elfenbeinküste. Und bei staatlicher Politik gibt es bestimmte Interessen im Hintergrund. Ein technokratischer Blick auf das BIP reicht nicht aus, weil das die Opfer und die Vernachlässigten einer bestimmten Politikentscheidung verschleiert.

Das größte Problem des Protektionismus liegt wahrscheinlich nicht im Land selbst, sondern bei den Handelspartnern. Sind diese stark genug, können sie eine bestimmte Politik – in der Regel totale Marktöffnung – erzwingen. Wenn wir zuvor Beispiele über Protektionismus gebracht haben, dann waren dabei viele aus China. Das ist kein Zufall.

Einerseits ist die chinesische Wirtschaftspolitik immer mit robuster Staatsintervention verbunden gewesen, aber die Möglichkeit von Protektionismus ist auch eine Frage relativer Stärke: Weil der Zugang zum chinesischen Markt so wichtig ist, sind die Druckmittel, die China in der Hand hält, auch größer – und daher ist China auch eher in der Lage, Handelsströme zu lenken als etwa Nikaragua.

Dennoch besteht immer die Gefahr, dass die Handelspartner Vergeltung üben und auf als unfair empfundene Handelsverzerrung mit eigenen protektionistischen Maßnahmen antworten. So etwas kann eine protektionistische Spirale in Gang bringen, zuletzt geschehen in der großen Weltwirtschaftskrise der 1930er Jahre. Das Resultat ist statt einer Steuerung des internationalen Handels gar kein Handel. Das ist in der Regel ungünstig.

Freier Handel – hohes Wachstum?

Dem Wirtschaftsliberalismus folgend sollten Episoden des Freihandels mit höheren Wachstumsraten verbunden sein. Solche Annahmen finden sich auch in den meisten Wachstumsmodellen. So wird etwa das österreichische Wachstum durch EU-Beitritt, Euromitgliedschaft und EU-Osterweiterung in verschiedenen Veröffentlichungen auf bis zu 0,5 Prozent pro Jahr geschätzt. Diese Werte hängen natürlich am verwendeten Modell; eine empirische Gegenprobe (wie hoch etwa das Wachstum ohne EU-Beitritt wäre) ist nicht möglich, der

EU-Beitritt ist schließlich erfolgt.

Ohne Zweifel haben bestimmte Länder und Regionen vom Freihandel profitiert; eine etwas globalere Betrachtung lässt aber keine eindeutigen Rückschlüsse in diese Richtung zu: Die industrielle Revolution des 19. Jahrhunderts war keine Phase des Freihandels; alle entstehenden Industriemächte schirmten ihre Märkte ab. Nur die Märkte ihrer Kolonien öffneten sie unter Zwang– so ruinierte etwa Großbritannien die indische Textilindustrie.

Von den Jahrzehnten am Ende des 19. Jahrhunderts bis zum Ersten Weltkrieg wird als »Erste Globalisierung« gesprochen. Der Freihandel hatte an Bedeutung gewonnen und mit dem Goldstandard der wichtigsten Währungen gab es de facto ein Weltgeld, eine wichtige Voraussetzung für die Abwicklung des Handels. Allerdings ist gerade die Anfangsphase dieser Ersten Globalisierung von Wachstumsschwierigkeiten geprägt. Mit dem Ersten Weltkrieg, der Weltwirtschaftskrise und dem Zweiten Weltkrieg brach die Weltwirtschaft dann auseinander. Es muss nicht betont werden, dass das keine Zeit wirtschaftlicher Prosperität war.

Die Phase nach dem Zweiten Weltkrieg war dann von einem Anstieg des Welthandels gekennzeichnet, aber nicht von einem Regime des Freihandels, sondern der staatlichen Kontrollen. Die »Zweite Globalisierung« begann Mitte der 1970er Jahre, der Freihandel feierte auch theoretisch sein Comeback – nur die weltweiten Wachstumsraten sind seither doch deutlich niedriger gewesen:

Von 1960 bis 1980 sehen wir eine jährliche Wachstumsrate des globalen BIP pro Kopf von rund 3 Prozent, von 1980 bis zum Jahr 2000 von rund 2,3 Prozent und in der ersten Dekade des neuen Jahrtausends wurden 2,5 Prozent erreicht, wobei der Rückgang der Wachstumsrate in den 1980er und 1990er Jahren vor allem die Entwicklungsländer betraf (von 3 Prozent auf nur mehr 1,5), und dabei besonders Lateinamerika (eine Stagnation des BIP pro Kopf) und Afrika (hier ist ein Rückgang festzustellen). Im neuen Jahrtausend sind die entwickelten Industriestaaten von einer deutlichen Verlangsamung des Wachstums gekennzeichnet, während sich das Wachstum der Schwellen- und Entwicklungsländer wieder deutlich beschleunigt. (Quelle: IMF)

Das Problem bei der Beurteilung dieser Situation ist, dass Beschleunigung und Verlangsamung des Wachstums durchaus auch an anderen Faktoren hängen könnten. Die wirtschaftlichen Probleme am Beginn der Ersten Globalisierung könnten dem Freihandel zugeschrieben werden, sie könnten aber auch mit dem Goldstandard zusammenhängen. Der war zwar als Weltgeld praktisch, führte aber durch die Verknappung der Zahlungsmittel (die Menge des Goldes konnte nicht ausreichend gesteigert werden) zu einer langen Deflation.

Dasselbe lässt sich zu Wachstumsbeschleunigung und -verlangsamung in allen Perioden sagen. Es spielen einfach mehr Dinge eine Rolle als das Handelsregime. Eines ist aber sicher: Der automatische Schluss von »mehr Freihandel« zu »mehr Wachstum« ist zwar (meist aus ideologischen Gründen) möglich, aber falsch.

Auch aus der volkswirtschaftlichen Theorie können derartige Schlüsse übrigens nicht abgeleitet werden. Das Marktgleichgewicht bei vollständigem Wettbewerb ist zwar effizient. Ein Schritt in diese Richtung, etwa durch mehr Liberalisierung und mehr Freihandel, ohne aber so etwas wie vollständigen Wettbewerb jemals erreichen zu können, bedeutet der Theorie nach aber keineswegs, dass wir näher an ein derartiges Marktgleichgewicht kommen würden, und schon gar nicht, dass wir ein besseres Marktergebnis im Sinne von mehr Wohlstand erhalten. Kurzum, der Schluss der Theorie, dass etwas unter bestimmten Annahmen effizient ist, wird oft fälschlicherweise so interpretiert, als könnte durch »Annäherung an diese Annahmen« auch eine »Annäherung an das Effizientsein« und damit ein besseres Marktergebnis erreicht werden.

7. Wie ein Wechselkurs entsteht, welche Auswirkungen das hat und warum Zahlungsbilanzkrisen hin und wieder die Wirtschaft zerstören

Bisher haben wir uns mit der Erklärung von wirtschaftlichen Strukturen beschäftigt, die durch überregionalen Handel entstehen oder verändert werden. Wir haben Erklärungen dafür gefunden, warum sich Regionen auf bestimmte wirtschaftliche Aspekte spezialisieren (komparativer Kostenvorteil), wie sich solche Spezialisierungen verfestigen können (Massenproduktion und Agglomerationsvorteil) und warum manche Regionen von einer Weiterentwicklung ausgeschlossen werden (Entwicklungssackgassen und fehlende Agglomerationseffekte). Die Effekte des Außenhandels auf die Einkommensverteilung haben wir bewusst ausgespart; diese finden sich in einem anderen Kapitel.

Bisher ist dabei kein Geld vorgekommen. Die angestellten Überlegungen würden bei Tauschhandel grundsätzlich genauso greifen. Um wirklich verstehen zu können, wie Außenwirtschaft funktioniert, ist Geld aber notwendig, auch weil sich Außenwirtschaft nicht auf den Handel mit Gütern und Dienstleistungen beschränkt; es gibt verschiedene grenzüberschreitende Kapitalflüsse.

Die Zahlungsbilanz

Sämtliche Geldflüsse mit dem Ausland werden in der Zahlungsbilanz erfasst. Wir wollen nicht allzu sehr mit statistischen Definitionen langweilen, aber einige Begriffe sind für das Verständnis notwendig: Die Zahlungsbilanz erfasst den gesamten Zahlungsverkehr. Sie gliedert sich dabei in Teilbilanzen. In der Leistungsbilanz werden die Zahlungsflüsse für Import und Export von Gütern und Dienstleistungen erfasst (etwa Autos, Erdöl und Einnahmen aus dem Tourismus), Erträge aus Kapitalanlagen (etwa wenn eine ausländische Tochterfirma Gewinne an den Mutterkonzern überweist) und Erwerbseinkommen sowie sonstige laufende Übertragungen (etwa wenn eine Krankenschwester von den Philippinen Geld an die Familie in Manila überweist). In dieser Leistungsbilanz fällt üblicherweise der Import und Export von Gütern

(Rohstoffe, industrielle und landwirtschaftliche Produkte) am stärksten ins Gewicht. Etwas vereinfacht bildet die Leistungsbilanz alle »Leistungen« ab, die eine Volkswirtschaft für eine andere erbringt – etwa einen Fernseher zur Verfügung stellen oder TouristInnen beherbergen.

Als zweite große Teilbilanz der Zahlungsbilanz hätten wir die Kapitalbilanz. Diese erfasst Kapitalströme. Das können Bankkredite sein, die über Grenzen gewährt werden, oder der Kauf von Anleihen, Aktien oder Immobilien durch das Ausland. Ebenso in der Kapitalbilanz erfasst werden Direktinvestitionen, wenn durch ausländische Konzerne Filialen gegründet werden oder Unternehmen aufgekauft werden. (Die Erträge dieser Kapitalanlagen – sofern sie wieder zurück überwiesen werden – finden sich in der Leistungsbilanz.)

Als weiterer Teil der Kapitalbilanz hätten wir die Veränderung der offiziellen Devisenreserven, der Guthaben an ausländischer Währung (üblicherweise Dollar), die von einer Volkswirtschaft gehalten werden.

Werden Überschuss oder Defizit der Leistungsbilanz und Überschuss oder Defizit der Kapitalbilanz (inklusive Veränderung der Devisenreserven) zusammengezählt, muss das Ergebnis null betragen. In vielen ökonomischen Lehrbüchern steht deswegen: »Die Zahlungsbilanz ist per Definition ausgeglichen.« Die Erfahrung zeigt aber, dass dieser extrem wichtige Zusammenhang nicht unmittelbar einsichtig ist. Wir wenden uns daher einer Erklärung zu:

In Südkorea werden Fernseher produziert, in der Elfenbeinküste Kakao. Die Haushalte der Elfenbeinküste wollen Fernseher kaufen. Die einfachste Möglichkeit, um diesen Kauf zu finanzieren, ist der Verkauf von Kakao. In der Realität wird dieser auf dem Weltmarkt verkauft und in US-Dollar gehandelt, so wie auch Lieferverträge größerer Mengen von Fernsehapparaten.

Die Kakaoexporteure halten jetzt US-Dollar, um ihre Mitarbeiter zu bezahlen, und tauschen sie diese in lokale Währung, CFA-Franc. Am anderen Ende des Währungstausches stehen die Importeure von Fernsehern – diese brauchen Dollar, um die koreanischen Produzenten bezahlen zu können – und sie besitzen CFA-Franc, vom Verkauf der Fernseher.

In Korea findet ein ähnlicher Tausch statt, mit US-Dollar und koreanischen Won. Der Einfachheit halber können wir behaupten, dass südkoreanische Haushalte die Schokolade essen, die mit dem Kakao hergestellt wird, aber eigentlich ist das egal. Der Kakao könnte auch in Europa verbraucht werden. Solange er für Dollar verkauft werden kann, lassen sich damit Fernseher bezahlen.

Möglichkeit eins: Die Elfenbeinküste nimmt aus dem Verkauf von Kakao genau die Menge Dollar ein, um alle gewünschten Fernseher zu kaufen. Die Leistungsbilanz wäre damit genauso wie die Kapitalbilanz ausgeglichen – und damit auch die Zahlungsbilanz.

Möglichkeit zwei: Die Elfenbeinküste verdient mit dem Kakao nicht ausreichend Dollar. Dafür bekommt sie einen koreanischen Exportkredit. Die Schulden müssen zwar in der Zukunft zurückgezahlt werden, aber die Fernseher können gekauft werden. Exportkredite für Fernseher sind allerdings unüblich, müssen aber auch nicht sein: Wir brauchen nur irgendjemanden, der den Importeuren der Fernseher CFA-Franc in Dollar wechselt – dann können sie einkaufen. Vielleicht möchte ein koreanischer (oder ein US-amerikanischer) Konzern ein Handynetzwerk in der Elfenbeinküste kaufen, ein Afrika-Fonds Aktien oder ein Investor aus Frankreich Grundstücke in Abidjan.

In jedem Fall hätten wir ein Defizit der Leistungsbilanz, das von einem Überschuss der Kapitalbilanz ausgeglichen wird – die Zahlungsbilanz ist wieder ausgeglichen.

Möglichkeit drei: Wie Möglichkeit zwei, die Elfenbeinküste verdient nicht genug, aber jetzt gibt es weder koreanische Exportkredite noch Investoren, die Devisen bringen. Dafür wirft die Notenbank ihre offiziellen Devisenreserven auf den Markt, verkauft also Dollar für CFA-Franc. Die Fernseher-Importeure können wieder in Korea einkaufen. Wir haben also ein Defizit der Leistungsbilanz, das von einem Fall der offiziellen Devisenreserven ausgeglichen wird – die Zahlungsbilanz ist wieder ausgeglichen.

Tatsächlich ist Möglichkeit drei dem vorherigen Fall nicht ganz unähnlich. Devisenreserven sollten wir uns nicht als einen Haufen Dollar-Banknoten in einem großen Safe bei der Notenbank vorstellen: Die Guthaben werden üblicherweise im Dollarraum (zu weit geringeren Teilen auch in der Euro-Zone, in Japan oder Großbritannien) veranlagt. So wird das Geld oft als US-Bundesanleihe der Regierung der Vereinigten Staaten geliehen.

Wenn die Elfenbeinküste ihre Dollarreserven verringert, um auf dem Devisenmarkt zu intervenieren, dann verkauft sie solche Wertpapiere, um mit dem Erlös CFA-Franc zu kaufen. Der Vollständigkeit halber sei angemerkt, dass dieser Fall am ehesten der westafrikanischen Realität entspricht. Der Kurs des CFA-Franc ist fix an den Euro gebunden und ohne die Intervention der Notenbank ließe sich dieser fixe Wechselkurs nicht halten.

Die Zahlungsbilanz und der Wechselkurs

Möglichkeit vier: Wieder wird nicht genug Kakao verkauft, um alle gewünschten Fernseher bezahlen zu können. Dollar-Kredit gibt es aber auch keinen, und die Notenbank sitzt auf ihren Devisenreserven. Was passiert jetzt? Offensichtlich können nicht alle Interessenten einen Fernseher bekommen. Es gibt zu wenig Dollar und die Koreaner lassen sich nicht in CFA-Franc bezahlen. Die Lösung liegt im Preis der Fernsehgeräte, der muss steigen. Und das funktioniert über den Wechselkurs der Währung.

Wenn viele Leute importierte Güter kaufen wollen, dann bedeutet das, dass eine große Menge CFA-Franc in Dollar wechseln möchte. Aber diese treffen auf eine begrenzte Dollar-Menge aus dem Verkauf von Kakao. Hohes Angebot von CFA-Franc, hohe Nachfrage nach Dollar: Die relativen Preise verändern sich. Ein CFA-Franc kauft weniger Dollar als zuvor, die Währung der Elfenbeinküste wertet ab. Damit werden die Fernseher teurer.

Die Abwertung wird in unserem Fall so lange weitergehen, bis die steigenden Preise für importierte Güter (Fernseher) ausreichend Nachfrage nach diesen importierten Gütern zerstört haben. Zu veränderten Preisen sind Angebot und Nachfrage nach Dollar und CFA-Franc wieder im Gleichgewicht; das bedeutet auch, dass Import und Export der Elfenbeinküste dann wertmäßig gleich sind. Die Leistungsbilanz ist damit ausgeglichen, in der Kapitalbilanz ist nichts passiert. Die Nettovermögenspositionen haben sich nicht verändert, das Ausland hält keine zusätzlichen Forderungen gegenüber der Elfenbeinküste und die Elfenbeinküste nicht gegenüber dem Ausland. Die Zahlungsbilanz ist wieder ausgeglichen.

Fürs Erste haben wir nachgewiesen, dass eine Zahlungsbilanz tatsächlich immer ausgeglichen sein muss. Die Schlussfolgerungen daraus werden uns noch eine ganze Zeit beschäftigen, denn die »ausgeglichene Zahlungsbilanz« ist keine statistische Marotte, sondern hat Folgen für die Volkswirtschaft. Sie bedeutet, dass Länder mit Defiziten der Leistungsbilanz (weil mehr importiert als exportiert wird) auf ständige Kapitalzuflüsse angewiesen sind. Es bedeutet aber auch, dass Länder, die viel exportieren und wenig importieren, gezwungen sind, den Überschuss der Leistungsbilanz per Kapitalbilanz wieder außer Landes zu schaffen und den anderen zu leihen.

Sparen und Investieren

In Möglichkeit vier wurde über den Wechselkursmechanismus ein Ausgleich der Leistungsbilanz erreicht. Tatsächlich ist es so, dass viele Länder auch über längere Perioden Defizite der Leistungsbilanz über die Kapitalbilanz finanzieren können. Das war Möglichkeit zwei: Die Elfenbeinküste bekommt einen Kredit. Ein Defizit der Leistungsbilanz bedeutet dabei, dass in einem Land mehr verbraucht wird, als produziert. Die Gesamtnachfrage ist größer als die heimische Produktion (das BIP).

Bisher haben wir behauptet, dass Überschüsse und Defizite aller Sektoren (Haushalte, Staat, Unternehmen) insgesamt ausgeglichen sein müssen. Wenn einer spart, muss ein anderer einen Kredit aufnehmen und investieren (oder konsumieren). Bei einem Defizit der Leistungsbilanz muss die Summe der Überschüsse und Defizite der einzelnen Sektoren negativ sein, denn ein Teil der Nachfrage wird durch ausländische Produkte befriedigt, es wird mehr gekauft als produziert.

Wenn wir in den letzten Kapiteln behauptet haben, dass Sparen und Investieren einander ausgleichen müssen, haben wir meistens einen »Auslands-Vorbehalt« dazugeschrieben. In unserem jetzigen Beispiel reichen die heimischen Spareinlagen nicht aus, um die Investitionen zu finanzieren; ein Teil der Sparleistung wird aus dem Ausland erbracht.

Wenn wir jetzt den Fall umdrehen, gehen wir von einem Überschuss der Leistungsbilanz aus: Die Elfenbeinküste verkauft sehr viel Kakao und die Exporteure nehmen in der Folge reichlich Dollar ein. Werden diese Dollar sofort in CFA-Franc getauscht, dann folgt eine Aufwertung der Währung, welche Importgüter (etwa Fernseher) verbilligt. Die Haushalte der Elfenbeinküste werden dadurch reicher und können sich mehr Fernseher leisten. Diese Aufwertung kann jetzt so lange weitergehen, bis die Nachfrage nach Fernsehern wertmäßig dem verkauften Kakao entspricht – die Leistungsbilanz ist wieder ausgeglichen.

Andererseits ist es natürlich möglich, den Überschuss der Leistungsbilanz auch in der Zukunft zu erhalten: Die Voraussetzung dafür ist, dass die zusätzlichen Einkommen aus dem Kakaoverkauf eben nicht ausgegeben, sondern gespart werden und die Dollar im Ausland angelegt werden. Ein dauerhafter Leistungsbilanzüberschuss bedeutet aus dieser Perspektive, dass die Einkommen im Inland die inländische Nachfrage übersteigen: Es wird mehr gespart als investiert. Und gespart werden muss daher im Ausland: Die Kapitalbilanz ist negativ.

Wir können uns das Ganze wie ein Kräfteparallelogramm vorstellen: Ein Überschuss der Leistungsbilanz würde Richtung Aufwertung »ziehen«, das Defizit der Kapitalbilanz »zieht« Richtung Abwertung. Ein Gleichgewicht stellt sich bei jenem Wechselkurs ein, zu dem der Überschuss der Leistungsbilanz genau dem Defizit der Kapitalbilanz entspricht. Umgekehrt, mit einem Defizit der Leistungsbilanz und einem Überschuss der Kapitalbilanz, funktioniert das natürlich genauso. Die Zahlungsbilanz ist wieder ausgeglichen.

Wodurch wird ein Wechselkurs bestimmt?

In unserem Beispiel hat der Wechselkurs Import und Export von Gütern im Gleichgewicht gehalten. Eine negative Leistungsbilanz führte zu einer Abwertung der Währung, eine positive Leistungsbilanz zu einer Aufwertung.

Ebenso behandelt haben wir den Einfluss von Sparen und Investieren. Eine höhere Sparquote der privaten Haushalte, oder auch ein niedrigeres staatliches Defizit, bedeuten, dass für die Finanzierung von Investitionen entweder weniger Kapital aus dem Ausland eingeführt werden muss (wenn das zuvor in großem Ausmaß notwendig war), oder aber die inländische Sparleistung die getätigten Investitionen übersteigt; dann wird Kapital exportiert. Dadurch wird die Nachfrage nach inländischer Währung auf den Devisenmärkten gesenkt die Nachfrage nach ausländischer Währung steigt (beim Kapitalexport): Das Resultat muss eine relative Abwertung sein, während ein Ausweiten von Defiziten zu einer relativen Aufwertung führen wird.

Wechselkurse haben aber nicht die Angewohnheit, gemächlich auf Änderungen der Sparquote oder der Leistungsfähigkeit der Exportindustrie zu folgen. Das könnte als die tieferen und langfristigen Strömungen bezeichnet werden, die den Wechselkurs bewegen, doch manchmal kommen auch daran Zweifel. Devisengeschäfte dienen nur zu einem geringen Teil dazu, Waren oder Dienstleistungen zu bezahlen, und auch langfristige Investitionen spielen nur eine untergeordnete Rolle. Bei einem großen Teil geht es um reine Finanzanlagen, den Versuch, die Unterschiede im Zinsniveau verschiedener Länder auszunützen. Und die Mehrheit ist reine Währungsspekulation, zum Teil extrem kurzfristig.

Theoretisch lässt sich die Erklärung von Wechselkursen über das Zinsniveau mit den Überlegungen zu Sparen und Investieren kombinieren: Wenn die Investitionen eines Währungsraumes höher sind als seine Sparleistung, muss dafür Kapital importiert werden – das führt zu einer Aufwertung. Dieses Kapital wird natürlich dadurch angelockt, dass die Zinsen in einem Umfeld, in dem Kapital relativ knapper ist, höher liegen als in Währungsräumen mit einer überschüssigen Sparleistung.

Aber das lässt natürlich außer Acht, dass die Geldmenge eines Währungsraumes keineswegs fixiert ist. Die Notenbank kann Zinsniveaus beeinflussen und sie kann eine Ausweitung der Geldmenge ermöglichen – oder verhindern. Eine expansive Geldpolitik mit niedrigen Zinsen und reichlich Liquidität senkt einen Wechselkurs; eine restriktive Geldpolitik führt zum Gegenteil, ganz davon abgesehen, dass eine Notenbank auch direkt in Devisenmärkte intervenieren kann, eigene Währung kaufen oder verkaufen kann, um Wechselkurse zu beeinflussen.

Über diesen verschiedenen Faktoren liegt die Währungsspekulation, die kurzfristig den größten Einfluss hat. Finanzmarktteilnehmer kaufen eine Währung, weil sie deren Aufwertung erwarten; sie verkaufen, weil sie mit einer Abwertung rechnen. Wenn die Zahl derer, die ähnliche Erwartungen haben, groß genug ist, dann erfüllen sich solche Prophezeiungen selbst. Wenn viele kaufen, dann steigt der Kurs tatsächlich.

So wie Aktien oder Immobilienpreise bewegen sich Wechselkurse daher oft entlang eines Trends, der eine Geschichte an den Finanzmärkten widerspiegelt, etwa die Geschichte aus dem Frühjahr 2010 von den grundlegenden Problemen der Eurozone, welche die Währung schwächen müssen. Die Geschichte wird dann so lange erzählt, bis die Notierungen auf relativ niedrige Stände gefallen sind. Dann treten andere Geschichten in den Vordergrund. (Der Euro ist im Herbst 2010 wieder gestiegen, nur um Anfang Winter wieder zu fallen.) Die erzählten Geschichten sind dabei in der Regel keineswegs absurd, aber sie gewinnen eine eigene Dynamik: Eine Währung steigt oder fällt, weil sie schon zuvor gestiegen oder gefallen ist. Wechselkurse tendieren in der Folge dazu, erst nach oben und dann nach unten zu überschießen.

Abschließend muss dazu gesagt werden, dass bisher immer über reale Wechselkurse gesprochen wurde – also unter Herausrechnung der Veränderung der Preisniveaus. Wenn ein »nominaler« Wechselkurs gleich bleibt (ein Euro tausche etwa beständig gegen 130 Yen), aber die Inflation in der Eurozone höher ist als in Japan, dann bekommen wir eine reale Aufwertung des Euro. Wenn es in zwei Währungsräumen unterschiedliche Inflationsraten gibt, wird der Währungsraum mit höherer Inflationsrate unter Abwertungsdruck geraten.

Auswirkungen von Auf- und Abwertungen

Eine Abwertung reduziert das Einkommen der Haushalte in einem Währungsraum gegenüber jenem in anderen Währungsräumen, denn für importierte Güter muss nach einer Abwertung mehr bezahlt werden. Wenn der Euro gegenüber dem Dollar abwertet, dann wird beispielsweise Urlaub in New York teurer, und auch der Benzinpreis wird steigen, denn Erdöl muss importiert werden und notiert in Dollar.

Auf der anderen Seite wird bei einer Abwertung die Konkurrenzfähigkeit der Exportwirtschaft erhöht. Ein großer Teil ihrer Kosten – etwa die Löhne – fallen in heimischer Währung an, während gegen Devisen verkauft wird. Das erhöht die Absatzchancen, die Gewinne und in der Regel auch die Investitionen. Eine Abwertung ist also gut für die exportierende Industrie und schlecht für den Wohlstand der Haushalte. Sie dämpft den privaten Konsum. Bei der Leistungsbilanz würden wir ein sinkendes Defizit (oder höhere Überschüsse) erwarten.

Wie sich diese Wechselkursbewegung auf das Wachstum auswirkt, ist nicht für alle Situationen vorherzusagen, aber üblicherweise übertrumpft die Förderung der Industrie die negativen Wohlstandseffekte beim Konsum. Für die Eurozone gilt als Faustregel: Zehn Prozent Abwertung erhöhen das BIP um 0,5 bis 1 Prozent.

Grob gesprochen gilt für eine Aufwertung das Gegenteil: ein Verlust von Konkurrenzfähigkeit im Sektor der handelbaren Güter, ein steigender Konsum durch niedrigere Importpreise, sinkende Überschüsse der Leistungsbilanz (oder eine Ausweitung des Defizits) und ein insgesamt eher negativer Effekt für das Wachstum.

Konkret ist die Sache aber nicht ganz so leicht, verschiedene Elemente spielen mit eine Rolle. Zuerst zur Abwertung: Gerade bei kleinen »offenen« Volkswirtschaften (oder Währungsräumen), die einen großen Teil der verwendeten Güter importieren müssen, wirken sich die gestiegenen Importpreise sofort auf das gesamte Preisniveau aus – eine Abwertung hat damit einen unmittelbar inflationären Effekt. Inflation bei gleichem Wechselkurs bedeutet aber reale Aufwertung, sodass relativ bald die nächste (nominale) Abwertung folgen muss.

Das kann eine Spirale aus Abwertung, Inflation, neuer Abwertung und schließlich dauerhaft steigenden Inflationserwartungen auslösen. Inflation bedeutet, dass die Industrie einen Teil der Konkurrenzfähigkeit wieder verliert, die sie über die Abwertung gewonnen hat. Auch diese Ausweitung der Konkurrenzfähigkeit ist aber nicht für alle Betriebe eine ausgemachte Sache: Gerade in kleineren Währungsräumen sind Unternehmen auf Maschinen und Vorprodukte aus dem Ausland angewiesen, die jetzt teurer werden.

Ein weiterer Effekt ergibt sich durch wiederkehrende Abwertungen. Wenn der Eindruck entsteht, dass eine Währung unter dauerhaftem Abwertungsdruck steht, dann verlangen Investoren für Anlagen in dieser Währung höhere

Risikoprämien (zusätzlich zu Prämien für das Risiko des Ausfalls des Schuldners). Damit steigen die Zinsen, was wiederum die Konkurrenzfähigkeit der gesamten Wirtschaft beeinträchtigt. In einer solchen Situation steigt der Anreiz, sich in Fremdwährung zu verschulden.

Noch bevor österreichische Banken den Fremdwährungskredit in Haushalten in Österreich und Osteuropa populär gemacht haben, haben sich bereits seit langem Unternehmen, Banken oder Staaten in Entwicklungs- und Schwellenländern in Dollar verschuldet, immer um niedrigere Zinsen zu nutzen, oft, weil sie in heimischer Währung gar keinen Kredit bekommen hätten. Fremdwährungsschulden bringen jetzt ein zusätzliches Risiko, denn bei einer weiteren Abwertung werten diese parallel auf. In einer Zahlungsbilanzkrise kann so etwas in die Katastrophe führen.

Unter Umständen bringt eine Abwertung eher Unsicherheit und höhere Inflation als höhere Konkurrenzfähigkeit. Solche Geschichten können über viele Länder Südeuropas bis zu den 1990er Jahren erzählt werden, oder die meisten Entwicklungsländer.

Bei einer deflationären Ausgangssituation sind solche Effekte allerdings nicht zu erwarten, im Gegenteil – der Preisschub hilft gegen die Verfestigung von Deflationserwartungen. Das erklärt, warum gerade in deflationären Wirtschaftskrisen (wie der Weltwirtschaftskrise der 1930er Jahre oder dem Einbruch der Weltwirtschaft Ende des ersten Jahrzehnts des neuen Jahrtausends) Abwertungen als erwünscht gesehen werden und manchmal wirtschaftspolitische Strategie werden.

Wir haben auf Probleme einer Abwertung hingewiesen. Auch die Auswirkungen einer Aufwertung hängen ein wenig von den Umständen ab: Ist die Inflation ein größeres Problem, dann kann eine Aufwertung der Währung zu deutlich fallenden Zinsen beitragen. Das kompensiert wenigstens zum Teil den Verlust an Wettbewerbsfähigkeit der Wirtschaft und verstärkt die Steigerung des Konsums, wie wir ihn von einer Aufwertung ohnehin erwarten.

Ein gutes Beispiel dafür ist die Einführung des Euro in Südeuropa. Das war zwar im eigentlichen Sinn keine Aufwertung, hat aber das Risiko von wiederkehrenden Abwertungen beseitigt und hatte damit ähnliche Folgen. Die plötzlich niedrigeren Zinsen lösten einen Boom aus, der von einer ständig steigenden Privatverschuldung getragen war. Wie die Probleme des spanischen Bankensystems in der großen Rezession ab 2008 zeigen, war das langfristig vielleicht nicht die beste Idee, aber in jedem Fall kann gesehen werden, dass Aufwertungen nicht immer das Wirtschaftswachstum bremsen müssen.

Andererseits hat in einem eher deflationären Umfeld die Aufwertung des Euro von 2001 bis 2008 Deutschland keine Stärkung des privaten Konsums beschert (unter dessen Schwäche die deutsche Volkswirtschaft seit Jahren leidet). Die Zinsen waren ohnehin niedrig und die Industrie reagierte auf den Wechselkurs mit einem radikalen Kostensenkungsprogramm, mit Rationalisierungen und Lohnkürzungen. Das zerschlug mehr Kaufkraft, als die Aufwertung geschaffen hatte.

Das möglicherweise größte Problem ist eine über einen längeren Zeitraum überbewertete Währung. Das geht einher mit einem gewaltigen Defizit der Leistungsbilanz und einem ebenso gewaltigen Kapitalimport. Der Kapitalimport kann dabei hohe staatliche Defizite finanzieren (das war etwa in der Türkei Ende der 1990er Jahre der Fall), eine steigende Privatverschuldung ermöglichen (Großbritannien vor der großen Rezession 2008) oder Aktien und Immobilien erwerben (Thailand vor der Asienkrise 1997).

Da dieser Kapitalimport nicht militärisch erzwungen wird, sondern freiwillig erfolgt, geht mit der Überbewertung der Währung üblicherweise eine Finanzmarktlegende einher: Nach dieser glauben die Akteure, dass die jeweilige Währung nicht überbewertet ist, sondern die Kurse bestimmte langfristige Verschiebungen widerspiegeln: In Thailand waren das die unglaublichen Chancen des aufsteigenden Asiens, in Großbritannien eine neue Wirtschaftsordnung, die allein auf Dienstleistungen und dem Segen ständig steigender Immobilienpreise beruht – und die Türkei hat einfach sehr hohe Zinsen bezahlt.

Eine Überbewertung untergräbt immer die industrielle Struktur eines Landes. Wenn die Episode, wie in Thailand, nur einige Jahre dauert, dann ist der Schaden wieder gutzumachen. Wenn eine tendenzielle Überbewertung wie in Großbritannien seit den 1980er Jahren am Werk ist, dann kann die Substanz darunter leiden. Die ehemaligen Industriereviere Nordenglands sind durch Jahrzehnte der Deindustrialisierung so kaputt, dass auch die Schwächeanfälle des Pfund seit 2008 keine Linderung bringen.

»Never find a raw material« – die holländische Krankheit

Der Fund und die Ausbeutung von Rohstoffen oder – in etwas geringerem Ausmaß – die natürlichen Voraussetzungen zum Anbau bestimmter landwirtschaftlicher Güter werden normalerweise mit Reichtum und wirtschaftlichen Chancen verbunden. Wir haben aber bereits im vorherigen Abschnitt darauf hingewiesen, dass die Spezialisierung auf einzelne Rohstoffe oder agrarische

Exportprodukte ein großes Problem darstellen kann. Die »holländische Krankheit« erklärt den Mechanismus, mit dem die Rohstoffproduktion andere Wirtschaftszweige verdrängt. Denn es stellt sich die Frage: Wenn die Natur ein Land begünstigt – ob durch Klima oder durch Erdöl im Boden – warum können wir nicht alles haben? Öl und eine leistungsfähige Industrie? Und wenn die Rohstoffe so dramatisch sind: Warum gibt es dann reiche Industriestaaten, wie Norwegen und bis zu einem gewissen Grad auch die USA, die auf reichlich Erdöl sitzen?

Wir betrachten dazu den Wechselkursmechanismus und die Zahlungsbilanz: Wir wissen, dass die Salden von Leistungsbilanz und Kapitalbilanz immer null ergeben. Für die Exporte bedeutet das, dass ein Land nicht einfach immer mehr exportieren kann. Zusätzliche Exporte werden in der Regel von zusätzlichen Importen begleitet. Bei unterschiedlichen Währungsräumen geschieht der Ausgleich von Importen und Exporten über den Wechselkurs: Zusätzliche Exporte lassen den Kurs der Währung steigen, dadurch werden die Haushalte reicher und der Preis für Importgüter sinkt, sodass mehr von diesen nachgefragt werden. So etwas ist aber nicht ohne Auswirkungen auf die Struktur der übrigen Wirtschaft. So leiden andere Teile der Wirtschaft unter der verringerten Konkurrenzfähigkeit durch den höheren Wechselkurs: Industrie und Landwirtschaft kommen sowohl auf dem heimischen Binnenmarkt als auch auf Exportmärkten unter Druck; wie stark, ist natürlich vom Ausmaß der Aufwertung abhängig. Der Rohstoffsektor beginnt daher, andere Sektoren zu verdrängen.

In der Regel wird das nicht als Katastrophe gesehen, das BIP wird dabei etwa steigen: Die Exporte, die verdrängt werden, sind jene mit geringer Wertschöpfung, und wenn der »Wohlstand« des Landes nicht zunehmen würde, käme es auch gar nicht zu einer Aufwertung der Währung.

Die Schwierigkeit dabei ist, dass gerade in Entwicklungsländern jene Sektoren geschädigt werden, die entweder viele Arbeitsplätze zur Verfügung stellen oder die Möglichkeit bieten, eigene Kompetenzen zu entwickeln.

Betrachten wir das Beispiel Nigeria: Mit dem Ölpreisboom der 1970er Jahre hat dort die »holländische Krankheit« voll zugeschlagen. Das Erdöl macht heute 95 Prozent der Exporte und 80 Prozent der Staatseinnahmen aus. Die landwirtschaftlich genutzte Fläche schrumpfte allein zwischen 1975 und 1978 um 60 Prozent und das Erdöl verhindert das Entstehen einer industriellen Basis.

In Phasen eines hohen Ölpreises scheint das alles nicht so schlimm: Die

Wirtschaft dreht sich um das Öl. Im Ölsektor können zwar effektiv nur sehr wenige Menschen arbeiten, aber die hohen Staatseinnahmen und die unglaubliche Bereicherung Einzelner haben ebenfalls wirtschaftliche Auswirkungen: »*Trickle-down*-Effekt« wird das genannt: Wenn einer ganz viel Geld hat, braucht er zahlreiche andere, die ihm das Haus und die Schuhe putzen, ihn herumchauffieren und bewachen, und denen kann wieder irgendetwas verkauft werden. Hohe Staatseinnahmen ermöglichen einen großen öffentlichen Sektor und hohe Staatseinnahmen können auch direkt an die Bevölkerung weitergegeben werden: Venezuela (der wichtigste lateinamerikanische Ölstaat) führte schon in den 70er Jahren sozialstaatliche Maßnahmen ein. In Nigeria ist es mehr eine Frage von Korruptionsgeldern, die in die jeweiligen Provinzen gelenkt werden.

In Phasen eines fallenden Ölpreises werden aber die Probleme dieses Entwicklungsmodells offensichtlich: Wenn Industrie und Landwirtschaft einmal kaputt sind, können sie auch nicht über Nacht reanimiert werden. (Vor allem bei der Industrie wiegen hier die fehlenden Vorteile der Massenproduktion und Agglomerationseffekte schwer.) Statt an dem Punkt vor dem Ölboom weiterzumachen, folgte die Katastrophe: In den 80er Jahren brachen in Venezuela die Öleinnahmen weg, der Sozialstaat wurde wieder zusammengestrichen. 1989 entlud sich der Unmut der Bevölkerung in einem »*Caracazo*« genannten Volksaufstand, den die Regierung dann zusammenschießen ließ. Etwa dreitausend Opfer werden geschätzt.

Eines ist sicher: Wenn wir den freien Markt wirken lassen, dann gibt es kein Rezept gegen die holländische Krankheit. Lediglich jenen Ländern, die über sehr viele Rohstoffe oder eine sehr kleine Bevölkerung verfügen, kann das relativ egal sein (etwa den Golfemiraten). Alle anderen, von Venezuela und Ekuador, über Nigeria, den Iran und Russland, und zukünftig möglicherweise auch Australien, haben mehr oder weniger große Probleme. Aber auch wenn eine Staatsintervention erfolgt, ist der Erfolg nicht garantiert. Die Zahlungsbilanz ist ein schwieriger Gegner. Norwegen entgeht der holländischen Krankheit und der einseitigen Abhängigkeit vom Erdöl, indem die Öleinnahmen von einem staatlichen Fond kontrolliert werden und zu großen Teilen sofort per Kapitalbilanz wieder außer Landes geschafft werden. Das Geld wird auf den internationalen Finanzmärkten veranlagt.

In einem Land wie Nigeria oder Venezuela ist es allerdings schwierig, zwar viel Geld mit Erdöl einzunehmen, aber dann alles zu sparen und ins Ausland zu verleihen.

Was ebenfalls versucht wird, ist, die heimische Industrie durch Zollschranken vor den Auswirkungen einer Aufwertung zu schützen. Auch das ist problematisch: Wenn in Ländern mit traditionell niedrigen Sparquoten den Haushalten haufenweise Öl-Geld in die Hand gedrückt, aber dann verhindert wird, dass sie ausländische Produkte kaufen, ergießt sich die Kaufkraft in die beschränkten Kapazitäten der eigenen Produktion. Sollte dort ausreichend Unterbeschäftigung vorhanden sein und auch Kapazitäten brachliegen, wird das eine Zeit lang funktionieren, weitere Steigerungen der Kaufkraft bringen aber Inflation.

Nächste Möglichkeit: Die Notenbank kann durch beständige Währungsinterventionen den Wechselkurs niedrig halten – aber es ist kompliziert, zu verhindern, dass die damit verbundene Ausweitung der Geldmenge und sehr niedrigen Zinsen nicht einfach hohe Inflation und Vermögenspreisblasen auslösen (mehr dazu im nächsten Abschnitt). Die australische Regierung hat im Sommer 2010 versucht, eine besondere steuerliche Belastung der Rohstoffunternehmen (vor allem Kohle) mit einer Steuerentlastung der übrigen Wirtschaft zu kombinieren, ist dabei aber auf den wütenden Widerstand der Bergbaulobby gestoßen.

Es könnte der Versuch unternommen werden, einen großen Teil der Rohstoffeinnahmen für den Import ausländischer Technologie oder den Ausbau der Infrastruktur (wofür ebenfalls viel importiert werden muss) zu verwenden. Damit hält sich die Aufwertung in Grenzen und es wird das importiert, was langfristig am dringendsten benötigt wird. In Kombination mit den schon erwähnten Maßnahmen wäre eine solche Vorgehensweise wohl am günstigsten, vom nigerianischen Staatsapparat ist das aber nicht zu erwarten.

Dabei ist die holländische Krankheit in Industrieländern weniger problematisch als in ärmeren Staaten. Das Phänomen wird »holländische Krankheit« genannt, weil es in den Niederlanden nach Erdgasfunden in der Nordsee zum ersten Mal beschrieben wurde, aber tatsächlich ist Holland nicht in Armut versunken. In einem Staat mit höherem Technologieniveau ersetzt kapitalintensive Ölproduktion ebenso kapitalintensive Industrieprodukte. Es gehen daher keine oder weniger Arbeitsplätze verloren, als wenn das Erdöl zu einem Zusammenbruch der nigerianischen Landwirtschaft führt. Außerdem sind Industrieländer in der Lage, die Öltechnologie selbst zu kontrollieren: In den USA oder Norwegen sitzen die spezialisierten Zulieferer der Ölindustrie, die zusätzliche Wertschöpfung im Land ermöglichen; auf nigerianischen Ölfeldern wird die Technologie von ausländischen Ölmultis kontrolliert. Die bringen ihre amerikanischen und norwegischen Zulieferer mit.

Fixe und flexible Wechselkurse

Wir haben bisher ständig von Auf- und Abwertungen gesprochen. Dabei ist es keineswegs so, dass Wechselkurse immer flexibel waren. Die längste Zeit der Weltgeschichte wurde Handel über Edelmetall abgewickelt, und Gold tauscht gegen Gold immer 1:1. Mit dem Aufkommen von Papiergeld konnten sich Wechselkurse verschieben, aber auch das 19. Jahrhundert bis zum Ersten Weltkrieg war vom Goldstandard der wichtigsten Währungen geprägt. Der Goldstandard garantierte dabei einen fixen Kurs einer Währung gegen Gold aus den Reserven der Notenbank, und wenn alle Währungen fix gegen das Gold tauschen, dann müssen auch die Wechselkurse untereinander fix sein. In der Zwischenkriegszeit brach dieser Goldstandard zusammen, wurde aber nach dem Zweiten Weltkrieg wiederbelebt. Für den Dollar wurde ein fixer Kurs zu den US-Goldreserven in Fort Knox garantiert (vielleicht bekannt aus dem James-Bond-Film *Goldfinger*, in dem Gerd Fröbe es mit den bösen Chinesen in die Luft sprengen will). Für die weiteren Währungen des Westblocks galt im Anschluss ein fixer Wechselkurs zum Dollar. Dieses System fiel Anfang der 1970er Jahre.

Heute gelten in der Regel flexible Wechselkurse. Währungen können gegeneinander auf- und abwerten. Ausnahmen gibt es auch, die wichtigste ist die große, chinesische: Der Yuan wird von der chinesischen Nationalbank seit den 1990er Jahren in einem engen Band zum Dollar gehalten, manchmal unterbrochen von Phasen der langsamen und kontrollierten Aufwertung. Die Eurozone ist durch die Währungsunion de facto ein Sonderfall fixer Wechselkurse.

Fixe Wechselkurse bieten gewaltige Vorteile. Durch die Liberalisierung und die gewaltige Liquidität der Kapitalmärkte sind Wechselkurse enorm schwankungsanfällig geworden (es wird von hoher Volatilität gesprochen). Das ist eine hohe Belastung für den Handel mit Gütern und Dienstleistungen. Wenn Airbus Flugzeuge nach Singapur verkauft, dann werden Verträge unterzeichnet, die mehrere Jahre laufen, und der Preis der Flieger ist in Dollar vereinbart. Aber die Firma hat keine Ahnung vom Dollarkurs in einigen Jahren. Vielleicht sinkt er relativ stark und es fällt ein Verlust in Millionenhöhe an. Dafür gibt es dann Währungsabsicherungsgeschäfte, mit denen ein bestimmter Kurs garantiert werden kann – aber das ist nicht gratis: Derjenige, der den Kurs garantiert, möchte für sein Risiko mit einer Prämie entschädigt werden, und die vermittelnden Finanzdienstleister kassieren Spesen.

Volatilität bedeutet dabei nicht nur mangelnde Vorhersehbarkeit; ein ständiges Auf und Ab verändert ununterbrochen die relative Wettbewerbsfähigkeit von Währungsräumen. Ein deutscher Maschinenbauer kann seine Wettbewerbsposition gegenüber einem japanischen Konkurrenten zu aktuellen Wechselkursen einschätzen, aber was ist in drei Monaten? Von Juni bis Oktober 2010 legte der Euro gegenüber dem Dollar um 17 Prozent zu (in den Monaten zuvor verlor er allerdings noch etwas mehr). Wenn eine Firma mit einem 17-Prozent-Preisschock innerhalb eines Quartals rechen muss, dann hat das Auswirkungen auf die Investitions- und Risikobereitschaft. Eine Investition, die zu aktuellen Wechselkursen Sinn hat, könnte in drei Monaten gefährlich werden. Im Zweifelsfall wird daher weniger investiert. Schließlich kostet auch das Versichern gegen die mögliche Kursschwankung Geld.

Also fixe Wechselkurse? Das ist auch nicht so einfach

Wie funktioniert ein fixer Wechselkurs? Im Prinzip bekennt sich die Notenbank eines Währungsraumes dazu, einen bestimmten Kurs gegenüber einer anderen Währung (oder einem Währungskorb) zu verteidigen. Die Fixierung erfolgt entweder gegenüber dem Dollar, als internationaler Leitwährung, oder gegenüber dem wichtigsten Handelspartner. Üblicherweise ist dieser nicht auf die zweite Kommastelle fixiert. Die dänische Krone handelt etwa zum Euro in einem Band von plus/minus 2¼ Prozent. Wenn der Wechselkurs die untere Schwelle des Bandes zu durchbrechen droht, dann verkauft die Notenbank aus dem Bestand ihrer Devisenreserven ausländische Währung und kauft die eigene, um deren Kurs zu stützen. Sollte die Währung nach oben ausbrechen wollen, wird eigene Währung verkauft und die Devisenreserven werden erhöht. Das Problem fixer Wechselkurse ist ein Doppeltes:

Nummer eins ist die Währungsspekulation. Wenn die internationalen Finanzmärkte in einer Währung Schwächen erkennen (etwa wegen immer höherer Leistungsbilanzdefizite), aber ebenso, wenn sie eine Währung für unterbewertet halten, dann beginnen spekulative Zu- oder Abflüsse. Nach dem Zweiten Weltkrieg war das noch beherrschbar: Die Liquidität der Finanzmärkte war weniger hoch, Kapitalbewegungen waren Devisenverkehrskontrollen unterworfen und Konzerne waren nicht mit einer Unzahl von ausländischen Tochterfirmen ausgestattet. Mit der Globalisierung ist das schwieriger geworden: Internationale Kapitalmärkte sind weitgehend liberalisiert und verfügen über gigantische Liquidität. Es gibt kaum noch Kapitalverkehrskontrollen oder andere Einschränkungen. Und wo sie noch existieren, helfen sie nicht richtig.

Durch die Intensität des Welthandels kann heute Kapitalverkehr im Güterhandel versteckt werden – »durch die Leistungsbilanz kanalisieren« wird das im Fachjargon genannt. Wenn ein internationaler Konzern Geld nach Brasilien transferieren möchte, braucht er nur seine brasilianische Tochterfirma anzuweisen, für ihre konzerninternen Leistungen zu viel zu berechnen. Schon wird ein möglicherweise verbotener (oder mit Strafsteuern belegter) Kapitalzufluss zu einer Einnahme aus dem brasilianischen Export von Gütern oder Dienstleistungen. Mit der gleichen Methode lassen sich übrigens Steuern sparen. Über die bewusste Gestaltung von Preisen im konzerninternen Handel fallen Gewinne dort an, wo die niedrigsten Steuersätze gelten. Jenseits der technischen Details: Die heute gegebene gewaltige Liquidität und die Schwierigkeiten, diese zu kontrollieren, machen ein System fixer Wechselkurse schon bei kleinen Problemen sehr anfällig.

Problem Nummer zwei ist die schwierigere Anpassungsfähigkeit bei Verschiebungen der relativen Wettbewerbsfähigkeit. Die Wettbewerbsfähigkeit eines Landes kann auch bei fixen Wechselkursen aus unterschiedlichen Gründen größer oder geringer werden. Unterschiedliche Inflationsraten führen dazu, dass auch bei fixen nominalen Wechselkursen das Land mit der höheren Inflationsrate eine reale Aufwertung erlebt. Unterschiedliche Lohnabschlüsse und eine abweichende Entwicklung der Produktivität führen etwa in der Industrie zu einer auseinanderlaufenden Entwicklung der Lohnstückkosten – eine Maßzahl, die wahrscheinlich wichtiger ist als die allgemeinen Inflationsraten. Wenn ein Land beständig an Wettbewerbsfähigkeit verliert, dann ergeben sich immer höhere Ungleichgewichte im Außenhandel – eine stark negative Leistungsbilanz. Üblicherweise würde jetzt abgewertet werden (was natürlich gerade bei kleinen Volkswirtschaften nicht ohne Probleme ist – siehe weiter oben in diesem Abschnitt). Bei fixen Wechselkursen soll aber nicht abgewertet werden. Auch in diesem Fall ist natürlich eine Anpassung möglich, sie wird aber noch schmerzhafter.

Führen wir uns noch einmal vor Augen, was eine Abwertung für den Ausgleich der Leistungsbilanz bewirkt: Die Abwertung macht einmal den heimischen Exportsektor konkurrenzfähiger. Zusätzlich macht sie aber auch Importprodukte teurer, die Haushalte werden relativ zur übrigen Welt ärmer. Dadurch wird weniger importiert. Es ist durchaus möglich, dass eine Abwertung einen allgemeinen Inflationsschub auslöst (je kleiner ein Währungsraum, um so eher, weil umso wichtiger der Außenhandel), aber grundsätzlich gibt es keinen Grund, warum der Friseur an der Ecke im selben Ausmaß teurer werden sollte wie das importierte Benzin. Der Friseur an der Ecke ist dabei nicht unwichtig: Nicht handelbare Güter und Dienstleistungen machen üblicherweise den größeren Teil des BIP aus, und diese werden durch eine Abwertung nicht automatisch teurer. Außerdem kann es durch eine Abwertung zu einem Ersetzen der Importe durch eigene Produktion kommen. In der Industrie ist das oft schwierig, aber in Sektoren wie dem Tourismus auch kurzfristig üblich. Wenn der Dollar fällt, machen die Amerikaner eben Urlaub im eigenen Land.

Wie kann ohne Abwertung der gleiche Effekt erreicht werden? Konkurrenzfähigere Exportproduktion und weniger Konsum importierter Güter? Zuerst müssen die Einkommen im Sektor handelbarer Güter reduziert werden; im Prinzip heißt das ein Sinken von Industrielöhnen. Und dann müssen die Haushalte weniger importierte Güter konsumieren – aber durch die fehlende Abwertung werden die Importprodukte in einer ersten Runde nicht teurer. Das bedeutet, dass die Einkommen insgesamt sinken müssen und der Konsum über alle Bereiche eingeschränkt werden muss. Und jetzt müsste der Friseur an der Ecke (und der übrige Sektor nicht handelbarer Güter) seine Preise ebenfalls nach unten anpassen, damit die Importgüter relativ teurer werden. Je länger damit gewartet wird, umso höher wird die Arbeitslosigkeit, denn zu aktuellen Preisen werden zu wenige Haarschnitte verkauft werden. Handelt der Friseur unmittelbar und sofort, gibt es der Theorie nach keine höhere Arbeitslosigkeit, aber dafür Deflation. In der Realität gibt es wahrscheinlich beides, Deflation und Arbeitslosigkeit. In einer wahrscheinlich sehr schwierigen wirtschaftlichen Situation erhöht die Deflation die Realzinsen (was den Abschwung verstärkt) und die Schuldenlast (auch nicht gut).

Kurze Zusammenfassung: Wenn eine Abwertung über einen nominalen Wechselkurs nicht möglich ist, muss sie über den realen Wechselkurs geschehen. In dem entsprechenden Land müssen die Preise sinken. Das ist allerdings kaum anders zu bewerkstelligen als durch eine verallgemeinerte Wirtschaftskrise.

Natürlich gibt es dabei auch eine andere Möglichkeit: Die Länder mit Leistungsbilanzüberschüssen müssten mehr konsumieren und letztlich auch eine höhere Inflation akzeptieren.

Wirkung des Wechselkurses: Fallbeispiel China

Über seine ganze Geschichte wurde der Wechselkurs des chinesischen Yuan (Renminbi) kontrolliert, ursprünglich mithilfe eines staatlichen Außenhandelsmonopols (nur der Staat durfte Außenhandel betreiben), aber auch nach dessen Ende sind Kapitalverkehrskontrollen geblieben. Der Wechselkurs des Yuan wird in einem engen Band zum US-Dollar gehalten. In den 1980er Jahren wurde wegen größerer Leistungsbilanzdefizite abgewertet, nach der Stabilisierung des Außenhandels folgte eine Periode der Aufwertung. Von 1997 bis 2005 wurde der Kurs des Yuan auf etwa 8,20 Yuan für den Dollar fixiert. Danach gestattete die chinesische Regierung eine kontrollierte Aufwertung bis zum Kurs von 6,80 im Jahr 2008. Im Zuge der Weltwirtschaftskrise wurde diese Aufwertung gestoppt und begann erst wieder im Sommer 2010. Abgesehen von der chinesischen Regierung attestiert alle Welt dem Yuan eine deutliche Unterbewertung. Der nominale Kurs ist zwar fix, aber die rasch steigende Produktivität der chinesischen Industrie bedeutet eine reale Abwertung.

Eine Folge davon ist ein gewaltiger Überschuss der Leistungsbilanz. In der relevanten Periode stieg der Leistungsbilanzüberschuss von vernachlässigbaren 7,2 Milliarden Dollar 1996 auf 426 Milliarden 2008, um durch den Zusammenbruch des Welthandels im Krisenjahr 2009 wieder zurückzugehen. Der Trendverlauf 2010 zeigt ein Fortbestehen und eine neue Ausweitung der Handelsungleichgewichte. Zusätzlich gab es über die gesamte Periode Zuflüsse ausländischer Investitionen.

Um angesichts solcher in das Land gerichteten Kapitalströme einen (relativ) fixen Wechselkurs zu halten, muss die Bank of China ununterbrochen intervenieren, die Dollar vom Markt saugen und dafür eigene Währung verkaufen. Wir erinnern uns: Viele Leute wollen Dollar verkaufen und Yuan kaufen; das würde den Kurs des Yuan nach oben treiben. Also muss die Bank of China auf den Plan treten, um jedem Dollar-Verkäufer frisch gedruckte Yuan anzubieten. Die Devisenreserven des Landes beliefen sich Mitte 2010 bereits auf den Wert von 2 500 Milliarden US-Dollar. Der größte Teil wird dabei tatsächlich in Dollar gehalten, weil der Dollar die internationale Leitwährung darstellt, aber auch aus technischen Gründen: Wer seine Währung gegen den Dollar konstant halten will, für den hat es wenig Sinn, Euro zu kaufen.

Die chinesische Politik hat dabei mehrere Gründe: Aus der Asienkrise wurde gelernt, wie wechselhaft internationale Kapitalströme sein können, welche Folgen eine überbewertete Währung und eine folgende Finanzmarktpanik und Zahlungsbilanzkrise haben können. Daraus wurde geschlussfolgert: Im Zweifel ist eine gewisse Unterbewertung der Währung günstiger als eine Überbewertung, und im Zweifel sind zu hohe Devisenreserven besser als zu geringe. Und eine völlige Öffnung der Kapitalmärkte ist gefährlich.

Allerdings entsprechen Devisenreserven von 2 500 Milliarden einer gewaltigen Versicherung gegen Währungsattacken. Um den Yuan gegen einen spekulativen Angriff zu verteidigen, wäre wohl ein Zehntel noch reichlich – und außerdem: Wohin sollte der Yuan denn abwerten? Sollte er noch zehn Prozent fallen, dann machen die chinesischen Exporteure Kleinholz aus ihren Konkurrenten. Die einzige spekulative Attacke, unter der China leidet, versucht, von einer Aufwertung zu profitieren, nicht eine Abwertung zu erzwingen.

Der zentrale Grund für den chinesischen Wechselkurs ist ein Wirtschaftsmodell, das eine rasche, exportorientierte Industrialisierung unter staatlicher Anleitung versucht. Dazu gehört die staatliche Förderung strategischer Industriezweige, *local-content*-Auflagen für den Markteintritt ausländischer Konzerne (Produkte müssen wenigstens zum Teil in China gefertigt werden) und massive staatliche Investitionen in die Infrastruktur des Landes (etwa in das größte Netz für Hochgeschwindigkeitszüge der Welt). Die Unterbewertung der Währung ist ein Element dieser Strategie, das die hohe Wettbewerbsfähigkeit der chinesischen Wirtschaft sichern soll.

Bevor wir uns den Problemen einer solchen Vorgehensweise zuwenden, müssen wir uns noch einmal die Zahlungsbilanz ansehen, um die technische Seite der chinesischen Politik zu verstehen. Die Bank of China kauft Dollar, aber damit ist es noch nicht getan. Für jeden gekauften Dollar muss die Notenbank chinesische Yuan ausgeben. Das kann sie grundsätzlich in beliebiger Höhe tun, die Notenbank hat eine Lizenz zum Gelddrucken, nur bringt das eine ständige Ausweitung der Geldmenge mit sich. In einer Wirtschaft am Rande einer Rezession, mit erhöhter Arbeitslosigkeit und nicht ausgelasteten Kapazitäten kann die Erhöhung der Geldmenge als Konjunkturimpuls dienen; in einer chinesischen Wirtschaft, die seit Jahren mit Hyperwachstum um die zehn Prozent unter Volldampf fährt, führt eine rasche Ausweitung der Geldmenge zu Vermögenspreisblasen und/oder Inflation. Was durch den niedrigen nominalen Wechselkurs an Konkurrenzfähigkeit gewonnen wird, verabschiedet sich wieder durch höhere Inflationsraten (diese bedeuten eine reale Aufwertung) und eine zunehmende Krisenanfälligkeit des Bankwesens. Möchte sie derartiges verhindern, muss die Bank of China wenigstens einen Teil der zusätzlichen Yuan wieder einsammeln – man spricht von »Sterilisierung«. Dafür verkauft die Bank of China Anleihen, vor allem an das staatlich kontrollierte Bankensystem. Aber für diese Schuldscheine sind natürlich Zinsen fällig.

Wenn wir die Reihenfolge umdrehen, wird die Sache verständlicher: Um eine Ausweitung der Geldmenge zu verhindern, leiht sich die chinesische

Nationalbank die Yuan für ihre Dollarkäufe. Aus dieser Perspektive wird verständlich, dass die 2 500 Milliarden Dollar Devisenreserven keine Handkasse der chinesischen Regierung ist, aus der theoretisch auch mal zwanzig Milliarden an eine befreundete Regierung verschenkt werden können, weil die gerade den Dalai Lama ausgeladen hat. Den 2 500 Milliarden Dollar stehen Yuan-Verbindlichkeiten in ähnlicher Höhe gegenüber. In gewissem Sinn könnte man von einer kreditfinanzierten Währungsspekulation sprechen, allerdings einer ohne Gewinnmöglichkeit. Spätestens seit 2007 sind die Zinsen im Dollarraum niedriger als in China, und immer wieder wird der Yuan doch ein wenig aufgewertet. Zu negativen Zinserträgen gesellen sich also Wechselkursverluste (bei einer Aufwertung des Yuan werden die Dollar in eigener Währung weniger wert). Die chinesischen Devisenreserven sind also nicht vergleichbar mit dem Goldschatz eines antiken Königs, sondern stellen ein großes Verlustgeschäft dar. Da der Staat für die Verbindlichkeiten der Notenbank aufkommen muss, haben wir es mit einer gewaltigen Subvention der Exportindustrie zu tun.

Aber damit ist die Sache noch nicht zu Ende. Aus dem Kapitel über Geld und Inflation sowie jenem über Wachstumsstörungen und Geldpolitik wissen wir, dass Geldmenge und Inflation durchaus miteinander verbundene Größen sind, dass aber ein direkter Schluss von einer Steigerung der Geldmenge zu höherer Inflation nicht möglich ist. Das gilt auch in der umgekehrten Richtung; eine Sterilisierung der durch Wechselkursstabilisierung geschaffenen Geldmenge ist zu wenig. Ein ganz einfaches Beispiel: Ein chinesischer Exporteur aus Guangdong verkauft Waren in die USA und tauscht den Dollar-Umsatzerlös bei der Notenbank gegen chinesische Währung. Diese Geldmenge wird im Anschluss sterilisiert. Aber mit dem Export in die USA generiert die Firma auch Einkommen: Löhne für die Angestellten, Gewinne für die Firma. In einer ersten Periode entscheiden sich Angestellte wie Eigentümer, einen großen Teil dieses Einkommens zu sparen. In der nächsten Periode entschließen sie sich zum Gegenteil: Das Unternehmen investiert jeden Cent aus dem Gewinn und sucht um zusätzliche Bankkredite an; die Haushalte beschließen, dass sie in den letzten Jahren genug gespart haben, und möchten ihr gesamtes Einkommen verkonsumieren. Die Menge des Notenbankgeldes kann in beiden Perioden völlig gleich geblieben sein (alle Export-Dollar werden sterilisiert), die Geldmenge wird sich durch Kreditschöpfung trotzdem ausweiten, jeder Yuan wird in der neuen Situation öfters ausgegeben, und die gesamtwirtschaftliche Nachfrage nach Konsum und Investitionsgütern, die von dem Unternehmen ausgeht, ist viel höher als zuvor. Wenn das in vielen Unternehmen gleichzeitig passiert, dann haben wir einen inflationären Impuls, unabhängig davon, wie viel die Notenbank sterilisiert.

Das bedeutet: Wenn der Wechselkurs einer Währung deutlich unterbewertet gehalten wird (um einen Überschuss der Leistungsbilanz zu ermöglichen) und dennoch keine höhere Inflation eingefahren werden soll, dann ist eine reine Intervention auf dem Devisenmarkt mit anschließender Sterilisation der eingesetzten Geldmenge nicht genug. Letzten Endes kann ein Überschuss der Leistungsbilanz nur durch einen Überschuss der inländischen Sparleistung erzeugt werden: Defizit oder Überschuss des Staatssektors, Sparleistung der Haushalte und die nicht ausgeschütteten Gewinne des Unternehmenssektors müssen so hoch sein, dass damit alle Investitionen bezahlt werden können und danach noch ordentlich etwas übrigbleibt. Wenn die chinesische Leistungsbilanz 2007 einen Überschuss von etwa 10 Prozent des BIP produziert hat und die Investitionen bei über 40 Prozent des BIP lagen (ein sehr hoher Wert), muss die Summe aus Sparleistung, nicht ausgeschütteten Gewinnen und staatlichem Überschuss oder Defizit mehr als 50 Prozent des BIP betragen. Muss, denn wäre die Sparquote geringer, dann würde die steigende inländische Nachfrage entweder die Importe oder – viel wahrscheinlicher – erst die Preise und dann die Importe in die Höhe treiben. Derartige Sparleistungen erfordern eine bewusste staatliche Politik: Die Löhne müssen verhältnismäßig niedrig gehalten werden; Pensions- und Gesundheitsvorsorge sind ungesichert, was das Sparbedürfnis steigert; und weil die Wirtschaft dennoch ständig am Rande einer Überhitzung steht, gibt es kräftige staatliche Eingriffe, um die Vergabe von Krediten zu beschränken.

Die chinesische Sparquote und der damit verbundene Leistungsbilanzüberschuss ist ein Problem für die Weltwirtschaft. Bei der Leistungsbilanz sind die Überschüsse des einen Landes automatisch die Defizite eines anderen, denn irgendjemand muss die Güter doch kaufen. Wenn ein Land wie Südkorea eine ähnliche Strategie verfolgt, mag das zu verkraften sein, aber nach einigen Maßzahlen ist China die größte Volkswirtschaft der Welt, etwa beim Verbrauch von Stahl oder Zement. Eine derart extremistische Sparquote drückt die globale Nachfrage. Auf der anderen Seite ist die chinesische Sparquote auch ein Problem für China, weil sie die Wirtschaft von ausländischer Nachfrage abhängig macht, die Lohnzurückhaltung extreme soziale Ungleichheit produziert und das industrielle Hyperwachstum gewaltige Umweltprobleme schafft. Sie schafft auch Konflikte mit den Handelspartnern, denen die Unterbewertung der Währung ein Dorn im Auge ist.

So hat sich China auch zu einem Abbau der Handelsungleichgewichte bekannt. Im Sommer 2010 wurde allerdings um den Weg dorthin gestritten: Die USA fordern von China eine Flexibilisierung des Wechselkurses, eine Öffnung des Kapitalmarktes und eine weitere Öffnung der Importmärkte. China verspricht zwar, den Privatkonsum zu erhöhen, will aber von einer deutlichen Aufwertung nichts wissen. Nach unserer bisherigen Analyse würden wir dabei vermuten, dass ein höherer Anteil des Privatkonsums (und damit eine niedrigere Sparquote) ohne Aufwertung der Währung inflationär wirken wird.

Wirkung des Wechselkurses: Fallbeispiel Eurozone

Die Eurozone ist ein ausgezeichnetes Beispiel für die Funktionsweise der Außenwirtschaft, weil sie die Mechanismen der Zahlungsbilanz zeigt, ohne dass es Verschiebungen der Wechselkurse geben kann, eigentlich ein Sonderfall fixer Wechselkurse.

Vor dem Euro hatte das Europäische Währungssystem (EWS, bis in die 1990er Jahre) ein System fixer, aber anpassbarer Wechselkurse versucht. Das klingt ein bisschen nach dem Stein der Weisen: Die fixen Wechselkurse verhindern die Wechselkursvolatilität und die Unsicherheit, die mit flexiblen Kursen verbunden ist; für den Fall größerer Ungleichgewichte lassen sich die Wechselkurse aber anpassen – im Fall des EWS, indem gegenüber der Deutschen Mark abgewertet wurde. Die Sache war allerdings mit zwei Problemen verbunden: Einerseits wurden immer wieder schwächere Währungen durch spekulative Attacken aus dem EWS herausgeschossen.

Ein fixer Wechselkurs macht Devisenspekulation relativ risikolos: Einfach einen Kredit in britischen Pfund aufnehmen und diese in Deutsche Mark tauschen. Die Bank of England verbraucht ihre Devisenreserven, um das Pfund zu verteidigen. Hat diese einen längeren Atem, dann ist nichts passiert. Der spekulative Angriff wird eingestellt, die Mark zum selben Kurs wieder in Pfund gewechselt und der Pfundkredit zurückgezahlt. Sind die Spekulanten zahlreich genug, kann der Kurs nicht gehalten werden, das Pfund wertet ab – jetzt lässt sich der Kredit zu einem niedrigeren Kurs zurückzahlen und Profit einstreichen.

Das war eines der Probleme fixer Wechselkurse: In einem Umfeld völlig liberalisierter und überliquider Finanzmärkte lassen sie sich nur schwer halten. Ein zweites Problem kommt noch dazu: Durch die zentrale Stellung der Mark mussten alle Länder des EWS immer die deutsche Geldpolitik nachvollziehen. Bei fixen Wechselkursen (und ohne rigide Kapitalverkehrskontrollen) können andere Länder keine niedrigeren Zinsen haben als Deutschland, sonst fließt sofort zu viel Kapital ab. Gerade Frankreich war das politisch immer ein Dorn im Auge. Manchmal wurde es auch ein bisschen unangenehm, weil die Deutsche Bundesbank seit jeher ein äußerst inniges Verhältnis zur Geldwertstabilität hatte. Anfang der 1990er Jahre etwa witterte die Bundesbank im Zuge des Wiedervereinigungsbooms Inflationsgefahren und trat mit Zinserhöhungen voll auf die Bremse, was die gesamte europäische Konjunktur zum Kippen brachte und das Europäische Währungssystem in Turbulenzen stürzte.

Die Konstruktion des Euro bettet die Bundesbank jetzt institutionell in den EZB-Rat ein; Alleingänge sind nicht mehr möglich. Auf der anderen Seite ist der rechtliche Rahmen und die Aufgabenstellung der neu geschaffenen Europäischen Zentralbank sehr stark auf die Geldwertstabilität ausgerichtet worden, auch um die Inflationsängste der deutschen Bundesregierung zu entkräften.

Unabhängig davon, ob die Geldpolitik der EZB nun als zu rigide kritisiert wird, oder befürchtet wird, der Euro könne es nicht mit der »harten D-Mark« aufnehmen: Die Währungsunion bringt eine institutionelle Koordinierung der Geldpolitik, die vorher nicht im selben Maße gegeben war.

Eine Währungsunion ist auf der anderen Seite auch mit Problemen behaftet. Einige davon gehören nicht wirklich in den Rahmen dieses Kapitels, etwa das Problem eines integrierten Finanzmarktes, für dessen große Spieler aber nationalstaatlich gehaftet und reguliert wird. Oder das damit verbundene Problem, dass große Staatspleiten das Finanzsystem des gesamten Euroraumes schwer belasten könnten, und die Frage, ob die Staaten der Eurozone nicht untereinander für ihre Schulden haften müssen. Ein weiteres Problem ist die in einer Währungsunion per Definition einheitliche Geldpolitik, die aber nicht für alle gleichermaßen passt. Bis zum Kriseneinbruch 2008 waren die Leitzinsen der EZB für Deutschland eher zu hoch, für Irland oder Spanien mit Sicherheit zu niedrig. In Irland und Spanien hat das eine gigantische Immobilienblase mitverursacht, samt der dazugehörenden exzessiven Kreditvergabe und der Überschuldung privater Haushalte und den dramatischen Auswirkungen nach deren Platzen.

Irland war vor der Finanzkrise der »Musterschüler« im Bereich der Staatsschulden, mit einem sehr geringen Schuldenstand und einem laufenden Budgetüberschuss – dann folgte die Rettung der Banken und im Frühjahr 2010 wurden Sorgen laut, das Land könnte unter seiner Schuldenlast zusammenbrechen. Immobilienblasen hat es allerdings in vielen Ländern gegeben. Das ist nicht dem Euro allein anzukreiden und hätte mit vernünftiger staatlicher Regulierung auch innerhalb der Eurozone verhindert werden können. Dennoch steckt hier ein Hinweis auf ein grundlegendes Problem: Die einheitliche Währung macht Anpassungsprozesse zwischen den beteiligten Volkswirtschaften schwieriger.

Um die Komplexität ein bisschen zu reduzieren, beschränken wir unsere Darstellung auf Spanien und Deutschland. Spanien erlebte praktisch mit der Euro-Einführung einen wirtschaftlichen Boom, der von steigenden Hauspreisen, sinkender Arbeitslosigkeit und einer dynamischen Bevölkerungsentwicklung durch Zuzug aus Nordafrika und Osteuropa getragen wird. Dieser hatte allerdings einige Achillesfersen: Die steigenden Hauspreise beruhten auf steigender Verschuldung der privaten Haushalte, die nicht durch inländische Sparleistung gedeckt werden konnte; Kapital aus dem Ausland wurde importiert (in erster Linie, indem das Bankensystem Wertpapiere an andere Banken der Eurozone verkaufte, um weiter Kredite vergeben zu können).

Dem Überschuss der Kapitalbilanz stand per Definition ein stetig wachsendes Defizit der Leistungsbilanz gegenüber, das dadurch verschärft wurde, dass die spanischen Lohnstückkosten stärker zulegten als in anderen Ländern der Währungsunion. Das Ergebnis war eine verzerrte Wirtschaft, die im Wesentlichen einer überbewerteten Währung entsprach: langsame Erosion der Wettbewerbsfähigkeit der Industrie und Wirtschaftswachstum, das auf Privatkonsum, dem Immobiliensektor, sowie Finanzdienstleistungen beruhte. 2007 arbeiteten zehn Prozent der Erwerbstätigen in der Bauwirtschaft; in Deutschland sind es nicht einmal die Hälfte.

Dort hatten wir insgesamt eine gegensätzliche Entwicklung: Von Immobilienblase weit und breit keine Spur, die Immobilienpreise sanken tatsächlich tendenziell seit Mitte der 90er Jahre. Unter dem Titel »Flexibilisierung des Arbeitsmarktes« erreichte Hartz IV und die »Agenda« der Regierung Schröder die Herausbildung eines Niedriglohnsektors. In der Industrie gab es radikale Kostensenkungsprogramme. Die Folge: eine sehr schwache Entwicklung der Lohneinkommen. Von 1993 bis 2009 stieg die Summe aller Löhne und Gehälter in Deutschland nach Abzug der Inflation um kaum merkbare 2,1 Prozent. In der entscheidenden Periode nach der Euro-Einführung und vor der Finanzkrise – vom Jahr 2000 bis 2007 – sank diese Lohnsumme sogar um 5 Prozent. Währenddessen stiegen die Unternehmensgewinne und die Einkommen aus Vermögen 2000 bis 2007 inflationsbereinigt um 42 Prozent. (Quelle: Statistisches Bundesamt Deutschland)

Das ergab eine Schwäche des Privatkonsums und gleichzeitig eine extrem hohe Konkurrenzfähigkeit der Industrie, die durch die Währungsunion auch vor Aufwertungen geschützt ist (zwar nicht gegenüber dem Dollarraum, aber schon gegenüber Spanien). Die dadurch steigenden Gewinne wurden wegen der Schwäche des inländischen Konsums aber nicht in Deutschland selbst investiert, sondern flossen in das Ausland oder sie wurden an Eigentümer ausgeschüttet, in Finanzanlagen verwandelt – und flossen dann ins Ausland. Gemeinsam ergab das: Kapitalexport, einen hohen Überschuss der Leistungsbilanz (dieser stieg auf bis zu 8 Prozent des BIP), schwachen Binnenkonsum und relativ geringes Wachstum, noch dazu sehr exportabhängig.

Die problematischen Zukunftsperspektiven können auch daran erkannt werden, dass das Zielland der Gastarbeiterwanderung der 1960er und 1970er Jahre etwa mit der Türkei eine negative Wanderungsbilanz zu verzeichnen hat.

Die Hartz-IV-Arbeitsmarktreformen haben bei konstant angenommenem Wachstum sicher die Arbeitslosigkeit gesenkt. Es könnte aber sein, dass sie gleichzeitig auch das Wachstum verringert haben. Das Ganze hat zu einer deflationären Grundstimmung (wenn auch nicht zu einer echten Deflation) geführt; die deutsche Inflationsrate ist seit Jahren immer bei den niedrigsten Europas gelegen: Wer von Belgien kommend im Ruhrgebiet in den Supermarkt geht, glaubt, im Billigparadies zu sein.

Deutschland und Spanien hätten in jedem Fall wirtschaftliche Schwierigkeiten. Ohne den Euro hätte Deutschland wahrscheinlich mit einer starken Aufwertung zu kämpfen, welche die deflationären Tendenzen verstärken würde. Eine platzende Immobilienblase ist in keinem Fall eine lustige Sache. Was wäre ohne den Euro in Spanien passiert? Mit dem Platzen der Blase (2008) hätte das spanische Bankensystem mit massiven Mittelabflüssen zu kämpfen gehabt, die Peseta wäre unter gewaltigen Abwertungsdruck gekommen; um die Liquidität des Bankensystems zu retten und eine katastrophale Zahlungsbilanzkrise zu verhindern wären wohl die Zinsen erhöht worden. Parallel mit der wegbrechenden privaten Nachfrage hätte das eine ordentliche Wirtschaftskrise verursacht, mit einem raschen Anstieg der Arbeitslosigkeit und möglicherweise auch einem insolventen Bankensystem. Durch die sichere Abwertung der Peseta wäre allerdings auch die internationale Wettbewerbsfähigkeit wieder hergestellt gewesen, natürlich mit einigen zusätzlichen Schwierigkeiten, wie möglicherweise dauerhaft erhöhter Inflation.

Was ist tatsächlich geschehen? Mit dem Platzen der Blase 2008 endete die exzessive Kreditvergabe, die privaten Haushalte konnten sich nicht mehr in gleichem Ausmaß verschulden und erhöhten ihre Sparleistung. Das traf die spanische Konjunktur, der Staat sprang ein und stützte die Nachfrage, etwa indem er Arbeitslosengeld bezahlte – statt einem Defizit des privaten Sektors ein Defizit des Staates. Der Staat war allerdings nur deswegen dazu in der Lage, weil durch die Sicherheit des Euro die Finanzierungsquellen nicht versiegten. Im Euro-Bond-Markt wurden spanische Staatsanleihen weiter nachgefragt. Das Defizit der Leistungsbilanz schrumpfte ein wenig (weil die Wirtschaft ebenfalls schrumpfte und der Konsum zurückging), blieb aber bestehen.

Spätestens im Frühjahr 2010 drehte die Stimmung auf den Kapitalmärkten, es ging die Sorge um, dass Spanien pleite sein könnte. Es folgten EU-Gipfel, ein Rettungspaket für Griechenland und heftige Dementis, dass so etwas für Spanien nicht notwendig sei – letztlich war Spanien aber unabhängig von der europäischen Politik gezwungen, sein Defizit zu reduzieren, aus Angst, das »Vertrauen der Kapitalmärkte« zu verlieren. Nur war das nicht ganz einfach, das Defizit der Leistungsbilanz machte Probleme.

Immer wieder bringen die Medien die etwas naive Position (auch im Zusammenhang mit den USA), dass ein Defizit der Leistungsbilanz entweder nicht so wichtig ist oder in jedem Fall gemeinsam mit einer höheren Sparquote und einem niedrigeren öffentlichen Defizit verschwinden würde. Das ist eine Art Buchhaltertrick mit der Zahlungsbilanz: Wenn die Summe aus Überschüssen und Defiziten aus dem öffentlichen Sektor sowie dem privaten Sektor negativ ist, muss die zu geringe inländische Sparleistung durch Kapitalimport gedeckt werden und die dadurch entstehende überschüssige Nachfrage führt zu einem Import von Waren und Dienstleistungen – zu einem Defizit der Zahlungsbilanz. Bilanztechnisch kann also begründet werden: Wenn das Defizit der öffentlichen Haushalte beispielsweise 3 Prozent beträgt, und der Überschuss von Unternehmen und privaten Haushalten ebenfalls 3 Prozent, dann finanziert der Privatsektor das staatliche Defizit und die Leistungsbilanz beträgt null. Aber das geht am Wesentlichen vorbei, nämlich an der Frage, bei welcher Höhe des wirtschaftlichen *Output*s so ein Gleichgewicht erreicht wird.

Sehen wir uns das genauer an: Der Staat spart eine Milliarde, etwa indem er weniger Familienbeihilfe bezahlt oder die Steuern erhöht. Nach der genannten Regel müsste jetzt das Defizit der Leistungsbilanz um eine Milliarde zurückgehen (womit sich übrigens das BIP nicht verändern würde), aber das ist natürlich nicht der Fall. Die Einsparung senkt den Konsum der Haushalte, dadurch sinken natürlich die Importe, aber ebenso die Wirtschaftsleistung im Inland und die staatlichen Steuereinnahmen, denn mit ihrem Einkommen kaufen die Haushalte nicht ausschließlich Importwaren, und eine Reduzierung dieses Einkommens verringert den gesamten Konsum, nicht nur jenen importierter Güter. Nach dieser ersten Runde ist das Defizit der Leistungsbilanz also nicht verschwunden. Genauso wenig, wie der Staat sein Defizit um die eingesparte Milliarde verringert hat, denn die Einsparung hat Einkommen, Wirtschaftsleistung und Steueraufkommen mit reduziert. Es müssen also neue Sparmaßnahmen ergriffen werden.

Letztlich muss die internationale Konkurrenzfähigkeit wieder hergestellt werden und bei einer einheitlichen Währung (oder fixen Wechselkursen) funktioniert das nur über Lohnkürzungen und Deflation. Für die Beteiligten äußert sich diese Anpassung als eine verlängerte Wirtschaftskrise.

Die spanische Wirtschaft leidet an einer Kombination aus geplatzter Immobilienblase und relativer Überbewertung. Eine solche Kombination ist auch ohne Euro möglich, etwa in Teilen Osteuropas, in Island oder in Südostasien Mitte der 1990er Jahre. Die Bereinigung einer solchen Situation ist immer problematisch. Ohne Euro hätte es vielleicht eine apokalyptische Zahlungsbilanzkrise gegeben, das ist bisher erspart geblieben. Auf der anderen Seite dauern die Anpassungsprozesse viel länger, und die Opfer der Krise sind auch nicht dieselben. In einer Zahlungsbilanzkrise verlieren sehr viele Leute sehr viel Geld. Abwertung und Inflation entwerten Sparguthaben und zerrütten das Bankensystem. Natürlich: Wer weniger gespart hat, weil er weniger Einkommen hat, verliert auch weniger. Er wird vielleicht genauso arbeitslos, aber er kann hoffen, dass die Massenarbeitslosigkeit schneller wieder zurückgeht. Sicher ist aber auch das nicht, denn es ist nicht gesagt, dass sich die Währungsturbulenzen nicht fortsetzen.

Interessant ist, dass die Vorschläge zur erneuerten Stabilität der Eurozone immer nur staatliche Defizite im Auge haben, während private Schulden wenig beachtet werden. Tatsächlich gab es vor der Finanzkrise ein Staatsschuldenproblem in Griechenland, aber sicher keines in Spanien oder Irland. In den Vertragswerken findet auch die Leistungsbilanz kaum Beachtung, die unserer Meinung nach einen hohen Anteil an den Verwerfungen hat. Weder Leistungsbilanzdefizite werden angesprochen, noch exzessive Überschüsse. Fast scheint es, als hätte bis zur Einführung des Euro die Bundesbank die Lizenz gehabt, Europa mit einer überzogen rigiden Geldpolitik zu tyrannisieren – jetzt ist es der deflationäre Kurs deutscher Lohnabschlüsse und deutscher Budgetpolitik, die den Kontinent in Atem halten. Es ist nicht so, als hätten höhere deutsche Löhne – und damit ein steigender Privatkonsum – nicht auch das Potenzial, Spanien zu helfen. Deutschland ist der zweitwichtigste Exportmarkt und schickt außerdem Touristen. Der wichtigste Exportmarkt wäre Frankreich, das aber seinerseits wirtschaftlich eng mit der Bundesrepublik verbunden ist. Und es ist eher unglaubwürdig, dass bei einem hohen Leistungsbilanzüberschuss zwei oder drei ordentliche Lohnabschlüsse sofort die Wettbewerbsfähigkeit erodieren würden. Für Deutschland selbst wird das exportgestützte Wachstum mehr und mehr Sackgasse, weil letztlich weniger Waren nach Spanien verkauft werden, wenn dieses in einer zehnjährigen Deflation steckt. Aber es gibt noch ein anderes Problem: Die Mittel, die über den Leistungsbilanzüberschuss ins Land kommen, fließen über die Kapitalbilanz wieder ab, hauptsächlich natürlich in Defizitländer, die das Kapital brauchen. Was dort damit passiert, ist eine andere Sache. Es ist kein großes Wunder, dass das deutsche Bankwesen von amerikanischen Kreditausfällen stark betroffen war, und es ist noch weniger verwunderlich, dass deutsche Banken auch in Spanien große Positionen halten: Laut *Wall Street Journal* und der Bank für internationalen Zahlungsausgleich waren im Februar 2010 Kredite im Wert von 240 Milliarden US-Dollar ausständig.

Etwas vereinfacht und zusammengefasst: Eine ultrakonkurrenzfähige deutsche Volkswirtschaft leiht Spanien (und anderen Defizitländern) das Geld, mit dem die deutschen Exporte gekauft werden. Da dies in den letzten Jahren recht ausgiebig geschehen ist, hat Spanien ein doppeltes Problem: hohe Schulden (vor allem im Privatsektor) und mangelnde Konkurrenzfähigkeit. Deutschland hat ebenfalls ein doppeltes Problem: zu wenig Binnenkonsum und keinerlei Gewissheit, ob die spanischen Haushalte ihre Schulden auch bezahlen können.

Zahlungsbilanzkrisen

Eine Zahlungsbilanzkrise gehört zu den schwersten wirtschaftlichen Verwerfungen, die im Zusammenhang mit Zahlungsbilanz und Wechselkurs stehen. Im Prinzip könnte sie genauso im Kapitel über Finanzmärkte und den Finanzsektor behandelt werden, denn tatsächlich wirkt eine Zahlungsbilanzkrise über den Finanzsektor auf die Wirtschaft eines Landes. In der Regel geht sie Hand in Hand mit einer Krise des Bankensystems, einer Finanzkrise (zumindest dann, wenn es sich um eine ernste Verwerfung handelt).

Zahlungsbilanzkrisen gab es in den letzten Jahrzehnten zuhauf: Die letzten ernsten Episoden waren Mexiko 1994, die Asienkrise 1997, Russland 1998, danach zweimal die Türkei und einmal Argentinien, und schließlich die große Finanzkrise von 2008. 2008 können nicht überall Zahlungsbilanzkrisen entdeckt werden (in den USA etwa nicht), sicher aber in Ländern wie Island oder in Osteuropa.

Die Vorgeschichte einer Krise der Zahlungsbilanz berührt einige Elemente, die in diesem Kapitel schon angesprochen wurden. Der erste Schritt ist üblicherweise eine Liberalisierung der Finanzmärkte. Das bedeutet: Die Kapitalströme, der Zu- und Abfluss von Geld wird nicht mehr staatlich kontrolliert und eingeschränkt. In Mexiko geschah dies in den 1980er Jahren, in den asiatischen Schwellenländern Anfang der 90er Jahre – außer in China, das Kapitalverkehrskontrollen beibehält, aber China war 1997 auch nicht direkt von der Asienkrise betroffen. In Russland und dem übrigen Osteuropa wurden Kapitalverkehrskontrollen mit dem Ende des Realsozialismus aufgehoben.

Der typische Fall einer Zahlungsbilanzkrise geschieht in Ländern mit einer Geschichte hoher Inflationsraten (etwa Argentinien) und damit verbundener ständiger Abwertungen. Um die Inflation zu brechen, wird die Geldpolitik restriktiver gestaltet, in der Regel durch höhere Zinsen, und ein fixer Wechselkurs eingeführt (in Argentinien gegenüber dem Dollar). Ist diese Politik halbwegs überzeugend, werden relativ bald internationale Investoren angezogen. Das Zinsniveau kann zu diesem Zeitpunkt sinken, ist aber gegenüber dem sonstigen Dollarraum immer noch relativ hoch – und wenn die Dollarbindung als verlässlich gilt, dann winken Extrarenditen. In einem früher inflationsgeplagten Land wird jetzt langfristige Verschuldung wieder möglich, was oft einen Boom des Privatkonsums auslöst. Probleme treten dann auf, wenn der fixe Wechselkurs langfristig doch nicht realistisch ist, etwa weil die Inflationsraten zwar niedrig sind, aber doch höher als in anderen Teilen des Dollarraums. Eine Überbewertung ist dann die Folge.

Manchmal – natürlich nicht immer, aber immer dann, wenn eine überzeugende Wachstumsgeschichte vorliegt – führt die Liberalisierung auch ohne fixen Wechselkurs zu einem gewaltigen Zustrom an Kapital. Diese hat zwei Auswirkungen: Die eine ist Überliquidität. Ein gewaltiger Haufen Kapital sucht nach Möglichkeiten der Veranlagung. Ein Teil davon kauft Aktien und Immobilien, was deren Preise steigen lässt. Ein Teil möchte Kredite vergeben oder Staatsanleihen kaufen, was die Zinsen sinken lässt, aber oft auch zweifelhafte Investitionsentscheidungen ermöglicht, etwa den Kauf von noch mehr Aktien und Immobilien, diesmal auf Kredit. Das Resultat kann eine

Vermögenspreisblase sein; der Boom kann aber auch zu einer überhitzenden Wirtschaft und höherer Inflation führen. Die zweite Auswirkung ist eine Aufwertung der Währung, die eine tendenzielle Verschiebung der wirtschaftlichen Struktur auslöst: weg von der Industrie, hin zu Konsum und Immobilien. Wie zuvor gibt es eine tendenzielle Überbewertung der Währung.

Gleichzeitig haben viele Wirtschaften damit zu kämpfen, dass sich ein Teil der Unternehmen und vor allem das Bankensystem in Fremdwährung (z. B. in Dollar) verschulden. Zinsen in Fremdwährung sind oft niedriger. Dollarschulden sind dabei nicht grundsätzlich gefährlich. Wenn sich ein Rohstoffproduzent wie Gazprom in ausländischer Währung verschuldet, kann das durchaus vernünftig sein. Gazprom ist Exporteur und hat dadurch regelmäßige Deviseneinnahmen. Wenn aber ein Einkaufszentrum in Bukarest über einen Schweizer-Franken-Kredit finanziert wird, dann tritt ein »currency mismatch« auf, weil beim Verkauf von Konsumgütern in Rumänien keine Franken verdient werden. Schulden und Einkommen sind in unterschiedlichen Währungen. Eine Abwertung der eignen Währung könnte daher fatale Folgen haben. (Das gilt übrigens ganz im Allgemeinen für Fremdwährungskredite an Häuslbauer, die in der Regel ihre Einkommen weder in Franken noch in Yen bekommen.)

Noch problematischer wird die Sache, wenn sich das Bankensystem kurzfristig in Dollar finanziert und längerfristige Kredite in eigener Währung vergibt. Um solche kurzfristigen Schulden zu refinanzieren, muss ein ungehinderter Zugang zu neuen Dollarschulden bestehen – und sollte dieser nicht mehr möglich sein (oder nur zu hohen Zinsen), folgt die Insolvenz. Üblicherweise steht die Notenbank Geschäftsbanken mit Liquiditätsproblemen bei und springt bei der kurzfristigen Refinanzierung ein. Die eigene Währung kann ihr dabei per Definition nicht ausgehen (sie kann immer neue machen), aber die thailändische Notenbank kann keine US-Dollar drucken – ein Finanzsystem mit kurzfristigen Fremdwährungsverbindlichkeiten ist daher extrem anfällig für Liquiditätskrisen.

In der Praxis hat es vor schweren Zahlungsbilanzkrisen üblicherweise eine Mischung all dieser Faktoren gegeben: Aufwertung und Unterhöhlung der Industriestruktur, gepaart mit einem deutlichen Defizit der Leistungsbilanz; eine Vermögenspreisblase, meist im Immobilienbereich; eine Verschuldung des Bankensystems und vieler Unternehmen in Dollar; und oft ein unrealistischer (zu hoher) fixer Wechselkurs.

Irgendwann werden die zugrunde liegenden Probleme (etwa das Defizit der

Leistungsbilanz, die Summe der Schulden, die Überbewertung von Währung oder Vermögenstiteln) so groß, dass irgendeine Kleinigkeit das Vertrauen der Anleger zum Kippen bringt. Auf die Euphorie folgt die Panik – im Kern ist das ein Vorgang, der bei jeder Finanzkrise und auch jeder Rezession zu beobachten ist. Es folgt das übliche Austrocknen des Kreditmarktes und der Rückgang von Investitionen und Konsum. Bei einer Zahlungsbilanzkrise kommen aber noch andere Probleme dazu:

Der wirtschaftliche Boom hat auf einer Finanzmarktlegende aufgebaut; mit dem Einsetzen von Panik wird auf einmal klar: Der Kaiser ist nackt – und die Währung ist überbewertet. Damit setzt die Kapitalflucht ein, eine Verkaufswelle inländischer Währung, die in Dollar gewechselt wird. Bei fixen Wechselkursen wird die Notenbank eine Verteidigung versuchen, aber falls die Panik zu groß ist, sind die Währungsreserven schnell verbraucht. Damit geht natürlich eine Währungsabwertung einher, die extrem schnell verlaufen kann.

Grundsätzlich ist diese Abwertung notwendig – eine überbewertete Währung muss fallen, um die Konkurrenzfähigkeit eines Landes wieder herzustellen. Das große Problem sind die Begleitumstände dieses Währungsverfalls: Wenn der Portfoliomanager eines Schweizer Pensionsfonds oder ein Geschäftsmann aus Bangkok thailändische Baht in Dollar wechseln möchte, dann muss dieses Geld zuvor von Konten abgehoben werden.

Kapitalflucht bedeutet nicht nur, dass eine große Menge Baht Dollar kaufen wollen, sondern auch, dass eine große Menge an Bankeinlagen aufgelöst wird. Nur: Woher soll das Bankensystem plötzlich die große Menge an Liquidität nehmen? Die Einlagen wurden als Kredite weitergereicht (minus einer Liquiditätsreserve, die bei einem *bank run* aber bald durchbrennt). Diese kann als Paket zu verkaufen versucht werden. Nur: Wer kauft, wenn alle Banken das gleiche Problem haben? Oder Kreditlinien werden fällig gestellt oder nicht mehr erneuert – dann wird der gesamten Wirtschaft der Kredit entzogen und es gibt reihenweise Unternehmenszusammenbrüche. Manchmal hilft das alles nicht und die Bankschalter müssen geschlossen werden, weil das Bankensystem zahlungsunfähig ist. Dann sind die Sparer ihr Geld los (wenigstens einen Teil) und der Wirtschaft wird wieder der Kredit entzogen.

Gleichzeitig werten die Schulden in Fremdwährung auf und nur wenigen Unternehmen und Banken gelingt die Refinanzierung von kurzfristigen Fremdwährungsverbindlichkeiten.

Üblicherweise steht die Notenbank und die Regierung jetzt vor einer etwas unangenehmen Entscheidung: Entweder die Zinsen werden gewaltig erhöht, um die Kapitalflucht möglichst zu stoppen. Das bremst die Abwertung und erhält die Liquidität des Bankensystems. Und der Staat beginnt mit einem massiven Sparprogramm, damit sein eigener Geldbedarf niedriger ist. Auch das erhält die Liquidität des Bankensystems und das Vertrauen der Anleger. Auf einem ausgetrockneten Geld- und Kapitalmarkt hat der Staat aber oft auch einfach Finanzierungsschwierigkeiten. Auf der anderen Seite sind hohe Zinsen und staatliche Sparprogramme genau das Gegenteil jener Medizin, die üblicherweise in einer Wirtschaftskrise verordnet wird; zusätzlich zu den Auswirkungen der geplatzten Vermögenspreisblase muss die Volkswirtschaft jetzt auch einen Zinsschock und ein staatliches Sparpaket bewältigen.

Auf der anderen Seite kann die Notenbank auch die Zinsen niedrig halten und möglichst Liquidität für das Bankensystem zur Verfügung stellen. Eigene Währung kann die Notenbank ohne Einschränkung schöpfen. (Bei Liquiditätsengpässen in Fremdwährung gibt es weniger Spielraum.) Theoretisch kann die Notenbank auch dem Staat bei der Finanzierung von Defiziten helfen, damit Sparmaßnahmen nicht (oder nicht im gleichen Ausmaß) notwendig werden. Ein solcher Kurs verschärft aber natürlich die Abwertung und treibt die in Fremdwährung Verschuldeten in den Konkurs. Möglicherweise ist das wieder das Bankensystem, oder auch der Staat, der dann seine Dollarschulden nicht mehr bezahlen kann.

Beide Alternativen sind unangenehm, wobei die Variante hoher Zinsen und staatlicher Sparpakete eher den Interessen der Gläubiger dient, wenn diese auch in der Regel einen Teil der Schulden erlassen müssen. Traditionell hat der Internationale Währungsfonds immer die erste Variante unterstützt und Regierungen, die einem solchen Kurs folgten, mit Krediten unter die Arme gegriffen. Immer wieder wurden daran aber Zweifel angemeldet: Zur Rettung der Finanzwirtschaft und unter teilweiser Schonung der internationalen Gläubiger wird die Krise der Realwirtschaft deutlich verschärft. Die Ärmsten, die mit den vorhergegangenen Exzessen am wenigsten zu tun hatten, trifft die Krise durch das Ende staatlicher Sozialprogramme und Arbeitslosigkeit dann mit voller Wucht.

Grundsätzlich gäbe es auch noch eine andere Variante zur Bewältigung von Zahlungsbilanzkrisen: die Wiedereinführung von Kapitalverkehrskontrollen. Damit kann der Abfluss von Geld administrativ gebremst werden, bis die erste Panik vorbei ist. Das Beispiel von Malaysia 1997 zeigt, dass damit eine Beruhigung der Situation erreicht werden kann und Schäden begrenzt werden.

»Our money – your problem« – die Weltreservewährung

In diesem Kapital wurde immer wieder von Devisenreserven gesprochen, oder als selbstverständlich angenommen, dass internationaler Handel in US-Dollar abgerechnet wird. Den damit verbundenen Status der »Weltreservewährung« gilt es jetzt zu klären.

»Reserven« bezogen sich ursprünglich auf die Goldvorräte der Notenbank. In einem System des Goldstandards konnte Geld zu einem festgesetzten Kurs in Gold getauscht werden. Um das abzusichern, hielt die Notenbank Goldreserven, die üblicherweise zehn Prozent der ausgegebenen Geldmenge entsprachen (aus der Überlegung, dass nicht alle gleichzeitig ihre Franc oder Pfund in Gold tauschen wollen, würde keine hundertprozentige Golddeckung benötigt). Bereits im 19. Jahrhundert wurden aber die Reserven der Notenbanken nicht nur in Gold, sondern auch in britischen Pfund gehalten – welches aber ebenfalls an das Gold gebunden war.

Angesichts des Endes der Goldbindung (in mehreren Schritten, aber spätestens Anfang der 1970er Jahre) hat sich die Bedeutung der »Reserven« verschoben. Der größte Teil wird heute in Devisen gehalten und dient in der Regel zur Stabilisierung von Wechselkursen und des Finanzsystems. Die Stabilisierung von Wechselkursen ist am auffälligsten, wenn die Notenbank versucht, einen bestimmten Kurs zu halten – etwa die in diesem Kapitel behandelte Bindung des chinesischen Yuan an den Kurs des US-Dollar, oder des österreichischen Schilling an die Deutsche Mark. Devisenreserven müssen verkauft werden, um die eigene Währung gegen eine Abwertung zu verteidigen; Devisenreserven werden aufgebaut, um die Aufwertung der eigenen Währung zu verhindern.

Viele Länder greifen weniger aktiv in den Wechselkurs ein; hier dienen die Reserven als eine Art Rückversicherung gegen Zahlungsbilanzkrisen. Sollte sie einmal – aus welchen Gründen auch immer – vom internationalen Kapitalmarkt abgeschnitten werden und Fluchtkapital den Währungsraum verlassen, können sie die Devisenreserven als Puffer verwenden. Damit stabilisieren sie auch das Finanzsystem: Die südkoreanische Notenbank kann Won schöpfen, um die kurzfristige Liquidität des Finanzsystems sicherzustellen; wenn aber Fremdwährungsverbindlichkeiten vorliegen, dann benötigt die Notenbank Devisen (meist Dollar), um bei der Refinanzierung aushelfen zu können. Manchmal bekommt sie diese von der US-Notenbank zur Verfügung gestellt (in der Finanzkrise hat die Federal Reserve den Notenbanken in der ganzen Welt mit Dollar unter die Arme gegriffen, der Fachausdruck dafür ist ein »*currency-swap agreement*«). Im Normalfall braucht sie aber Devisenreserven.

Dabei ist festzuhalten, dass die Höhe der Devisenreserven nichts über den Wohlstand eines Landes aussagt. Hohe Devisenreserven sind dann nötig, wenn es Sorgen über eine mögliche Zahlungsbilanzkrise gibt oder wenn eine umfangreiche Verschuldung in Fremdwährung vorliegt. Beides ist sicher eher ein Zeichen für Instabilität, als für Wohlstand. Gewaltige Berge an Devisenreserven entstehen dann, wenn über lange Zeiträume auf dem Devisenmarkt interveniert wird, um die eigene Währung niedrig zu halten. Das gilt etwa für China, Japan oder Südkorea. Auch dann ist das Ganze nicht Ausdruck von Reichtum, sondern eines exportorientierten Entwicklungsmodells.

»Reservewährungen« – Währungen, die als Devisenreserven dienen – sind heute vor allem der US-Dollar, mit Abstrichen auch der Euro, der japanische Yen und (mit größeren Abstrichen) das britische Pfund.

Von der Frage der Devisenreserven ein wenig getrennt ist die Frage einer Leitwährung im internationalen Handel. Wenn ein Vertrag zwischen einem koreanischen Anlagenbauer und Saudi-Arabien abgeschlossen wird, dann wird die Lieferung in einer bestimmten Währung vereinbart. Üblicherweise ist das heute der US-Dollar. In Dollar werden Verkehrsflugzeuge, Erdöl, Kupfer und eine Vielzahl von Waren und Rohstoffen gehandelt. Firmen größerer Währungsräume – etwa aus der Eurozone oder aus Japan – sind teilweise in der Lage, Aufträge in eigener Währung zu verrechnen, Firmen aus Mexiko oder Russland nicht. Wird in eigener Währung bezahlt, ist das aufgrund der besseren Berechenbarkeit ein gewaltiger Vorteil. Wenn meine Kosten in russischen Rubel anfallen, ich aber in Dollar bezahlt werde, trage ich ein Wechselkursrisiko. US-amerikanische Firmen haben dabei den größten Vorteil, weil sie durch den Dollar als wichtigste Leitwährung die geringsten Wechselkursrisiken tragen.

Zwischen einer Leitwährung des internationalen Handels und einer Weltreservewährung gibt es dabei eine ganz enge Verbindung: Nehmen wir an, ein russischer Gaskonzern möchte seine Industrieanlagen modernisieren und kauft dafür Werkzeugmaschinen aus Deutschland und Korea. Die Lieferverträge laufen in Dollar. Grundsätzlich könnten zur Bezahlung der Werkzeugmaschinen einfach Rubel in Dollar gewechselt werden oder auch Deviseneinnahmen aus dem Verkauf von Erdgas ins Ausland verwendet werden. Doch in einer Wirtschaft, in welcher der Kredit eine so große Rolle spielt, ist der Anreiz relativ groß, Verbindlichkeiten in Fremdwährung einzugehen und Kredite in Fremdwährung aufzunehmen – in erster Linie in der internationalen Leitwährung. Wenn diese Verbindlichkeiten wichtiger werden, dann haben die

Notenbanken auch Anreiz, ihre Devisenreserven in genau dieser Währung zu halten. Und nicht nur die Notenbanken: Je höher die Dollarverbindlichkeiten, um so größer ist das Interesse an Dollarliquidität in jedem Unternehmen, weil es keinen Sinn hat, beispielsweise indische Rupien zu halten, um Dollarpositionen abzusichern.

Für die US-Wirtschaft hat die Stellung des Dollars zwei wichtige Vorteile: Den ersten haben wir bereits erwähnt: Durch den Abschluss von Lieferverträgen in Dollar entfallen Wechselkursrisiken. Boeing verkauft Flugzeuge in Dollar und seine Kosten laufen in Dollar an – kein Risiko. Das ist auch ein Standortargument: Airbus überlegt etwa seit längerer Zeit, einen Teil seiner Produktion in den Dollarraum zu verlegen, um seine Wechselkursrisiken zu vermindern. Der Vollständigkeit halber sei angemerkt, dass das nicht für alle amerikanischen Firmen gilt: Wenn Nike in Großbritannien Schuhe verkauft oder First Solar in Deutschland Solarzellen, dann können sie dafür natürlich keine Dollar verrechnen. Privatkonsumenten bezahlen in lokaler Währung – mit ein Grund, warum First Solar in Frankfurt an der Oder und in Frankreich fertigt.

Der wichtigere Vorteil besteht aber in der Möglichkeit, sich vollständig in eigener Währung verschulden zu können, und das in relativ großem Ausmaß. Eine Verschuldung in eigener Währung ist wichtig, denn die Einnahmen eines Staates aus Steuern und Sozialbeiträgen sind ebenfalls in eigener Währung. Eigene Währung kann von der Notenbank im Notfall auch gedruckt werden. So etwas wird nicht geschehen, um jeden Bankrotteur zu retten; wenn aber der Staat in Schuldenprobleme kommt, oder das gesamte Bankensystem, dann sieht die Sache anders aus. Ein solches Privileg teilt die USA aber mit anderen Staaten, etwa Japan, oder der Eurozone als Ganzer. Eine Reservewährung immunisiert gegen Zahlungsbilanzkrisen – zumindest, solange ihr Status besteht.

Die Finanzkrise, die 2007 die USA erfasste, hätte das brasilianische Bankensystem versenkt, weil es massive Fluchtbewegungen aus dem Real gegeben hätte. Der US-Dollar fiel ebenfalls, aber nur, solange plausibel war, die Krise sei relativ begrenzt. Als dann im Herbst 2008 die totale Panik ausbrach und die Krise weltweite Dimensionen annahm, wertete der Dollar sogar auf.

Wenn alle Welt ihre Reserven in Dollar anlegen möchte, dann bedeutet das einen beständigen Kapitalzufluss in die USA. Reserven liegen schließlich nicht in Tresoren herum, sondern werden etwa in US-Staatsanleihen investiert. Das ermöglicht den USA eine Verschuldung zu sehr niedrigen Zinsen, hat aber den

Nachteil, dass der ständige Kapitalzufluss zu einer tendenziellen Überbewertung des Dollars führt – zumindest steht sein Kurs höher, als er das ohne die Reservestellung tun würde. Damit ist ein dauerhaftes Leistungsbilanzdefizit der USA verbunden und es stellt sich auch die Frage, ob das zur langfristigen Aushöhlung der industriellen Struktur beiträgt.

8. So klein die Welt, so groß die Unterschiede

Eine Frage, mit der wir uns immer wieder beschäftigt haben, ist die Frage von Ungleichheiten. Unterschiedliche Länder sind unterschiedlich positioniert, und auch innerhalb der Länder sind die Menschen sehr verschieden. Damit meinen wir jetzt nicht, dass es Länder gibt, in denen die Sonne länger scheint, Länder, die Berge zum Skifahren haben, und wieder andere, in denen sich womöglich die beste Küche entwickelt hat. Was wir meinen, sind wirtschaftliche Unterschiede im Sinne des BIP pro Kopf, wenn wir Länder vergleichen, und die Verteilung von Einkommen und Vermögen, wenn wir Menschen (oder private Haushalte) miteinander vergleichen.

Natürlich gab es diese Art von Unterschieden schon immer, sowohl zwischen Ländern als auch zwischen Menschen innerhalb dieser Länder. Das Niveau und die Ursachen dieser Unterschiede verändern sich aber stark. Während eine Welt basierend auf der Subsistenzwirtschaft (Selbstversorgung) generell keine dramatischen Unterschiede zulässt, sieht das in einer Feudalgesellschaft schon anders aus. Und auch der Kapitalismus hat durch die Entfesselung der Produktivkräfte so einiges an Unterschieden möglich gemacht. Das ist zunächst weder gut noch schlecht.

Wir wollen uns an dieser Stelle aber nicht einer historischen Betrachtung von Verteilung und Verteilungskämpfen widmen, sondern kurz jüngste Entwicklungen in diesen Bereichen zusammenzufassen. Die globale Ebene, also der Vergleich zwischen den Ländern, ist dabei eng mit den Unterschieden innerhalb der Länder verknüpft. Keines der beiden Problemfelder lässt sich aber jeweils erschöpfend durch das andere erklären. Bevor wir uns diese Ebenen genauer ansehen, nur noch eines vorweg: Uns muss auch hier immer klar sein, dass keine dieser Entwicklungen auf irgendeine Weise unausweichlich oder gar »natürlich« wäre.

Wie jede gesellschaftliche Entwicklung ist auch die Verteilung von Einkommen von der Gesellschaft bestimmt. Verteilung – sowohl auf internationaler Ebene als auch auf nationaler Ebene – ist immer eine politische Frage. Ohne Handelsverträge zwischen Staaten gibt es keinen Handel, keine Zölle, keinen freien Waren- oder Personenverkehr. Einwanderungspolitik und Migrationen tun ihr Übriges – soviel zur internationalen Ebene. Und auch auf nationaler Ebene gilt: Meistens bestimmen die Gesellschaft und der politische Apparat, wer wie viel vom Kuchen bekommt. Steuern, Abgaben, Transferleistungen etc. sind alles Größen, die letztlich die Verteilung bestimmen und die mit relativ großem Spielraum gewählt werden können. Während etwa die reichsten US-Amerikaner unter Präsident Eisenhower noch mit 91 Prozent besteuert wurden und unter dem republikanischen Präsidenten Nixon noch mit einem Grenzsteuersatz von rund 70 Prozent konfrontiert waren, liegt dieser heute unter dem demokratischen Präsidenten Obama bei deutlich unter 40 Prozent. Wir sehen also, was von den wirtschaftsliberalen, konservativen Republikanern als angemessene Steuer für die Reichen gesehen wurde, kann sich recht rasch ändern. Heute kritisieren sie auch den weit niedrigeren Grenzsteuersatz als zu hoch. Umgekehrt hat Obama gerade die Steuererleichterungen der Bush-Regierung verlängert, und das trotz großen Budgetdefizits und einer Grenzsteuerbelastung für Reiche, die weit unter jener seiner republikanischen Kollegen Nixon und Reagan (immerhin noch 50 Prozent) liegt.

Aber beginnen wir zunächst mit der internationalen Ebene und zeigen auf, wie sie auf die nationale Verteilungsebene wirkt.

Globalisierung und Konvergenz – kleinere Welt, kleinere Unterschiede?

Mit der Auslagerung eines Teiles der US-amerikanischen Autoproduktion über die Grenze nach Mexiko begann Ende der 1970er Jahre ein als »Globalisierung« bezeichneter Prozess der Internationalisierung der Wirtschaft. Dieser war von rechtlichen Rahmenbedingungen des Freihandels (zumindest bei Industriegütern, weniger in der Landwirtschaft) und der Öffnung von Kapitalmärkten gekennzeichnet. Parallel dazu entwickelten sich Technologien, die das volle Ausnützen dieser politischen Rahmenbedingungen erst ermöglichten: eine technische Revolution der Telekommunikation und der Logistik, mit dem Internet und dem standardisierten Container als herausragenden Beispielen.

Wir versuchen, in diesem Abschnitt zu klären, wie die Veränderungen im Funktionieren der Außenwirtschaft die Verteilung von Einkommen international (zwischen Ländern) und innerhalb eines einzelnen Landes beeinflussen. Damit werden zahlreiche Punkte berührt, die in Kritik oder in Verteidigung der Globalisierung vorgebracht werden.

Wenn wir dabei mit der Verteilung zwischen Ländern beginnen, dann liegt ein Teil der Argumente bereits auf dem Tisch. Wir finden sie in dem Abschnitt über den internationalen Handel (Kapitel 6). Dabei sind die Aussagen der Wirtschaftstheorie über die Verteilungswirkung von Außenwirtschaft und ihrer Liberalisierung unterschiedlich. Wir sehen uns zuerst einmal die Einschätzungen eines sich auf die Neoklassik berufenden Wirtschaftsliberalismus an.

Der Wirtschaftsliberalismus vertritt im Wesentlichen eine Theorie der »Konvergenz«, des automatischen Ausgleichs einer ungleichen Verteilung von Einkommen in unterschiedlichen Ländern und Regionen. Volkswirtschaften auf gleichem technologischem Niveau (und damit mit nur geringen Einkommensunterschieden) sollten durch Handel insgesamt wohlhabender werden.

Bei freiem Warenhandel erfolgt zuerst einmal eine Spezialisierung entlang der komparativen Kostenvorteile, was im Rahmen der neoklassischen Theorie begrüßt wird und im Abschnitt über den Handel dargestellt wurde. Das ergibt Kostenvorteile für alle, lässt aber noch keine Einkommensunterschiede zwischen Ländern verschwinden. Die Elfenbeinküste produziert jetzt Kakao, Bangladesch T-Shirts und die Schweiz Pharmaprodukte und Spezialchemie. Die Schweiz ist dabei wohlhabender als die anderen. Bisher können wir noch keine »Konvergenz«, keinen tendenziellen Rückgang der Einkommensunterschiede, beobachten. Die komparativen Kostenvorteile begründen eine unmittelbar billigere Produktion für alle, sie erzählen keine Geschichte über das Aufholen von Ländern.

Der Grund für den Reichtum der Schweiz ist dabei – wenigstens zum Teil – eine höhere Produktivität der Beschäftigten durch mehr investiertes Kapital und ein höheres Technologieniveau. In einem weiteren Schritt könnte sich dieses Bild verschieben: In der Schweiz gibt es viel Kapital und ein hohes Technologieniveau. Damit ist das Potenzial der verfügbaren Technologie schon zu großen Teilen ausgenützt. In Bangladesch ist das Gegenteil der Fall. Nach den Vorstellungen der Neoklassik bringt daher ein zusätzlicher investierter Euro in Bangladesch eine größere Steigerung des *Outputs* als in der Schweiz – sofern in irgendeiner Weise ein Zugang zu moderner Technologie besteht. Investitionen müssen profitabler sein und daher einen größeren Teil des BIP ausmachen. Das Wachstum muss höher als in der Schweiz sein (nicht immer, aber tendenziell und langfristig), es kommt zur Konvergenz.

In den Augen des Wirtschaftsliberalismus bietet dabei das Öffnen von Märkten – gerade auch für freien Kapitalverkehr – die Möglichkeit, diesen Prozess zu beschleunigen. Wenn in Bangladesch für eine investierte Einheit mehr Geld verdient wird als in der Schweiz und es keine Beschränkungen für internationale Investitionen gibt, dann sollte Kapital aus der Schweiz nach Bangladesch fließen, Investitionen tätigen, den Technologietransfer vereinfachen und allgemein den Aufholprozess beschleunigen. Schlussfolgerung: Je freier die Güter- und Kapitalmärkte, um so mehr Konvergenz. Bei diesem ganzen Vorgang gibt es nach der neoklassischen Theorie in Bangladesch kaum Verlierer; die größten Gewinner müssten der Theorie nach die Anbieter von Arbeit sein: Durch zusätzliche Investitionen steigt die Nachfrage nach Arbeitskräften und das sollte die Löhne nach oben drücken. In der Schweiz sieht die Sache ein bisschen anders aus.

Wenn sich die Arbeitsteilung zwischen Bangladesch und der Schweiz durch freien Handel und freien Kapitalverkehr vertieft, dann wird vor allem arbeitsintensive Produktion nach Bangladesch wandern. Diese wird vom geringeren relativen Preis der Arbeitskraft angezogen werden. Für die Schweiz als Ganzes sollte das kein Problem sein, denn auf der anderen Seite gibt es mehr Möglichkeiten, Produkte nach Bangladesch zu exportieren. Das erschließt sich intuitiv durch den steigenden Wohlstand in diesem Land, aber wir können auch die Zahlungsbilanz betrachten: Wenn Kapital nach Bangladesch fließt, ist die Kapitalbilanz positiv – und per Definition muss die Leistungsbilanz ein Defizit aufweisen.

Während arbeitsintensive Industrieprodukte exportiert werden, gibt es hohe Nachfrage nach anderen Produkten: Maschinen und Investitionsgüter, höhere Dienstleistungen wie englische Privatuniversitäten, welche die Manager ausbilden, langlebige Konsumgüter (wie Autos) für die aufstrebende Mittelschicht. Insofern als die Schweiz nur ein Beispiel für die Industrieländer darstellt, ist also nicht zu befürchten, dass dort die Arbeit ausgeht.

Was sich allerdings verändert, sind die Qualifikationsanforderungen für die Arbeitskräfte. Die Verschiebung der Nachfrage – weg von arbeitsintensiven Produkten, hin zu Gütern mit höherer Wertschöpfung und spezialisierten Dienstleistungen in Forschung, Entwicklung und dem Finanzbereich – lässt die schwächer Qualifizierten auf der Strecke bleiben. Weil die ArbeiterInnen in einer Schuhfabrik nicht so einfach als ProgrammiererInnen für Steuerungssoftware arbeiten können, werden sie entweder dauerhaft arbeitslos, oder sie suchen Beschäftigung im Sektor weniger qualifizierter Dienstleistungen, etwa als Reinigungskräfte oder Küchenhilfen im Tourismus. Aber wenn immer mehr Personen in diesen Bereich hineindrängen, dann drückt das natürlich auf die bezahlten Löhne.

In dieser Perspektive gibt es angesichts der Internationalisierung der Wirtschaft in den Industrieländern in erster Linie ein Qualifikationsproblem und ein Problem zu »unflexibler« Arbeitsmärkte. Die Gegenstrategie ist einfach: Investitionen in Bildung, Schulsystem und die Weiterqualifikation Erwachsener. Und wer sich partout nicht besser ausbilden lässt, der muss durch die »Flexibilisierung« der Arbeitsmärkte dazu gebracht werden, sehr wenig zu verdienen. Sind die Reinigungskräfte und Küchenhilfen billig genug, dann gibt es ausreichend Nachfrage, um eine stark steigende Arbeitslosigkeit zu vermeiden.

Wir fassen zusammen: In einer wirtschaftsliberalen Interpretation neoklassischer Theorie können wir folgende Auswirkungen der Außenwirtschaft auf die internationale Einkommensverteilung, gemessen am Vergleich des BIP pro Kopf, vorhersagen: Ärmere Staaten holen auf (Konvergenz), Industrieländer spezialisieren sich auf Industrieproduktion mit höherer Wertschöpfung und höherem Technologiegehalt. Verlierer sind die weniger qualifizierten Arbeiterinnen und Arbeiter der Industrieländer – und denen kann durch leistungsfähigere Bildungssysteme geholfen werden. Voraussetzung dieser Entwicklung ist natürlich der Freihandel sowie der freie Kapitalverkehr.

Im nächsten Schritt werden wir beginnen, diese Erwartungen in der Realität zu überprüfen und zusätzliche Faktoren einzubeziehen.

Erstens, die Konvergenz. Seit dem Zweiten Weltkrieg haben wir einen Aufholprozess Asiens erlebt. Und dieser Aufstieg Asiens ist wahrlich kein Detail, betraf er doch zuletzt etwa drei Milliarden Menschen. Die Entwicklung war zuerst nach innen gerichtet und erreichte eine Basisindustrialisierung. Zunehmend wurden asiatische Länder aber auch auf den Weltmärkten aktiv und entwickelten ein eigenes Modell exportorientierter Industrialisierung mit teilweise atemberaubenden Wachstumsraten.

Dieses explosionsartige Wachstum betraf ab den 1960er Jahren Südkorea, Taiwan, Hongkong und Singapur, ab den 1980er Jahren Südostasien und China, zuletzt auch Indien. In anderen Weltteilen ist von Konvergenz aber keine Spur zu sehen gewesen. So fällt Afrika etwa immer weiter zurück beziehungsweise bleibt vollständig vom Zyklus der Rohstoffpreise abhängig. Steigen diese an, wird von »Chancen« und dem »kommenden Kontinent« gesprochen, sinken sie, gibt die Presse Afrika »verloren«.

Zusätzlich gilt: Wo wirkliche Konvergenz erreicht wurde, geschah dies zumeist nicht durch Freihandel, sondern durch staatliche Intervention chinesischer oder koreanischer Bürokratien. Die liberalen Schocktherapien in

Osteuropa (in den 1990er Jahren) oder Lateinamerika (in den 1980er Jahren) brachten teilweise internationale Wettbewerbsfähigkeit, teilweise die totale Katastrophe, immer aber eine Ausweitung der Armut. Mögliche Erklärungen (die für sich natürlich nicht ausreichend sind) für diese Abweichungen finden wir im Konzept der Agglomerationsvorteile und den damit verbundenen Problemen des Freihandels, oder auch in der als »holländische Krankheit« bezeichneten wirtschaftlichen Verzerrung durch Rohstoffexport. Wo versucht wird, den Aufholprozess gemäß wirtschaftsliberalem Rezept durch eine Öffnung der Kapitalmärkte zu beschleunigen, gibt es oft große Probleme. Erst kommt zu viel Kapital; das löst Überbewertung der Währung und Vermögenspreisblasen aus. Dann verlässt dieses das Land fluchtartig und löst Zahlungsbilanz- und Finanzkrisen aus.

Dennoch kann festgestellt werden, dass der Aufstieg Asiens vor dem Hintergrund der als »Globalisierung« bezeichneten Internationalisierung der Weltwirtschaft stattfindet, wenn es auch so erscheint, als wäre der Aufstieg in der Globalisierung leichter möglich, wenn ihre wirtschaftsliberalen Spielregeln ignoriert werden.

Sinkende Masseneinkommen

Wir wenden uns jetzt der Einkommensverteilung innerhalb eines bestimmten Staates zu. Auf den ersten Blick scheinen sich die Prognosen des Anfangs aufgestellten Welthandelsmodells zu bewahrheiten: In den Industriestaaten sind die Hauptverlierer der Internationalisierung der Wirtschaft die gering Qualifizierten. Je höher das Bildungsniveau, um so niedriger ist die Wahrscheinlichkeit, arbeitslos zu werden; je schlechter die Qualifizierung, um so eher sinken Erwerbschancen. Ebenso ist die Lohnspreizung – die Schere zwischen den Bezieherinnen und Beziehern hoher Löhne und jenen mit geringen Löhnen – seit den 1970er Jahren gewachsen.

Ein paar Dinge passen aber weniger ins Bild: Nicht nur die Unterschiede zwischen hohen und niedrigen Löhnen steigen; der Anteil der Löhne und Gehälter am BIP insgesamt geht dramatisch zurück und liegt etwa in den USA bereits bei unter 50 Prozent. Auch in Österreich ist wie in der gesamten OECD ein Sinken dieser so genannten Lohnquote festzustellen.

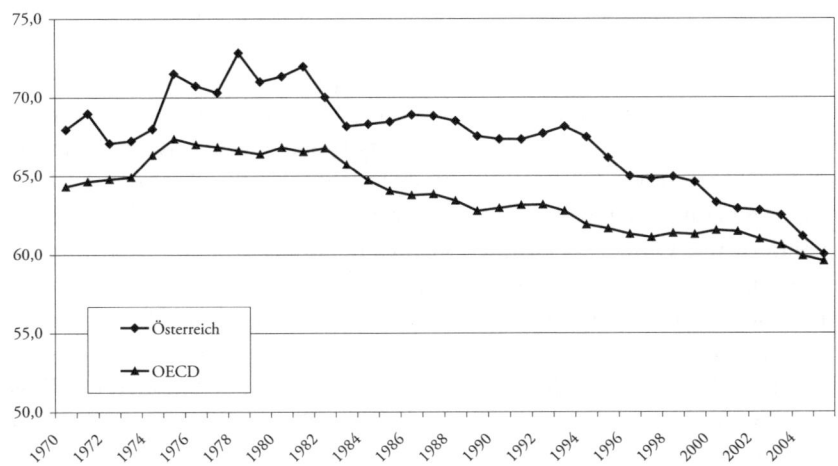

Lohnanteil (%) am Bruttoinlandsprodukt Österreichs und der OECD 1970 bis 2005. Quelle: *OECD Employment Outlook 2007.*

Das liegt teilweise daran, dass Lohnsteigerungen nicht mit dem Wirtschaftswachstum Schritt halten, und teilweise daran, dass gut bezahlte Industriejobs verloren gehen; und teilweise auch an echten Reallohnverlusten. Auch diese Reallohnverluste geschehen nicht nur im unqualifizierten Bereich und betreffen etwa in Deutschland auch qualifizierte Beschäftigte in staatsnahen Bereichen wie LehrerInnen oder KrankenhausärztInnen.

Arbeiterinnen und Arbeiter der aufsteigenden Schwellenländer sollten von der Liberalisierung der internationalen Wirtschaft eigentlich profitieren – und tatsächlich sind etwa in China die Löhne beachtlich gestiegen. Allerdings konnten sie auch dort nicht mit dem allgemeinen Wirtschaftswachstum Schritt halten. Während China Ende der 1970er Jahre das Land mit der gleichmäßigsten Verteilung der Einkommen war, steht es heute gemeinsam mit Nepal an der Spitze der Ungleichverteilung in Asien. In vielen Ländern fördert die enorme explodierende Ungleichheit auch die Entkoppelung von wirtschaftlicher und sozialer Entwicklung. So versinkt etwa Nordmexiko in einem Sumpf aus organisierter Kriminalität, Korruption und Staatsversagen – trotz relativ hoher Wachstumsraten seit den 1990er Jahren.

Für diesen globalen Anstieg der Ungleichheit auch innerhalb der Staaten werden unterschiedliche Gründe ins Feld geführt: etwa der Wechsel der staatlichen Politik, weg von der wohlfahrtsstaatlichen Orientierung der Nachkriegszeit. Der absolute Favorit in der Wirtschaftswissenschaft ist aber der technologische Wandel, der Industriearbeitsplätze vernichtet und weniger qualifizierte Arbeit entwertet. Aber dies erklärt unserer Meinung nach wieder eher eine steigende Lohnspreizung. (Niedrig Qualifizierte verdienen weniger, hoch Qualifizierte mehr.) Warum durch technologischen Wandel die Lohnquote insgesamt sinken sollte, ist nicht einsichtig. Für zurückbleibende Löhne in Ländern wie China oder Indien gibt es noch zusätzliche Erklärungsmuster, vor allem einen weltweit 1,5 Milliarden Menschen zählenden Sektor der bäuerlichen Selbstversorgung, der eine gewaltige Arbeitskraftreserve darstellt. In dem Moment, da städtische Löhne steigen oder die Preise für bäuerliche Produkte sinken, setzen sich Hunderttausende zusätzliche Wanderer in Bewegung. Das sorgt für eine Ausweitung des Angebots an wenig qualifizierter Arbeit – und hält die Löhne im Keller.

In den Industriestaaten kommt aber die steigende Einkommensungleichheit nicht nur aus Ungleichheit bei den Löhnen und Gehältern. Vielmehr haben private Vermögen und auch Einkommen aus Vermögen seit den 1980er Jahren enorm an Bedeutung gewonnen. Diese Einkommen aus Vermögen sind besonders konzentriert, aber auch schwankungsanfälliger als die Lohneinkommen. Gleichzeitig stiegen sie im Durchschnitt der letzten zwei bis drei Jahrzehnte auch deutlich stärker an als die Lohneinkommen. Es mag ein Zufall sein oder nicht, aber in den USA erreichte die Einkommensungleichheit kurz vor der Krise 2008 wieder jene Ausmaße, die sie auch knapp vor Ausbruch der großen Weltwirtschaftskrise in den 1930ern erreicht hatte (siehe Grafik). Eine ähnliche Entwicklung der Einkommenskonzentration kann auch in anderen westlichen Industriestaaten seit den 1980ern beobachtet werden.

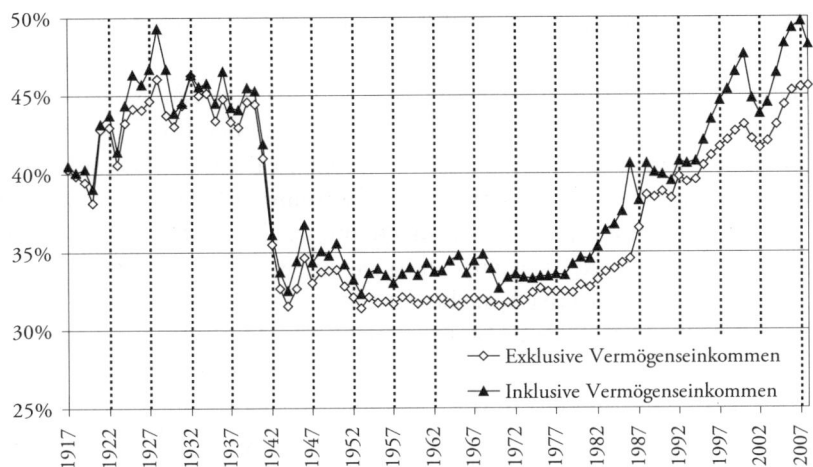

Anteil der obersten 10 Prozent mit den höchsten Einkommen am Gesamteinkommen in den USA, 1917–2008. Quelle: Thomas PIKETTY und Emmanuel SAEZ: *Income Inequality in the United States, 1913–1998.* 2003

Veränderte staatliche Politik, technologischer Wandel, die Krise der Landwirtschaft – all das spielt eine Rolle. Aber entscheidender ist, dass gemäß einem neoklassischen Modell weder die Lohnzurückhaltung noch das rapide Gewinnwachstum der letzten Jahre stattfinden hätte dürfen – in gewissem Sinn ein Fall von kolossalem Marktversagen. Eigentlich sollten Unternehmen so lange investieren, bis die Erträge der nächsten Investition gerade noch über den Kapitalkosten liegen – das wären dann in etwa die langfristigen Kapitalmarktzinsen, und die liegen seit Jahren bei rund fünf Prozent. Bis dahin sollte investiert werden, was Arbeitsplätze schafft, Arbeit verknappt und die Löhne steigen lässt, was wieder auf die Gewinne drückt. In Märkten mit vielen kleinen Wettbewerbern und niedrigen Eintrittsbarrieren geschieht genau das – weshalb die Besitzer von Döner-Buden, Friseursalons und kleinen Bäckereien auch keine gigantischen Gewinne einfahren können.

Für größere Konzerne gilt das nicht; für neue Investitionen wird eine Rendite verlangt, die um vieles höher liegt. Trotz steigender Gewinne stagnieren die Investitionen, vor allem in den Industriestaaten, bei etwa zehn Prozent des BIP. In einem monopolistischen Wettbewerb ist es möglich, durch Angebotsverknappung (oder Kostensenkung ohne Angebotsausweitung) Gewinne zu steigern. Und Löhne entstehen nicht nur auf freien Arbeitsmärkten, sondern werden zwischen Unternehmen und ihren Beschäftigten ausgehandelt – oft sind beide in jeweiligen Verbänden organisiert.

Wie viel Lohn bekommt eine Näherin im thailändischen Bangkok? Das liegt einmal an den Absatzmöglichkeiten für Jeans, der Produktivität der Arbeitskräfte sowie dem Angebot an einschulbarem Personal. Das wären die Gesetze von Angebot und Nachfrage. Aber fünfhundert Näherinnen, die von dem Unternehmen höhere Löhne verlangen und mit Streik drohen, sind nicht von heute auf morgen zu ersetzen; schon gar nicht, wenn in anderen Fabriken dasselbe geschieht. In der Sprache der Ökonomie haben sie sich »Marktmacht« verschafft. Der Unternehmer hat aber auch »Marktmacht« gegenüber den Näherinnen: die Möglichkeit, doch anderes Personal einzustellen (wenn nicht von heute auf morgen, so doch in einer Woche); Kontakte zu Polizei oder Gerichten, mit denen ein Streik für illegal erklärt werden kann; die Möglichkeit, den Streik auszusitzen und zu warten, bis den Arbeiterinnen das Geld ausgeht; und letztlich die Möglichkeit, den Standort zu schließen und in den Norden des Landes zu gehen, wo die Arbeitskräfte noch billiger und vielleicht weniger rebellisch sind.

Marktmacht

Die Internationalisierung seit den 1970er Jahren hat Marktmacht verschoben. Sie hat die politischen Möglichkeiten geschaffen, Produktion relativ leicht in andere Staaten und Regionen zu verlegen, weil der internationale Freihandel es erlaubt, Fertigung oder Zuliefertätigkeiten für diese Fertigung in andere Staaten zu verschieben. Wer Produktion von Österreich nach Rumänien verlagert, muss nicht mehr befürchten, den Zugang zum österreichischen Markt zu verlieren. Es geht dabei gar nicht so sehr darum, wie viele Arbeitsplätze tatsächlich ausgelagert wurden oder werden. Die Statistiken dazu sind sehr widersprüchlich. Es geht darum, dass die Möglichkeit der Auslagerung immer mit am Tisch sitzt, wenn Unternehmen mit der Gewerkschaft Lohnverhandlungen beginnen. Und es geht darum, dass neue Investitionen eben dort getätigt werden, wo die Gewinnmöglichkeiten am größten sind. Das betrifft übrigens nicht nur westliche Industriestaaten: In Tschechien kann mit Rumänien, in Rumänien mit China, und in den chinesischen Küstenprovinzen mit dem Landesinneren oder mit Vietnam gedroht werden.

Wie viele davon wirklich betroffen sind, ist nicht nur von Handelsvorschriften abhängig, sondern auch von technologischen Möglichkeiten. Eine Verlagerung von Industrieproduktion von Deutschland nach Asien hätte noch in den 1980er Jahren mit gewaltigen logistischen Problemen gekämpft.

Seit dem neuen Jahrtausend ist nicht mehr ausschließlich industrielle Produktion international verschiebbar, sondern auch andere Bereiche der Wirtschaft. Den Anfang haben Call-Center gemacht, die von den USA und Großbritannien erst ins billigere Irland und dann weiter nach Indien gezogen sind. Dann folgten die Buchhaltung von Großkonzernen und das Programmieren von arbeitsintensiven Unterroutinen in der Softwareindustrie. Mittlerweile lassen sich auch Forschungs- und Entwicklungszentren über die ganze Welt verteilen. Damit erreicht eine mögliche Lohn- und Kostenkonkurrenz zwischen verschiedenen Standorten immer besser ausgebildete Beschäftigte.

Bei der möglichen Konkurrenz zwischen unterschiedlichen Standorten ist es wichtig, eine Sache zu bedenken: Bisher haben wir angenommen, dass der Handel zwischen Ländern mit vergleichbarem Produktivitäts- und Technologieniveau keinen Einfluss auf die Verteilung von Einkommen innerhalb einer Gesellschaft hat. Die Möglichkeit, Produktion in verschiedene Länder zu verlagern, bedeutet aber auch Konkurrenz zwischen möglichen Standorten in Ländern mit ähnlichem Entwicklungsniveau. Es geht nicht nur um München oder Shanghai, sondern auch um München oder Marseille.

Die Verlagerbarkeit von Produktion bedeutet dabei nicht nur Druck auf Löhne und Gehälter: Niedrige Steuersätze oder möglichst geringe Auflagen staatlicher Regulierer sind ebenso wichtige Argumente für Unternehmen auf Standortsuche. Die bekannt niedrige Unternehmenssteuer von 12,5 Prozent hat zahlreiche multinationale Unternehmen nach Irland gezogen und die geringen staatlichen Vorschriften haben London zur Zentrale der europäischen Finanzindustrie gemacht. Der Wirtschaftsliberalismus feiert so etwas als »Steuerwettbewerb«, weil es Staaten zu niedrigeren Steuersätzen, Sparsamkeit und regulatorischen Vereinfachungen zwingt. Das Problem ist, dass niedrigere Steuersätze zu Finanzierungslücken des Staates führen können, dass Sparanstrengungen nicht ohne Opfer bleiben (irgendjemand muss weniger bekommen) und dass regulatorische Vereinfachungen einem Amoklauf des Finanzsystems vorhergehen können (eine der Ursachen für die Finanzkrise ab 2007). Es ist dabei nicht immer einfach, zu sagen, inwieweit der Standortwettbewerb willkommenes Argument ist, um eine bestimmte Politik umzusetzen (obwohl durchaus Alternativen möglich wären). In jedem Fall sinkt die steuerliche Belastung von Unternehmen international seit den 1980er Jahren. Den einzelnen Staaten hilft ein niedrigerer Körperschaftssteuersatz nur solange, bis die Nachbarn nachziehen. Dann verschwindet der Standortvorteil; es bleiben die niedrigeren Steuereinnahmen.

Weil sich große Privatvermögen durch die Liberalisierung der Finanzmärkte ebenfalls relativ leicht absetzen können, bleiben immer weniger Möglichkeiten, wie die Finanzierungsnotwendigkeiten des Staates abgedeckt werden können. Und diese (etwa höhere Mehrwertsteuern und Sozialbeiträge) tendieren dazu, die Ungleichverteilung weiter zu verstärken.

Verteilung und Krise

Die wachsenden Einkommensunterschiede verursachen ein gewaltiges Problem. Einmal ganz grundsätzlich: Wachstum wird zu einem reinen Selbstzweck, wenn die Mehrheit wenig davon hat. Sinnvolles Wachstum muss gesellschaftliche Entwicklung bedeuten, ein mehr an Lebenschancen und einen Rückgang der Armut. Nun ist die absolute Einkommensarmut – Menschen, die zu wenig zu essen haben – in absoluten Zahlen konstant hoch und in der Weltwirtschaftskrise auf über eine Milliarde gestiegen (wobei sich regionale Unterschiede verstecken – in China ist die Zahl in den 1980er und 1990er Jahren etwa gefallen). Und für den Rest der Menschheit gilt: Armut ist relativ. Mit die schlimmste Armut gibt es in den USA. Das liegt nicht an den absoluten Einkommenshöhen, sondern am Gefühl, versagt zu haben, wenn Menschen von Lebensmittelmarken leben müssen. Und wenn das im Jahr 2010 vierzig Millionen sind, erzeugt das eine zerfallende Gesellschaft.

Letztlich bedeutet die aktuelle Einkommensungleichheit auch wirtschaftliche Probleme. Die Gewinne steigen, aber sie werden nicht investiert (oder nur zum Teil), sondern dazu verwendet, Mittel an die EigentümerInnen auszuschütten, Finanzanlagen zu tätigen oder KonkurrentInnen aufzukaufen. Und da die EigentümInner von Unternehmen in der Masse zur absoluten Oberschicht gehören, werden die dorthin fließenden Kapitaleinkommen zu großen Teilen wieder in Finanzanlagen gesteckt oder dafür verwendet, Unternehmen aufzukaufen, die dann wieder nicht investieren. Zusammen führt das einmal zu einer strukturellen Konsumlücke, weil die Masseneinkommen hinter den Möglichkeiten der Produktion zurückbleiben. Auf der anderen Seite gibt es eine Überliquidität der Finanzmärkte. In der Kombination trifft sich das erst einmal ganz gut: Die hohe Liquidität der Finanzmärkte kann zur Kreditvergabe benützt werden (was die Geldmenge ausweiten wird) und die schwache Nachfrage hält die Inflation niedrig. Dadurch machen sich die Notenbanken keine Sorgen über die ständig steigenden Geld- und Kreditmengen und halten die Zinsen seit Jahren auf absoluten Tiefständen. Die vergebenen Kredite werden in der Regel entweder für neue Finanzanlagen verwendet oder finden über den Weg von Hypothekarkrediten (welche steigende Hauspreise auslösen) den Weg in den Privatkonsum.

Die Weltwirtschaft befindet sich dann in einer Situation, in der die zu geringen Masseneinkommen durch steigende Kreditvergabe ausgeglichen werden. Die Wirtschaft wächst, aber um den Preis einer immer weiter steigenden Verschuldung, wobei sich die Weltwirtschaft als Ganzes natürlich nur bei sich selbst verschulden kann: Den wachsenden Schulden stehen wachsende Vermögenstitel gegenüber – das haben wir bereits im Abschnitt zu den Finanzmärkten gesehen. Der Strom der Finanzierung läuft von den Ländern mit Leistungsbilanzüberschüssen zu jenen mit Defiziten und von den wirklich Vermögenden zum Mittelstand, der die Häuser auf Kredit kauft. Aber die Feststellung, dass sich die Weltwirtschaft (aber auch die allermeisten einzelnen Volkswirtschaften) bei sich selbst verschuldet, bedeutet natürlich nicht, dass nicht ein ziemliches Chaos herauskommt, wenn die Überschuldeten nicht mehr zahlen können. Dann gibt es eine Krise, und genau das ist ab 2007 geschehen.

Staat, Steuern und Verteilung

Steuern erfüllen mehrere Funktionen. Einerseits dienen sie der Finanzierung der Staatsausgaben, andererseits dienen sie auch zur Lenkung des Verhaltens der Staatsbürger und zudem auch zur Umverteilung von Einkommen. Auf den ersten Blick ist dabei klar, dass wir uns beim Thema Steuern von vornherein mit politischen und ethischen Fragen beschäftigen. Wem soll wie viel weggenommen werden und was soll damit getan werden? Da jedes Steuereintreiben an sich schon einigen Aufwand bedeutet, braucht es dazu wohl eine besonders gute Rechtfertigung.

Bei einigen notwendigen Staatsausgaben dürften sich die meisten einig sein: vielleicht ein bisschen an Verwaltung, einen Justizapparat, Polizei, Infrastruktur und so weiter. Weder Justiz noch Polizei und schon gar nicht die Gesetzgebung möchten wir privatisieren, denn da wäre es wohl auch vorbei mit der Demokratie. Da das aber Geld kostet, muss der Staat jedenfalls Steuern eintreiben.

Neben diesen Grundfunktionen gibt es eine ganze Reihe von Dingen, die schon weniger klar sind: Bildung, staatliches Pensions- und Gesundheitssystem, Sozialleistungen, Förderungen und so weiter. Hier wird regelmäßig darüber gestritten, ob der Staat solche Aufgaben übernehmen soll und in welchem

Ausmaß. Und hier drängt sich auch schon die Frage auf, wem es denn nutzt, wenn es ein staatliches Pensions- und Gesundheitssystem gibt und wenn auch die Bildung mehr oder weniger vom Staat organisiert und durch Steuern finanziert wird. Ohne über Arbeitslosengeld oder Sozialhilfe, über Notschlafstellen und Ähnliches zu sprechen, sind wir schon mitten drin in der Verteilungsdebatte. Wem nutzt etwas und wer soll wie viel davon bezahlen?

Diese Frage ist letztlich von der Gesellschaft zu klären und *a priori* gibt es keine vorgegebene optimale Lösung. Auch Polizei, Justiz und Infrastruktur werden unterschiedlichen Leuten unterschiedlich viel nutzen. Jemand, der mehr Eigentum hat, hat etwa auch mehr vom Schutz des Privateigentums und von einem funktionierenden Rechtsstaat als ein Asylbewerber, der bei der Caritas wohnt. Trotzdem zahlt der Asylbewerber natürlich auch Steuern, selbst wenn er sich mit seinem mühsam illegal auf Baustellen verdienten Geld nur ein paar Brötchen pro Tag leistet. Schließlich werden dafür in Österreich zehn Prozent Mehrwertsteuer fällig, in Deutschland sind es neun Prozent.

Letztlich entscheidet also der Staat, und – wenn die Demokratie so funktioniert, wie sie soll – die Mehrheit in der Gesellschaft, von wem wie viel an Steuern eingetrieben wird, um bestimmte Staatsausgaben zu finanzieren. Ob und wie diese Staatsausgaben dann umverteilen beziehungsweise bestimmtes Verhalten belohnen und anderes bestrafen sollen, ist eine andere Frage. Verschiedene Länder weisen hierbei völlig unterschiedliche Schwerpunkte und Konzepte auf, die sich historisch entwickelt haben. Der generelle Trend in Europa ist jedenfalls, dass die Wohlfahrtsstaaten, die sich nach dem Zweiten Weltkrieg durchgesetzt hatten, spätestens seit Anfang der 1980er Jahre auf dem Rückzug sind, interessanterweise meistens mit dem Argument der Finanzierbarkeit. Das ist deswegen interessant, weil das Bruttoinlandsprodukt pro Kopf in all diesen Ländern in diesem Zeitraum deutlich gestiegen ist. Auch die privaten Vermögen sind dramatisch angestiegen, noch bei Weitem deutlicher als das BIP pro Kopf. Dass es an der absoluten Finanzkraft liegt, ist also kaum vorstellbar. »Finanzierbar?« ist also weniger die Frage als: »Finanzierbar auf Kosten von wem?«

Wer bezahlt denn etwa in Österreich? Ohne den ganzen Steuerdschungel zu durchforsten, können einige Punkte festgehalten werden: Im europäischen Vergleich ist Österreichs Steuersystem jedenfalls umfangreich. Die Quote von Steuern und Abgaben ist relativ hoch. Das sagt aber noch nichts darüber aus, wer eigentlich wie viel bezahlt. In den Medien und auch von vielen PolitikerInnen ist oft zu hören: »Rund vierzig Prozent der Bevölkerung zahlen gar keine Steuern.« Das ist der größte Unfug, der zum Thema Steuern überhaupt verbreitet werden kann. Wie gesagt, selbst der Asylbewerber, der sich kurz vor seiner gewaltsamen Abschiebung an einem Automaten einen Becher Kaffee kauft, zahlt bei diesem Kauf noch Steuern. Es stimmt allerdings, dass Teile der Bevölkerung keine Lohn- beziehungsweise Einkommenssteuer zahlen, schlicht deswegen, weil sie zu wenig verdienen. Das als einen Vorteil darzustellen, scheint fast schon zynisch, handelt es sich vor allem um Teilzeitbeschäftigte, Beschäftigte im Niedriglohnsektor oder andere Menschen, die sich in prekären Lebenslagen befinden. Diese Arbeitsverhältnisse zeichnen sich meistens durch sehr harte, aber schlecht bezahlte Arbeit aus.

Zahlen sie deswegen aber keine Steuern? Keineswegs. Bei der Lohn- und Einkommenssteuer handelt es sich um die einzig relevante Steuer, die überhaupt progressiv ist, was bedeutet, dass anteilmäßig auch mehr bezahlt werden muss, wenn mehr verdient wird, und jene, die besonders wenig verdienen, gar nichts zahlen müssen. So gut wie alle anderen Steuern und Abgaben führen in Österreich aber dazu, dass diese Progression der Einkommens- und Lohnsteuer wieder abgeflacht wird, so etwa die Abgaben für die Sozialversicherung, die durch ihre Deckelung (genannt »Höchstbemessungsgrundlage«) die unteren Einkommen anteilmäßig sogar stärker belasten als die oberen, aber natürlich auch alle anderen Abgaben und Steuern, die nicht direkt an das Einkommen gebunden sind.

Jene, die ärmer sind und ihr ganzes Einkommen für Konsumzwecke verbrauchen, zahlen in Prozent ihres Einkommens viel mehr an Mehrwertsteuer in die österreichische Staatskasse, als jene, die sehr viel sparen, investieren oder in anderen Ländern ausgeben. Ganz zu schweigen davon, dass Reichere mit entsprechender Bildung oder gar einem Steuerberater natürlich viel besser darüber Bescheid wissen, wie sie ihre Steuern und Abgaben optimal minimieren. Und Österreich zeichnet sich besonders durch eine Vielzahl an Ausnahmen von Besteuerung aus. Außerdem ist das österreichische Steuersystem dadurch gekennzeichnet, dass es vor allem Arbeit relativ stark und Kapital relativ schwach belastet. Das Aufkommen aus vermögensbezogenen Steuern ist in Österreich von 1,12 Prozent des BIP im Jahr 1980 auf rund 0,6 Prozent des BIP im Jahr 2006 gefallen. Im Schnitt der EU-15 hingegen von 1,46 Prozent im Jahr 1980 auf 2,15 Prozent im Jahr 2006 gestiegen. In den USA betrug er 2006 sogar rund 3,6 Prozent des BIP. Darüber hinaus besteht ein recht niedriges Unternehmenssteueraufkommen und seit 2008 auch keine Schenkungs- und Erbschaftssteuer mehr, was wiederum eher Reiche besonders bevorzugt.

Wird ein Blick auf die Gesellschaft in Österreich im Jahr des Auslaufens der Erbschaftssteuer (2008) geworfen, fällt auf: Zwei Prozent der Haushalte erbten rund vierzig Prozent des angefallenen Immobilienerbschaftsvolumens und nur rund zwanzig Prozent erbten überhaupt (FESSLER et al. 2010). Gerade in den zehn Jahren vor der Krise wurden neben der Abschaffung von Schenkungs- und Erbschaftssteuern auch die Steuern für Unternehmer gesenkt, zahlreiche Steuerbegünstigungen eingeführt und Steuersätze für große Kapitalgesellschaften merklich verringert. Die in der Folge nötigen Kürzungen von Staatsausgaben betreffen vor allem die unteren und mittleren Einkommen.

Die Vermögensverteilung ist deutlich ungleicher als die Einkommensverteilung. Diese Tatsache kann in praktisch allen Ländern, für die dazu Daten vorhanden sind, beobachtet werden. Das ist auch kein Wunder. Nehmen wir an, jede Person kann von ihrem Einkommen zehn Prozent sparen. Manche verdienen mehr, manche weniger. Jene, die mehr verdienen, können immer absolut mehr zu Seite legen, ihr Vermögen wächst also schneller. Hinzu kommen jetzt noch Zins und Zinseszins und ein bisschen mehr an Risikobereitschaft, weil die, die mehr verdienen, sich das leichter leisten können. Mehr Risikobereitschaft verschafft langfristig höhere Erträge. Schon ist allen klar: Selbstverständlich ist die Vermögensverteilung ungleicher als die Einkommensverteilung. Dennoch gibt es kein ökonomisches Modell, das die tatsächliche Ungleichheit von Vermögen hinreichend erklären könnte.

Es gilt im Allgemeinen die Faustregel, dass rund ein Prozent der privaten Haushalte rund ein Viertel bis ein Drittel des Vermögens halten und rund zehn Prozent der Haushalte schon über mehr als die Hälfte des gesamten Vermögens verfügen, Tendenz steigend. Es gibt aber Länder, die eine relativ gleiche Einkommensverteilung aufweisen, aber gleichzeitig eine sehr ungleiche Vermögensverteilung und umgekehrt. Schweden etwa wäre ein Beispiel für Ersteres, Großbritannien ein Beispiel für Zweiteres. Der Gini-Koeffizient ist ein Maß für diese Ungleichheit. Er liegt zwischen 0 und 1 und je höher er ist, desto ungleicher die Verteilung. Während im Vereinigten Königreich das Einkommen etwa relativ ungleich verteilt war (Gini-Koeffizient von 0,32 im Jahr 2000), war das Nettovermögen im internationalen Vergleich relativ gleich verteilt (Gini-Koeffizient von 0,66). Schweden hingegen hatte 2002 einen sehr niedrigen Gini-Koeffizient von 0,23 für Einkommen. Das Nettovermögen in Schweden ist allerdings mit einem Gini-Koeffizient von 0,89 sehr ungleich verteilt (SCHÜRZ 2008).

Vorsicht ist bei internationalen Vergleichen aber immer geboten, ist doch die Datenlage und vor allem die darauf basierende Erfassung der besonders Vermögenden recht unterschiedlich. Allgemein kann festgehalten werden: Vermögen ist in allen Ländern deutlich ungleicher verteilt als Einkommen. Aus dem Grad der Ungleichheit beim Einkommen kann aber nicht unbedingt auf den Grad der Ungleichheit bei Vermögen geschlossen werden. Dies kann unter anderem mit dem Steuersystem (Vermögenssteuern, Erbschaftssteuern, usw.) und rechtlichen Aspekten (Privatstiftungen, usw.) zusammenhängen, welche die Akkumulation von Vermögen unterschiedlich beeinflussen können.

Verteilung und Demokratie

Vermögen und Geld sind in unserem Alltag allgegenwärtig. Egal, ob wir Kaffee trinken, arbeiten oder einfach nur zuhause sitzen, ständig verwenden wir Geld. Wir geben es aus, um den Kaffee, die Wohnung oder auch nur die laufenden Stromkosten, die von Minute zu Minute für den Kühlschrank anfallen, zu bezahlen. Oder wir verdienen es, indem wir unsere Arbeitskraft an jemanden verkaufen, der uns dafür wiederum mit Geld bezahlt. Wir rechnen in Geld und überlegen, was es uns kostet, bestimmte Dinge zu tun, oder was es uns kosten könnte, sie nicht zu tun. Das ist aber bei Weitem nicht alles: Selbst das soziale Umfeld erschließt sich uns oft über das Medium Geld. So kann etwa unsere Bekannte nicht ins Kino mitgehen, weil sie arbeiten muss, um Geld zu verdienen; der Bettler auf der Straße sitzt da, weil es ihm an Geld mangelt. Wie vieles andere auch erschließt sich uns das Geld primär über den Mangel, sei es nun ein unmittelbarer, wie Hunger oder der Wunsch nach einer Winterjacke, oder aber ein nicht so offensichtlicher, wie etwa der Mangel an Ausbildung, sozialen Netzwerken, beruflichen Aufstiegschancen oder Anerkennung. Geld wird – so scheint es wenigstens – benötigt, um diese Mängel zu beheben. Das Phänomen Geld verweist also häufig auf Mängel und wird damit zur zentralen Erscheinung dieser Mängel, zur Linse, durch die wir diese Mängel wahrnehmen beziehungsweise sie vereinfacht festmachen können. Geld kann demnach als Zugangshürde interpretiert werden. Wer welche Hürde meistern kann, das bestimmt die Verteilung von Einkommen und Vermögen.

Insofern ist dieses Thema auch relevant für die Demokratie. Echte Demokratie muss es ermöglichen, am sozialen Leben zu partizipieren, muss Zeit und Möglichkeiten geben, sich mit den politischen Prozessen auseinanderzusetzen und sich eine Meinung zu bilden.

Wenig überraschend ist, dass es dabei keinen absoluten Bezugspunkt geben kann. Dem Zuwenig steht jeweils ein Zuviel gegenüber, ohne das trivialerweise das Zuwenig als solches nur schwer identifizierbar wäre. Das drückt sich zu verschiedenen Zeiten und in verschiedenen Gesellschaften in unterschiedlicher Weise aus. So war etwa der höhere Anteil übergewichtiger Menschen in den westlichen Gesellschaften noch vor nicht allzu langer Zeit Anzeichen für ein Zuviel an Geld. Inzwischen hat sich dieser Verweiszusammenhang allerdings fundamental geändert: Übergewicht ist heute in den Industrieländern – vor allem in den USA – zu einem recht guten Armutsindikator geworden und verweist damit auf ein Zuwenig, einen Mangel an Geld.

Während – wie wir gesehen haben – Jahrtausende lang meist Naturkatastrophen (und karge Entwicklung der Produktionsmittel) für einen relativen und absoluten Mangel an Ressourcen verantwortlich waren, bleiben heute für den absoluten Mangel an existenziell notwendigen Dingen wie Nahrung und Kleidung nur gesellschaftliche Gründe als Erklärung übrig. Das gilt auch für alle relativen Mängel: Ob man das nun für gut, schlecht oder »notwendig in einer Leistungsgesellschaft« hält – klar ist jedenfalls, dass es ohne ein Zuviel auch kein Zuwenig gibt. Bertolt Brecht hat diesen Dualismus bereits im Jahr 1934 auch gleich in den konkreten gesellschaftlichen Zusammenhang gestellt:

> Reicher Mann und armer Mann
> Standen da und sah'n sich an.
> Und der Arme sagte bleich:
> Wär' ich nicht arm, wärst du nicht reich.

Der Wert des Geldes in der Gesellschaft, so lehrt uns die Ökonomie, drückt sich immer als Wert der Güter oder Dienstleistungen aus, in die es zu einem bestimmten Zeitpunkt umgetauscht werden kann. Dass dabei eine ganze Reihe von Funktionen, die Geld in seinen verschiedenen Formen in unserer Gesellschaft einnimmt, übersehen wird, liegt auf der Hand. Vieles davon wird schließlich nie umgetauscht. Ein Milliardär wird es kaum schaffen, sein gesamtes Geld in seinem Leben tatsächlich zu verkonsumieren. Es ist offensichtlich, dass Menschen sich entscheiden, tatsächlich weniger Geld als möglich in Konsumgüter umzuwandeln und einen Teil davon anderweitig zu »nutzen«. Geld und im weiteren Sinne Vermögen scheinen also mehr zu sein als nur Konsum bzw. potenzieller Tausch.

Auf den ersten Blick ist unklar, welche Rolle Geld im Zusammenhang mit Demokratie spielt. Hierzu müssen wir unseren Blick wieder auf das Zuwenig und insbesondere auf das damit verbundene Zuviel an Vermögen richten, also auf die Verteilung. Welche primären Funktionen das Geld einnimmt, haben wir bereits gesehen. Es ist die Recheneinheit des Tauschens in unserer Wirtschaft. Jenes Zuviel an Geld, das bei denen, die über besonders viel verfügen, nie bei einem Tausch gegen Konsumgüter seinen Eigentümer wechselt, begegnet uns in den verschiedensten Formen von Vermögen: Goldmünzen, Sparbücher, Immobilien, direkte Unternehmensbeteiligungen und seit einiger Zeit auch immer öfter Fonds, Aktien oder Finanzderivate welcher Art auch immer. Für die meisten Menschen erfüllen diese weniger liquiden Formen, in die Geld verwandelt wird (um es mit einer gewissen Rendite zu vermehren oder zumindest seinen Wertverlust zu verhindern), eine Funktion, wie sie auch im Mainstream der Wirtschaftswissenschaften beschrieben wird. Es handelt sich um potenziellen Konsum. Egal, ob es sich um eine Altersvorsorge, das Sparen für größere Anschaffungen oder schlichtweg den so genannten Notgroschen handelt, es gibt einen direkten Verweis auf die notwendige Behebung eines möglichen Mangels in der Zukunft.

Zusätzlich spielen Anerkennung und sozialer Status eine Rolle. Die auf Pump gekauften Flatscreens und Smartphones bei den Ärmeren und die Designerküche und der Jaguar bei den Reichen: Beides verschafft in einem bestimmten sozialen Kontext Anerkennung und Status und beseitigt damit einen Mangel. Dass sich damit andererseits neue Mängel auftun können, zeigen uns die Zahlen der Schuldenberatungen oder auch die Herzinfarktstatistiken.

Es ist das Spannungsfeld zwischen dem Zuwenig und Zuviel, das Menschen in Situationen bringt, in denen ihnen eigene Opfer für bestimmte Statusobjekte als sinnvolle Wahl erscheinen. Doch was hat das alles mit Demokratie zu tun? Nimmt die Konzentration von Vermögen immer stärker zu, das heißt, dass immer weniger Menschen immer größere Vermögen anhäufen, dann stellt sich die Frage der Machtfunktion von Geld. Dies zeigt sich allein schon an politischen Diskursen zur Besteuerung von Vermögen. Diese darf – so heißt es oft – keinesfalls zu hoch sein, da sonst die Vermögenden das Land mitsamt ihrem Vermögen verlassen würden. Ob dem so ist oder nicht, sei dahingestellt. Es zeigt sich aber einmal mehr, dass die Politik insbesondere auf Vermögende besondere Rücksicht zu nehmen hat. Vermögen verleiht offenbar Macht. Umgekehrt wissen wir, dass gerade Unternehmen und ihre Eigentümer über Lobbyismus direkten Einfluss auf politische Prozesse haben. Während ein durchschnittlicher Bürger alle paar Jahre zur Wahl geht, um Abgeordnete zum Parlament zu wählen, geht ein einflussreicher Millionär eher alle paar Monate mit einem Abgeordneten Abendessen und hat auf diese Weise auf ganz andere Art die Möglichkeit der Einflussnahme.

In Österreich halten 10 Prozent der Haushalte mehr als die Hälfte des gesamten Geldvermögens, rund 10 Personen besitzen etwa 25 Prozent des Beteiligungswertes an Gesellschaften mit beschränkter Haftung, die ihrerseits wiederum rund 90 Prozent des Eigenkapitals der Nicht-Finanzunternehmen auf sich vereinen (ANDREASCH et al. 2009 und 2010). Seit den 1980er Jahren nimmt in fast allen westlichen Ländern die Einkommenskonzentration stark zu, das heißt, dass das Prozent der Bevölkerung mit den höchsten Einkommen über einen immer größer werdenden Anteil des gesamten Einkommens verfügt.

Die Bedeutung der Verteilung von Einkommen und Vermögen in der Demokratie erschließt sich uns also über ein Zuviel an Möglichkeiten der Einflussnahme einiger Weniger gegenüber dem Zuwenig an den relativen Möglichkeiten von Vielen. Geld ist dabei nicht primär Mittel zum Tausch wie in den Wirtschaftswissenschaften und erscheint uns auch beispielsweise nicht als unserem Umfeld entsprechendes Statussymbol, sondern als Machtmittel. In Form von Beteiligungen, Fonds, Aktien und Ähnlichem bildet es einen Hebel zur Verstärkung der Stimme jener, die im Vergleich zu den anderen über besonders viel davon verfügen. Dieses Potenzial zur Einflussnahme wird auch über Generationen weitergegeben. Das Erben großer Vermögen sichert den Erben ihr höheres Gewicht in politischen Entscheidungsprozessen. Dies steht dem demokratischen Ideal der Gleichheit aller Menschen bei der Geburt entgegen.

Die Frage nach der Verteilung von Geld wird also im obersten Bereich der Verteilung zu einer Frage von Macht und Einfluss. Sie stellt sich unabhängig davon, ob es sich nun – wie oft diskutiert – um eine »sozial gerechte«, eine »leistungsgerechte« oder was auch immer für eine Verteilung handelt.

Nehmen wir an, die zehn Personen, die 25 Prozent des Gesamtwertes direkter GmbH-Beteiligungen in Österreich (im Wert von 5 Milliarden Euro) halten, hätten diese durch entsprechende Leistungen erworben (ANDREASCH et al. 2009). Das würde bedeuten, dass sie in ihrem bisherigen Leben mehr als das fünfhundertfache dessen geleistet hätten, was ein durchschnittlicher unselbstständig Erwerbstätiger in etwa in 45 Jahren zustande bringt – selbstverständlich ist dabei ihr über die direkten Unternehmensbeteiligungen hinausgehendes Vermögen nicht mitgerechnet. Natürlich können sie dieses Vermögen nicht essen, aber es verschafft ihnen Macht und Möglichkeiten in vielfacher Hinsicht. Dieses Zuviel an Macht drückt sich in einem Mangel an Einflussnahme der anderen weniger Vermögenden aus. Dementsprechend muss sich eine Demokratie, wenn sie dieser Bezeichnung gerecht werden will, mit der Konzentration von Vermögen beschäftigen und muss dort, wo das Zuviel an Geld bei den einen zu einem damit verbundenen Mangel an Einfluss auf demokratische Prozesse bei den anderen führt, eingreifen. Das ist schwierig, denn ist der Einfluss auf das politische System einmal etabliert, ist es nicht so leicht, ihn auf politischem Wege wieder einzuschränken.

Auswahlbibliografie

AGHION, P.; HOWITT, P.: *Endogenous Growth Theory*. Massachusetts Institute of Technology, 1998.

ANDREASCH, Michael; FESSLER, Pirmin; SCHÜRZ, Martin: Austrian Households Equity Capital: Evidence from Microdata. In: *Monetary Policy & the Economy* 4:61–78, Oesterreichische Nationalbank, 2009.

ANDREASCH, Michael; MOOSLECHNER, Peter; SCHÜRZ, Martin: *Einige Aspekte der Vermögensverteilung in Österreich. Sozialbericht 2009–2010*. Bundesministerium für Arbeit soziales und Konsumentenschutz, 2010.

AKERLOF, George A.; SHILLER, Robert J.: *Animal Spirits. How Human Psychology Drives the Economy and Why It Matters for Global Capitalism*. Princeton 2009.

CHANG, Ha-Joon: *Kicking Away the Ladder. Development Strategy in Historical Perspective*. London 2002.

CHANG, Ha-Joon: *Globalisation, Economic Development and the Role of the State*. New York 2003.

DEBREU, Gerard: *A Theory of Value – An Axiomatic Analysis of Economic Equilibrium*. New Haven / London 1959.

EICHENGREEN, Barry: *The European Economy since 1945. Coordinated Capitalism and Beyond*. Pinceton 2007.

EICHENGREEN, Barry: *Globalizing Capital. A History of the International Monetary System*. Princeton 2008.

FESSLER, Pirmin; SCHUERZ, Martin: Stock Holdings in Austria. In: *Monetary Policy & the Economy* 2:83–100, Oesterreichische Nationalbank, 2008.

FESSLER, Pirmin; MOOSLECHNER, Peter; SCHÜRZ, Martin: Real Estate Inheritance in Austria. In: *Monetary Policy & the Economy* 2:33–53. Oesterreichische Nationalbank, 2010.

FOX, Justin: *The Myth of the Rational Market. A History of Risk, Reward and Delusion on Wall Street*. New York 2009.

GALBRAITH, James K.: *The Predator State: How Conservatives Abandoned the Free Market and Why Liberals Should Too*. New York 2008.

FRIEDMAN, Milton; JACOBSON SCHWARTZ, Anna: *A Monetary History of the United States, 1867–1960*. Princeton 1971.

HAYEK, Friedrich A.: *The Road to Serfdom*. London 2007 (Chicago 1944).

HINSCH, Stefan: Die große Finanzkrise. Hintergründe – Auswirkungen – Perspektiven. In: *MGWU* 40, 2009.

LEMOINE, Françoise: *L'économie chinoise*. Paris 2003.

MAS-COLELL, Andreu; WHINSTON, Michael; GREEN, Jerry: *Microeconomic Theory*. Oxford University Press 1995.

MADDISSON, Angus: *The World Economy: A Millennium Perspective*. Development Centre of the Organization for Economic Cooperation and Development, OECD 2001.

MARX, Karl; ENGELS, Friedrich: *Manifest der Kommunistischen Partei*, MEW Bd. 4, Berlin 1990.

MINSKY, Hyman P.: *Stabilizing an Unstable Economy*. Yale 1986.

NATIONAL COMMISSION ON THE CAUSES OF THE FINANCIAL AND ECONOMIC CRISIS IN THE UNITED STATES: *The Financial Crisis Inquiry Report*. Official Government Edition, January 2011, (http://www.fcic.gov/report, recherchiert am 1. Februar 2011)

OECD Employment Outlook 2007. OECD Publishing.

PIKETTY, Thomas; SAEZ, Emmanuel: Income Inequality in the United States, 1913–1998. In: *Quarterly Journal of Economics* 118(1):1–39, 2003.

PONTUSSON, Jonas: *Inequality and Prosperity: Social Europe vs. Liberal America*. New York 2005.

ROMER, D.: *Advanced Macroeconomics*. McGraw-Hill 1996.

REINHART, Carmen M.; ROGOGG, Kenneth S.: *This Time is Different: Eight Centuries of Financial Folly*. Princeton 2009.

SØRENSEN, Peter; WHITTA-JACOBSEN, Hans: *Introducing Advanced Macroeconomics: Growth and Business Cycles*. McGraw-Hill 2005.

SCHÜRZ, Martin: Auf der Suche nach dem verschwiegenen Reichtum. In: *Intervention* 5(1):62–74, 2008.

WOLF, Martin: *Fixing Global Finance*. Baltimore 2008.

Winfried Wolf

Sieben Krisen –
ein Crash

ISBN 978-3-85371-299-3, br., 256 Seiten,
17,90 €, 32 sFr.